中国舞蹈

图书总书目
中册

ZHONGGUO WUDAO
TUSHU ZONGMU

编著
刘健
刘水平

北京市教委科研基地建设——
科研创新平台项目资助
北京舞蹈学院
科研水平提高经费资助项目

北京舞蹈学院60周年献礼

中央民族大学出版社
China Minzu University Press

目　录

0651

中图法分类：（索书号）J722.211/5
题　　　名：冀东地秧歌资料（内部资料）
　　　　　　（油印本）
责　任　者：唐山地区群众艺术馆编
出　版　者：唐山地区群众艺术馆
时　　　间：1980.1
出　版　地：唐山市
页　　　数：71 页
尺　　　寸：18cm
价　　　格：
馆藏地址：北京舞蹈学院图书馆
内容提要：冀东地秧歌是流传于河北省唐山
地区的一种民间舞蹈。据说源于宋代，至今最
少也有千年历史。本书对冀东秧歌进行了概
述，并对道具的使用进行了说明。着重概述了
表演的特点和基本动作及各行当的动作组合。
最后对冀东地秧歌的继承和革新提出了意见。

0652

中图法分类：（索书号）J712.25/12
题　　　名：大剧院六堂课（内部资料）（油
　　　　　　印本）
责　任　者：密谢列尔著；王兆林译
出　版　者：北京舞蹈学院资料室
出版时间：1980.4
出　版　地：北京
页　　　数：146 页
尺　　　寸：26cm
价　　　格：
馆藏地址：北京舞蹈学院图书馆
内容提要：本书内容共包括 6 堂课，包括把
杆练习、跳跃练习的前奏、腿脚的位置、腿脚
的训练等。

中图法分类：（索书号）J7-61/5
题　　　名：舞蹈小辞典（影印本）
责　任　者：吕艺生主编
出　版　者：中国舞蹈协会黑龙江分会
出版时间：1980.4
出　版　地：哈尔滨
页　　　数：145页
尺　　　寸：19cm
价　　　格：0.70
馆藏地址：北京舞蹈学院图书馆
内容提要：本辞典内容包括中外各种舞蹈、
重要舞剧、已故的舞蹈家、常用的舞蹈术语、
名词、俗语，同时还附录了《芭蕾常用术语译
音对照表》、《中国古典舞常用动作名称》和
《毯子功常见动作名称》。

0653

中图法分类：（索书号）J709.561/1：1
题　　　名：玛歌芳婷自传：第一部（影印本）
责　任　者：［英］方婷（M. Fontegn 原译芳
　　　　　　婷）著；陈文如译
出　版　者：南粤出版社
出版时间：1980.5
出　版　地：香港
页　　　数：122页
尺　　　寸：19cm
价　　　格：6.75
馆藏地址：北京舞蹈学院图书馆
内容提要：本书记录了作者从事芭蕾舞的一
生，包括她的学舞经过、练舞的辛勤、初次登
台的紧张以及成名时的心情，也描述了自己的
爱情生活。全书分为上下两部，上部包括十二
章，下部包括十一章。

0654

0655

中图法分类：（索书号）J709.561/1/：2
题　　　名：玛歌芳婷自传：第二部（影印
　　　　　　本）
责　任　者：[英]方婷（M. Fontegn 原译芳
　　　　　　婷）著；陈文如译
出　版　者：南粤出版社
出版时间：1980.5
出　版　地：香港
页　　　数：125-284页
尺　　　寸：19cm
价　　　格：6.75
馆藏地址：北京舞蹈学院图书馆
内容提要：本书记录了作者从事芭蕾舞的一
生，包括她的学舞经过、练舞的辛勤、初次登
台的紧张以及成名时的心情，也描述了自己的
爱情生活。全书分为上下两部，上部共包括十
二章，下部共包括十一章。

0656

中图法分类：J70/5
题　　　名：舞蹈研究文选（影印本）（内部
　　　　　　资料）
责　任　者：中国舞蹈家协会广西分会编
出　版　者：中国舞蹈家协会广西分会
出版时间：1980.8
出　版　地：南宁
页　　　数：114页
尺　　　寸：20cm
价　　　格：
馆藏地址：北京舞蹈学院图书馆
内容提要：本书内容包括：欧阳予倩"发扬
我国舞蹈艺术的优良传统——在全国专业团体
音乐舞蹈会演大会上的报告"，"试谈唐代舞
蹈"；邦正美"近代舞蹈革命"；美国杰克林·
麦斯凯伊的"舞蹈"，日本古井模的"舞蹈与
舞蹈艺术"；以及"中国的民间舞蹈"，"舞蹈
名词术语"，"舞论辑句"。

中图法分类：（索书号）J712.25/8

题　　　名：（苏联）舞蹈学校，音乐节奏训练：教学大纲（内部教材）（油印本）

责　任　者：（芭蕾）瓦冈诺娃著

出　版　者：北京舞蹈学院资料室

出版时间：1980.9

出　版　地：北京

页　　　数：16页

尺　　　寸：26cm

价　　　格：

馆藏地址：北京舞蹈学院图书馆

内容提要：本书包括音乐节奏训练，教学任务和说明，组织的练习，音乐发展学生创造积极性的练习，带着器物的音乐节奏游戏和小品，音乐教材举例等。

0657

中图法分类：（索书号）J711.2/12

题　　　名：创作经验介绍（内部资料）（油印本）

责　任　者：孙红木

出　版　者：北京舞蹈学院编导班讲座

出版时间：1980.11

出　版　地：北京

页　　　数：9页

尺　　　寸：26cm

价　　　格：

馆藏地址：北京舞蹈学院图书馆

内容提要：本书内容包括《采桑晚归》创作体会，怎样编舞两部分。《采桑晚归》分别获1980年第一届、1986年第二届全国舞蹈比赛编导二等奖和三等奖。

0658

0659

中图法分类：（索书号）J722.6/1
题　　　名：舞蹈：葡萄架下
责　任　者：杨祖荃 整理
出　版　者：上海文艺出版社
出版时间：1980.12
出　版　地：上海
页　　　数：85 页
尺　　　寸：18cm
价　　　格：0.26
馆藏地址：北京舞蹈学院图书馆
内容提要：本舞蹈通过一群新疆维吾尔族女社员热烈、愉快的劳动场面，表现了边疆一片丰收景象，和各族人民对社会主义国家的无比热爱。本书包括舞蹈的内容简介、音乐、场记、舞台美术等。

0660

中图法分类：（索书号）J701/3
题　　　名：戏曲舞蹈美学理论资料
责　任　者：苏祖谦编
出　版　者：中国舞蹈家协会武汉分会
出版时间：1980.12
出　版　地：武汉
页　　　数：249 页
尺　　　寸：18cm
价　　　格：20.00
馆藏地址：北京舞蹈学院图书馆
内容提要：本资料是从前辈戏曲艺术名家及戏曲理论工作者所发表的 200 多本（篇）著作和研究文章中，按照戏曲舞蹈的特点，戏曲艺术形体动作美的一般规律，戏曲舞蹈基本功与表演等部类分目选录编纂成书的，主要侧重于戏曲舞蹈美学理论方面的问题，本书对于舞蹈艺术民族化有重要的学习参考作用。

中图法分类：（索书号）J712.22/4
题　　　名：朝鲜族舞蹈基本动作（影印本）
责　任　者：朴容媛编著
出　版　者：延边人民出版社
出 版 时 间：1980
出　版　地：延吉
页　　　数：52 页
尺　　　寸：25cm
价　　　格：0.42
馆 藏 地 址：北京舞蹈学院图书馆
内 容 提 要：本书介绍了朝鲜舞蹈的各种基本
形状，脚的基本动作、手臂的基本动作、跳的
基本动作、转的基本动作等。

中图法分类：（索书号）J712/4
题　　　名：常用舞蹈动作选
责　任　者：孙光言等编写
出　版　者：人民音乐出版社
出 版 时 间：1980
出　版　地：北京
页　　　数：77 页（增订本）
尺　　　寸：20cm
价　　　格：0.73（0.29，0.34，3.70）
馆 藏 地 址：北京舞蹈学院图书馆
内 容 提 要：本书汇集了舞蹈教学、创作和研
究工作中常用的民族（古典）舞蹈动作、舞姿
及毯子功技巧、基本动作组合等一百二十余
例，用图文对照的方式做了说明。

0663

中图法分类：（索书号）J722.212/17
题　　　名：独山花灯
责　任　者：江帆、自苏、玉枫、周隆渊编辑
出　版　者：黔南文学艺术研究室
出版时间：1980
出　版　地：贵州都匀
页　　　数：668 页
尺　　　寸：18cm
价　　　格：1.50
馆藏地址：北京舞蹈学院图书馆
内容提要：本书叙述了独山花灯的发掘和整理过程，并记录了灯的传说、地灯和台灯的历史源流及代表曲目曲谱和场记说明、灯戏的起源和发展及代表曲目曲谱和场记说明、灯乡艺人谱，辑选了 68 首地灯曲目及曲选、297 首台灯曲目及曲选。

0664

中图法分类：（索书号）J732.9/35
题　　　名：狄斯可舞步大全
责　任　者：凯伦，南斯嘉敦著
出　版　者：西北出版社
出版时间：1980.3
出　版　地：台北市
页　　　数：127 页
尺　　　寸：22cm
价　　　格：20.00 TWD80.00
馆藏地址：北京舞蹈学院图书馆
内容提要：本书记录了作者通过教授狄斯可舞的笔记与心得获得的成功与喜悦。作者在本书中记述了她对狄斯可舞五年半的研究经验以及总结的一套方法，使学习狄斯可舞的人们得到快乐。作者曾因她在旧金山电视上编写、制作和演出的活动及狄斯可特别节目而被提名竞选北加城艾美奖。本书第一章：跳狄斯可之后的生理准备舞、第二章：基本的狄斯可舞步和狄斯可舞、第三章：团体舞、第四章：双人狄斯可舞。作者详尽地讲述了怎样跳狄斯可舞。本书有着翔实的狄斯可舞步图解。

中图法分类：（索书号）J722. 212/16
题　　　名：花鼓灯：安徽民间舞蹈（影印本）
责　任　者：安徽省文化局花鼓灯研究班编
出　版　者：上海文艺出版社
出版时间：1980
出　版　地：上海
页　　　数：304 页
尺　　　寸：19cm
价　　　格：0.81
馆藏地址：北京舞蹈学院图书馆
内容提要：本书叙述了用音乐、舞蹈、诗歌相结合的艺术形式，通过情节和人物来表现简单的生活事件和群体情绪，成为汉族民间歌舞发展的主要趋势，也是汉族民间歌舞艺术的主要美学特征。花鼓灯把情节性的双人歌舞与情绪性的集体歌舞完美地结合起来，创造了比较

0665

完整、系统的民间歌舞艺术形式，它的出现应该符合宋代汉族民间歌舞的发展潮流。说花鼓灯源于宋代应当比较符合实际。经过明清时期的发展，花鼓灯流行区域逐步扩展，逐渐形成了以蚌埠怀远为中心，辐射淮河中游二十多个市、县。特别是 1932 年，淮河流域人民为了庆祝大灾后的丰收，大闹花鼓灯，这一时期，花鼓灯的表演艺术有了很大发展，舞蹈动作更丰富。

中图法分类：（索书号）J711. 2/3
题　　　名：全国舞蹈编导进修班材料之六"不入虎穴，焉得虎子"—谈如何学习和继承戏曲舞蹈（内部资料）（油印本）
责　任　者：唐满城
出　版　者：北京舞蹈学院
出版时间：1980
出　版　地：北京
页　　　数：1 册
尺　　　寸：26cm
价　　　格：
馆藏地址：北京舞蹈学院图书馆
内容提要：本书摘录了"全国舞蹈编导进修班"的讲话稿，内容涉及如何学习和继承戏曲舞蹈、舞蹈创作的题材选取、编舞经验、编舞艺术的定义与基本概念、发展民族舞的看法等。

0666

0667

中图法分类：（索书号）J722. 21/11
题　　　名：山东民间舞选介
责　任　者：刘志军，周冰编；野峰，胡建江
　　　　　　绘图
出　版　者：上海文艺出版社
出版时间：1980
出　版　地：上海
页　　　数：111 页
尺　　　寸：19cm
价　　　格：0.40
馆藏地址：北京舞蹈学院图书馆
内容提要：山东民间舞蹈有豪迈粗犷的特
点，现介绍具有代表性的三个舞蹈词汇：鼓子
秧歌、胶州秧歌、海阳秧歌，它们有浓厚的生
活气息，鲜明的地方特色，质朴清新的风格。

0668

中图法分类：（索书号）J709. 242/1
题　　　名：唐代舞蹈
责　任　者：欧阳予倩主编
出　版　者：上海文艺出版社
出版时间：1980
出　版　地：上海
页　　　数：Ⅵ，182 页
尺　　　寸：21cm
价　　　格：0.83
馆藏地址：北京舞蹈学院图书馆
内容提要：本书介绍了唐代乐舞的全貌，包
括它的渊源、乐部结构、兴衰变迁情况，以及
著名乐舞《霓裳羽衣》、《绿要》、《柘枝》、
《胡旋》等的起源、舞容、服饰、流行情况。

中图法分类：（索书号）J709/8
题　　　名：舞蹈家的遗产：芭蕾史话（内部
　　　　　　资料）
责　任　者：艾弗·盖斯特著；尧登佛译
出　版　者：中国舞蹈家协会广东分会
出版时间：1980
出　版　地：广州
页　　　数：191 页
尺　　　寸：19cm
价　　　格：
馆藏地址：北京舞蹈学院图书馆
内容提要：本书是英国著名舞蹈史学家艾弗
·盖斯特的原著作，由尧登佛先生编译，书中
用美妙的语言讲述了芭蕾的历史掌故。舞蹈家
戴爱莲和玛戈·芳婷为本书作序。

0669

中图法分类：（索书号）J712/3
题　　　名：舞蹈基本训练
责　任　者：顾以庄编
出　版　者：上海文艺出版社
出版时间：1980
出　版　地：上海
页　　　数：214 页
尺　　　寸：19cm
价　　　格：0.64
馆藏地址：北京舞蹈学院图书馆
内容提要：本书对每类动作的训练目的和意
义作了一些删繁就简的工作；调整了动作顺序
的排列，使之由浅入深，一目了然；在每个动
作的纵横关系上增加了一些新的内容，个别动
作的规格也作了某些变动；合并了训练步骤和
节奏处理；对训练步骤、动作的注意点，以及
易犯的毛病等作了必要的增删。

0670

0671

中图法分类：J70/9
题　　　名：舞蹈译丛1（内部资料）
责　任　者：北京舞蹈学院资料室编辑
出　版　者：北京舞蹈学院资料室
出 版 时 间：1980
出　版　地：北京
页　　　数：86页
尺　　　寸：26cm
价　　　格：
馆 藏 地 址：北京舞蹈学院图书馆
内 容 提 要：本书是舞蹈译丛的第一辑，包括7篇译文：美国索列耳的《舞蹈（美国百科全书选译）》，日本渥美清太郎的《日本舞蹈史概论》，苏联克拉索夫斯卡娅的《论古典舞蹈》，美国安东·多林的《双人舞–伴舞的艺术》，苏联斯洛尼姆斯基的《舞剧中的音乐》，苏联索霍尔的《苏联舞剧中的音乐喜剧结构》，

苏联里沃夫–阿诺兴的《乌兰诺娃》。

0672

中图法分类：J70/9；1981（2）
题　　　名：舞蹈译丛2（内部资料）
责　任　者：北京舞蹈学院资料室编辑
出　版　者：北京舞蹈学院资料室
出 版 时 间：1981
出　版　地：北京
页　　　数：86页
尺　　　寸：26cm
价　　　格：
馆 藏 地 址：北京舞蹈学院图书馆
内 容 提 要：本书是舞蹈译丛的第二辑，内容包括：动的美学，芭蕾舞姿的美学，芭蕾舞剧音乐的戏剧结构问题，我一生中的几页，安娜·巴甫洛娃，谈谈韧带与肌肉，平衡原理等。

中图法分类：（索书号）J723.1/2
题　　　名：舞剧：丝路花雨
责　任　者：中华人民共和国文化部献礼演出
　　　　　　办公室主编
出　版　者：甘肃人民出版社
出版时间：1980
出　版　地：兰州
页　　　数：136 页
尺　　　寸：21cm
价　　　格：1.25
馆藏地址：北京舞蹈学院图书馆
内容提要：本书对舞剧"丝路花雨"的内容
进行了介绍，还对剧中的剧照、人物造型、场
景设计图、剧本、主旋律谱做了详细的记录。

0673

中图法分类：（索书号）J722/302
题　　　名：舞蹈作品选
责　任　者：江西省文化组群文小组，江西省
　　　　　　文化工作室，南昌市文艺工作站
　　　　　　合编
出　版　者：江西省文化组群文小组
出版时间：1980
出　版　地：南昌
页　　　数：98 页
尺　　　寸：20cm
价　　　格：0.20
馆藏地址：浙江图书馆
内容提要：本书是江西省文化组群文小组，
江西省文化工作室，南昌市文艺工作站合编的
具有江西舞蹈特点的舞蹈作品选。详细介绍了
江西民间舞蹈的特点。

0674

0675

中图法分类：（索书号）J711.2/13
题　　名：学习资料：向总政访沪歌舞团学习专辑（二）（内部资料）（油印本）
责　任　者：中国舞蹈家协会上海分会编
出　版　者：中国舞蹈家协会上海分会
出版时间：1980
出　版　地：上海
页　　数：42页
尺　　寸：20cm
价　　格：
馆藏地址：北京舞蹈学院图书馆
内容提要：本书收录了1980年中国舞蹈家协会上海分会"向总政访沪歌舞团学习"座谈会上，部队舞蹈编导与演员的经验介绍和发言，以及上海报刊上的一些评论文章。

0676

中图法分类：（索书号）J721/3
题　　名：叶浅予画舞
责　任　者：叶浅予绘
出　版　者：江苏人民出版社
出版时间：1980.2
出　版　地：南京
页　　数：16页
尺　　寸：19cm
价　　格：2.20
馆藏地址：北京舞蹈学院图书馆
内容提要：本书为舞蹈画册，内容包括了孔雀、延边泽畔、在内蒙古草原上、拉萨装、天上之歌、印尼班耐、青春、丽泽河边、夏河之秋、延边鼓声、快乐的罗索、献花等舞蹈画像。叶先生强调美术创作要表现自己最熟悉的东西。他的舞蹈作品之所以具有艺术感染力，首先是他熟悉舞蹈，有一个舞蹈的环境。他曾对他的学生们说："我至少懂得舞蹈的旋律，节奏动作和表情，所以我才能画好舞蹈。"叶先生的舞蹈作品，主要得力于他的速写功夫。

中图法分类：（索书号）J709.2/16
题　　　名：中国古代舞蹈史话
责　任　者：王克芬编著
出　版　者：人民音乐出版社
出版时间：1980
出　版　地：北京
页　　　数：94 页
尺　　　寸：21cm
价　　　格：0.91
馆藏地址：北京舞蹈学院图书馆
内容提要：本书介绍了我国乐舞发展的轨迹以及古代先民创作的舞蹈艺术，封建社会时期的舞蹈历史文献和舞蹈形象等资料等。勾勒出中国舞蹈历史发展的轮廓，分析了舞蹈的生活基础和舞蹈元素以及我国各民族对舞蹈艺术的贡献。

0677

中图法分类：（索书号）J722.6/37
题　　　名：战马嘶鸣：舞蹈（影印本）
责　任　者：中国人民解放军总政歌舞团创作；蒋华轩，高椿生，王蕴杰，编舞
出　版　者：上海文艺出版社
出版时间：1980.1
出　版　地：上海
页　　　数：80 页
尺　　　寸：18cm
价　　　格：0.38
馆藏地址：北京舞蹈学院图书馆
内容提要：此舞蹈生动展现了解放军骑兵战士火热斗争的生活景象。本书主要对舞蹈的编排、音乐、动作、舞台美术等内容进行了详细的说明。

0678

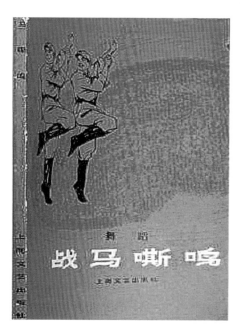

中图法分类：（索书号）J792.3/2

题　　　名：中国舞蹈家协会广东分会第二次
　　　　　　会员代表大会：资料汇编（内部
　　　　　　资料）（油印本）

责　任　者：中国舞蹈家协会广东分会编

出　版　者：中国舞蹈家协会广东分会

出版时间：1980

出　版　地：广州

页　　　数：110页

尺　　　寸：18cm

价　　　格：

馆藏地址：北京舞蹈学院图书馆

内容提要：本书汇编了中国舞蹈家协会广东
分会第二次会员代表大会关于提案审查工作的
报告、分会的章程一、会议代表名单等内容。

中图法分类：J70/41/：1

题　　　名：小资料.1（内部资料）（油印本）

责　任　者：北京舞蹈学院资料室编

出　版　者：北京舞蹈学院资料室

出版时间：1980

出　版　地：北京

页　　　数：19页

尺　　　寸：26cm

价　　　格：

馆藏地址：北京舞蹈学院图书馆

内容提要：本册内容为：北京舞蹈学院马力
学老师于1980年完稿的两篇文章，包括"记
香港首届国际舞蹈营"和"谈民间舞教学"。

中图法分类：J70/41/：2
题　　　名：小资料．2（内部资料）（油印本）
责　任　者：北京舞蹈学院资料室编
出　版　者：北京舞蹈学院资料室
出版时间：1981.1
出　版　地：北京
页　　　数：15 页
尺　　　寸：26cm
价　　　格：
馆藏地址：北京舞蹈学院图书馆
内容提要：本资料是 1980 年 5 月 13 日奥地利钢琴专家弗莱什曼教授关于钢琴技术基本训练的讲座稿，并附有芭蕾舞史主要年表。

中图法分类：（索书号）J723.3/1
题　　　名：时间之歌：儿童芭蕾舞剧
责　任　者：中国福利会少年宫创作演出
出　版　者：人民音乐出版社
出版时间：1981.2
出　版　地：北京
页　　　数：83 页
尺　　　寸：19cm
价　　　格：0.37
馆藏地址：北京舞蹈学院图书馆
内容提要：本书儿童芭蕾舞剧"时间之歌"通过有趣的寓言故事，告诉少年儿童们一个简单而深刻的真理——时间就是生命。本书主要对舞剧的内容、音乐、动作说明、场记说明、布景、服装、道具作了详细的说明。

0683

中图法分类：J70/45
题　　　名：论舞蹈艺术（内部资料）
责　任　者：贾作光著
出　版　者：北京舞蹈学院资料室
出版时间：1981.3
出　版　地：北京
页　　　数：75 页
尺　　　寸：26cm
价　　　格：
馆藏地址：北京舞蹈学院图书馆
内容提要：本资料根据 1981 年 1 月 7 日贾作光老师在高校美学教师进修班讲课录音整理，主要包括舞蹈的概念，舞蹈编导工作中的生活、情感和舞蹈诗境等。

0684

中图法分类：（索书号）J721/2
题　　　名：中国舞蹈艺术
责　任　者：刘恩伯撰文
出　版　者：上海文艺出版社
出版时间：1981.3
出　版　地：上海
页　　　数：114 页
尺　　　寸：27cm
价　　　格：14.00
馆藏地址：北京舞蹈学院图书馆
内容提要：本书辑选了《东方红》、《宝莲灯》、《白毛女》等吴晓邦舞蹈作品，涵盖了一百多部中国舞蹈艺术作品的剧照、剧情简介和作品赏析，详细介绍了中国舞蹈的风貌。

中图法分类：J70/41／：3

题　　　名：小资料．3（内部资料）（油印本）

责　任　者：北京舞蹈学院资料室编

出　版　者：北京舞蹈学院资料室

出版时间：1981.4.2

出　版　地：北京

页　　　数：12页

尺　　　寸：26cm

价　　　格：

馆藏地址：北京舞蹈学院图书馆

内容提要：本资料共四部分内容，介绍了舞剧《舞姬》作曲者明库斯生平及主要作品，并翻译了美国《芭蕾新闻》上的评论文章"《舞姬》的传说"，并介绍了《舞姬》的故事梗概和舞剧《舞姬》的情节梗概。

0685

中图法分类：（索书号）J712.25/3

题　　　名：芭蕾初阶（内部资料）

责　任　者：［英国］理杰德，格莱斯顿著

出　版　者：北京舞蹈学院资料室

出版时间：1981.4

出　版　地：北京

页　　　数：65页

尺　　　寸：26cm

价　　　格：

馆藏地址：北京舞蹈学院图书馆

内容提要：本书专门拍摄了英国皇家芭蕾舞学校学生的照片作为舞蹈教学实例说明，其中包括头、臂、脚、身体、arabesques、跳、转、脚尖动作的照片。并对芭蕾舞的发展、舞蹈风格的变化、舞蹈编导做了说明。

0686

0687

中图法分类：（索书号）J722.3/58

题　　　名：草原小姐妹：儿童歌舞

责　任　者：杨书明编舞；邵紫绥作曲；李克瑜绘画

出　版　者：上海文化出版社

出版时间：1981.5

出　版　地：上海

页　　　数：42 页

尺　　　寸：21cm

价　　　格：0.67

馆藏地址：北京舞蹈学院图书馆

内容提要：本书介绍了儿童歌舞"草原小姐妹"的情节内容、音乐、动作说明、场记和排演说明。

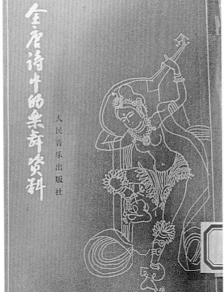

0688

中图法分类：（索书号）J709.242/2RY

题　　　名：全唐诗中的乐舞资料

责　任　者：中国舞蹈艺术研究会舞蹈史研究组编

出　版　者：人民音乐出版社

出版时间：1981.5（58.9版，81.5再版）

出　版　地：北京

页　　　数：334 页

尺　　　寸：20cm

价　　　格：2.00

馆藏地址：北京舞蹈学院图书馆

内容提要：本书摘录了《全唐诗》中关于乐舞和服饰的部分，分为音乐、舞蹈、服饰三章，介绍了唐代乐舞的历史。

中图法分类：（索书号）J70

题　　　名：舞蹈艺术简论（内部资料）

责　任　者：夏雄、郑祥瑞编

出　版　者：福建群众艺术馆

出版时间：1981.5.1

出　版　地：福州

页　　　数：102页

尺　　　寸：19cm

价　　　格：

馆藏地址：北京舞蹈学院图书馆

内容提要：本书作者既注重对于舞蹈作品的美学分析，具有思想的深度和理性的洞见，又能以一种诗人特有的形象思维融注于行文之中，讴歌舞蹈艺术中的创新之作，使他的舞蹈评论饱含激情。他的评论是一种诗性的评论，以诗论舞，并探索以散文诗形式写舞蹈随笔。这部作品就是他从事基础性的舞蹈理论研究和写作的力作。

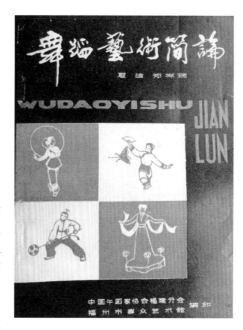

0689

中图法分类：（索书号）J712.25/16

题　　　名：古典剧院舞蹈理论和实践手册（切凯蒂体系）（内部资料）（油印本）

责　任　者：M.克拉斯克，C.W.博蒙特合著；鲜继平译

出　版　者：北京舞蹈学院资料室

出版时间：1981.9

出　版　地：北京

页　　　数：76页

尺　　　寸：26cm

价　　　格：

馆藏地址：北京舞蹈学院图书馆

内容提要：本书介绍了allegro的舞步，内容包括两部分：第一部分介绍了四种基本步伐，每种步伐由各种舞步组合而成；第二部分是动作组合，根据这些动作在一周的六天内顺序排列。

0690

0691

中图法分类：J70/41：4
题　　名：小资料.4（内部资料）（油印本）
责　任　者：北京舞蹈学院资料室编
出　版　者：北京舞蹈学院资料室
出版时间：1981.12.5
出　版　地：北京
页　　数：18 页
尺　　寸：26cm
价　　格：
馆藏地址：北京舞蹈学院图书馆
内容提要：本资料包含朱立人老师据塔斯社电讯稿编译的三篇文章"第四届莫斯科国际芭蕾舞比赛闭幕"、"苏联新片《乌兰诺娃的世界》"和"《苏联舞剧》杂志创刊"，最后介绍了少年舞蹈演员腰痛的按摩疗法，并附有7张图片。

0692

中图法分类：（索书号）J722.21/1
题　　名：红绸舞
责　任　者：金明编舞
出　版　者：上海文艺出版社
出版时间：1981.2
出　版　地：上海
页　　数：72 页
尺　　寸：19cm
价　　格：0.26
馆藏地址：北京舞蹈学院图书馆
内容提要：本书介绍了"红绸舞"的创作简介、音乐、动作、场记、服装、道具、布景和灯光。此舞蹈将喜庆、爽快、俏美的东北秧歌同豪放、粗犷的陕北秧歌有机结合，互存互补，形成了新时期舞台秧歌热烈、舒畅、明快的特色，极富感染力。

中图法分类：（索书号）J711.2/1
题　　　名：编舞漫谈
责　任　者：李炽强编
出　版　者：浙江人民出版社
出版时间：1981
出　版　地：杭州
丛　　　书：群众文艺辅导丛书
页　　　数：110 页：剧照
尺　　　寸：19cm
价　　　格：0.30
馆藏地址：北京舞蹈学院图书馆
内容提要：本书介绍了编舞基础知识，内容包括："舞蹈的特征"、"舞蹈的综合性"、"舞蹈的构思"、"舞蹈的主题和题材"、"舞蹈的结构"、"舞蹈的动作"、"舞蹈的构图"、"舞蹈创作和排练演出的步骤"等。

0693

中图法分类：（索书号）J709.712/2
题　　　名：邓肯自传
责　任　者：［美］邓肯（Duncan，I.）著；
　　　　　　朱立人，刘梦耋译
出　版　者：上海文艺出版社
出版时间：1981
出　版　地：上海
页　　　数：393 页
尺　　　寸：21cm
价　　　格：1.10（1.35）
馆藏地址：北京舞蹈学院图书馆
内容提要：本书是邓肯的自传，反映了她醉心于舞蹈艺术的一生，记述了她的生活经历和性格，专心从事创造新的舞蹈艺术、从事舞蹈教学事业的毅力和甘苦。从中也可以了解到邓肯的舞蹈艺术和风格的概貌。

0694

0695

中图法分类：（索书号）J722.211/3
题　　名：辽宁民间舞蹈：东北大秧歌（影印本）
责　任　者：李瑞林，战肃容编著
出　版　者：上海文艺出版社
时　　间：1981
出　版　地：上海
页　　数：174 页
尺　　寸：19cm
价　　格：0.47
馆藏地址：北京舞蹈学院图书馆
内容提要：本书概述了东北大秧歌的历史、源流和发展演变，叙述了东北大秧歌的演出形式和内容及其风格特点，介绍了东北大秧歌舞蹈的基本动作、动作做法和动作组合等。

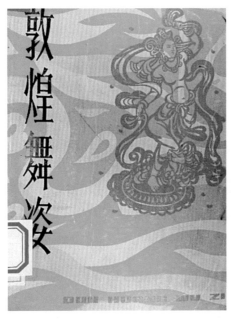

0696

中图法分类：（索书号）J721.1/1
题　　名：敦煌舞姿
责　任　者：吴曼英等编
出　版　者：上海文艺出版社
出版时间：1981
出　版　地：上海
页　　数：163 页
尺　　寸：21cm
价　　格：0.55
馆藏地址：北京舞蹈学院图书馆
内容提要：本书用白描的形式介绍了敦煌壁画的舞蹈形象和舞姿，包括经变中的伎乐菩萨形象、现实生活中的乐舞形象及其他，敦煌石窟简介，谈经变中的伎乐，敦煌壁画中的世俗乐舞形象，从敦煌壁画中的舞姿看古代西域与内地的乐舞交流，经变中的伎乐索引等。

中图法分类：（索书号）J719.5/7/：1

题　　　名：古典芭蕾（男班教材）.上编
　　　　　　（内部教材）

责　任　者：[苏联] 尼·伊·塔拉索夫著；
　　　　　　李征译、朱立人译

出　版　者：北京舞蹈学院资料室

出版时间：1981

出　版　地：北京

页　　　数：59 页

尺　　　寸：26cm

价　　　格：

馆藏地址：北京舞蹈学院图书馆

内容提要：本书从教学法上论证了古典芭蕾
舞男班教师的工作，包括古典芭蕾教学的目
的、任务、实质、方针和基本要素等。

0697

中图法分类：（索书号）J723.3/136（13647）

题　　　名：歌剧舞剧资料汇编：创刊号（内
　　　　　　部刊物）

责　任　者：上海歌剧院（歌剧舞剧资料汇
　　　　　　编）组

出　版　者：中国舞蹈家协会上海分会

出版时间：1984.5

出　版　地：上海

期刊馆藏：1984, no.1（1）-1985, no, 5/
　　　　　　6（9/10）

页　　　数：25 页

尺　　　寸：26cm

价　　　格：

馆藏地址：上海图书馆

内容提要：1994 年起有并列题名：Shanghai
Dance Art1990, no.3 起编辑出版者改名为上海
舞蹈家协会。1985 年起与中国音协上海分会歌
剧舞剧小组合编。1986 年起改名《歌剧艺术》双月刊。1985, no.2 起有总期标识。此刊
的内容有“中国歌剧的基本问题是什么”、“通俗音乐剧浅谈”、“芭蕾舞大师诺维尔与
舞台美术”、“业余舞训班正式开学”等内容。

0698

0699

中图法分类：（索书号）J722.21/16/：1
题　　名：汉族民间舞蹈介绍
责 任 者：人民音乐出版社编辑部舞蹈组
　　　　　编；刘恩伯等编写
出 版 者：人民音乐出版社
出版时间：1981
出 版 地：北京
页　　数：1 册
尺　　寸：21cm
价　　格：0.56
馆藏地址：北京舞蹈学院图书馆
内容提要：本书介绍了中国汉族民间舞蹈的
概况和分布情况，并重点叙述了"秧歌"、"腰
鼓"、"龙舞"、"狮舞"、"灯舞"、"绸舞"、
"剑舞"、"跑旱船"、"跑竹马"、"霸王鞭"、
"小车舞"、"花鼓灯"、"太平鼓"、"高跷"等
舞蹈。

0700

中图法分类：（索书号）J723.1
　　　　　（I233.7/0447）
题　　名：兰花花：民间歌舞剧（庆祝中华
　　　　　人民共和国成立三十周年献礼演
　　　　　出剧目）
责 任 者：中华人民共和国文化部献礼演出
　　　　　办公室主编；刘艺编剧；贺艺
　　　　　作曲
出 版 者：陕西人民出版社
出版时间：1981.7
出 版 地：西安
页　　数：163 页：剧照
尺　　寸：21cm
价　　格：0.54
馆藏地址：上海图书馆
主题标目：歌舞剧—剧本—中国—当代
内容提要：本书是庆祝中华人民共和国成立
三十周年献礼演出剧目，由陕西省延安歌舞团创作演出，中华人民共和国文化部主办。
此歌舞剧是陕西传统民间歌舞的代表剧目之一。《兰花花》是陕北民歌中流传最广的典
范作品之一。这首优美的民歌，从 20 世纪 30 年代唱至今天，受到几代中国人的喜爱，
家喻户晓，久唱不衰。陕北女子兰花花和杨五娃的爱情悲剧经过民歌、歌剧等文艺作品
的多次演绎，早已成为家喻户晓的传奇故事。

中图法分类：（索书号）J722.3/66
题　　　名：牧鹅跳皮筋：儿童舞蹈（影印本）
责　任　者：曹志光、刘玉琼编舞；杨杰作曲
出　版　者：人民音乐出版社
出版时间：1981
出　版　地：北京
页　　　数：44 页
尺　　　寸：19cm
价　　　格：0.18
馆藏地址：北京舞蹈学院图书馆
内容提要：本书介绍了舞蹈"牧鹅"、"跳皮筋"的情节内容、音乐、动作说明、场记、服装、道具和布景。

0701

中图法分类：（索书号）J70-05（11931）
题　　　名：上海舞蹈艺术（季刊）1981
责　任　者：中国舞蹈家协会上海分会
出　版　者：中国舞蹈家协会上海分会
出版时间：1981
出　版　地：上海
页　　　数：1 册
期刊馆藏：1983，no.1（9）－1993，no.2（46）
尺　　　寸：19cm
价　　　格：不详
馆藏地址：上海图书馆
内容提要：1994 年起有并列题名：Shanghai Dance Art。1990，no.3 起编辑出版者改名为上海舞蹈家协会。此刊是中国舞蹈家协会上海分会的会刊。主要登载舞蹈论文、舞蹈评论、外国舞蹈译文等。

0702

0703

中图法分类：（索书号）J722.3
（#Y5724）
题　　　名：少年少年祖国的春天：1981年全
国少年儿童推荐歌舞作品
责　任　者：共青团中央
出　版　者：人民音乐出版社
出　版　时　间：1981
出　版　地：北京
丛　　　书：少儿现代歌舞系列
页　　　数：14页：简谱
尺　　　寸：18cm
价　　　格：0.09
馆　藏　地　址：上海图书馆
主　题　标　目：儿童—舞曲—中国
内　容　提　要：本书《少年少年祖国的春天》歌
伴舞，少儿现代歌舞系列，儿童舞蹈，幼儿园
舞蹈。《少年少年祖国的春天》词/李幼容 曲/
寄明。每当我们唱起这首活泼欢快，朝气蓬勃的歌曲，我们就想到梁启超的《少年中国
说》。是啊，少年智则国智，少年富则国富，少年强则国强，少年是祖国未来的希望，
是美好的春天，祖国的将来需要我们去建设。

0704

中图法分类：（索书号）J722.221.5/1
题　　　名：维吾尔族民间舞蹈
责　任　者：李才秀等编著
出　版　者：上海文艺出版社
出　版　时　间：1981
出　版　地：上海
页　　　数：97页
尺　　　寸：19cm
价　　　格：0.31
馆　藏　地　址：北京舞蹈学院图书馆
内　容　提　要：本书概述了维吾尔族民间舞蹈的
历史源流和风格特点，并记录了赛乃姆、多朗
舞、萨玛舞、夏地亚纳、纳孜尔库姆等舞蹈的
形式内容、基本步法、动作说明和曲例等，还
介绍了盘子舞、萨把依舞、击石舞三个带道具
的民间舞蹈。

中图法分类：（索书号）J711.3/7
题　　　名：舞蹈编导的专业特征（在内蒙古
　　　　　　全区舞蹈编导班讲课教材）（内
　　　　　　部资料）（油印本）
责　任　者：张毅著
出　版　者：内蒙古舞蹈编导研究班
出版时间：1981
出　版　地：呼和浩特
页　　　数：25 页
尺　　　寸：26cm
价　　　格：
馆藏地址：北京舞蹈学院图书馆
内容提要：本书是内蒙古全区舞蹈编导班讲
课教材之一，主要介绍了要熟悉素材研究素
材、热爱劳动善于劳动、音乐感、节奏感、舞
蹈的形象思维、想象等在舞蹈编导过程中的特
征和作用。

0705

中图法分类：（索书号）J711.3/8
题　　　名：舞蹈编导基础理论与创作实习
　　　　　　（第二册）（在内蒙古全区舞蹈
　　　　　　编导研究班讲课教材）（内部资
　　　　　　料）（油印本）
责　任　者：王世琦
出　版　者：内蒙古舞蹈编导研究班
出版时间：1981
出　版　地：呼和浩特
页　　　数：30 页
尺　　　寸：26cm
价　　　格：
馆藏地址：北京舞蹈学院图书馆
内容提要：本书是内蒙古全区舞蹈编导研究
班讲座教材的第五讲和第六讲，分别介绍了关
于舞剧创作的问题、舞剧与舞蹈作品排练的技
术过程中与演员的合作等。

0706

0707

中图法分类：（索书号）J711.3/9
题　　　名：舞蹈编导课讲义（内部资料）
责　任　者：贾作光主讲
出　版　者：北京舞蹈学院编导教研组
出版时间：1981
出版地：北京
页　　　数：5 页
尺　　　寸：26cm
价　　　格：
馆藏地址：北京舞蹈学院图书馆
内容提要：本书主要讲述了作为专业舞蹈编导所具备的几个条件：一、人生观；二、观察能力；三、理解能力、四、模仿能力；五、表现力；六、鉴别力；七、结构能力；八、想象力。贾作光先生是舞蹈艺术家、舞蹈家协会主席、舞蹈教育家。

0708

中图法分类：（索书号）J706/5
题　　　名：舞蹈解剖学初探：谈舞蹈的科学训练
责　任　者：王维刚编著
出　版　者：人民音乐出版社
出版时间：1981
出版地：北京
页　　　数：77 页
尺　　　寸：21cm
价　　　格：0.39
馆藏地址：北京舞蹈学院图书馆
内容提要：本书从人体解剖学和运动力学的角度探讨了舞蹈演员的身体应具有哪些专门的素质、舞蹈训练中应掌握的科学技巧等。从人体解剖和运动力学的角度探索舞蹈科学训练。共两章：第一章舞蹈演员的身体应具有哪些专门素质，着重对力量（体力），柔韧性，舞姿和控制力、重心、稳定性、协调性、灵活性和耐力，每个素质作科学分析；第二章技巧，从"什么是技巧"、"掌握技巧的生理机能"、"技巧要领简单分析"3 个方面加以科学论述。针对舞蹈训练中由于主观性和盲目性所造成的问题和危害，提出必须通过科学训练来培养出色的舞蹈演员的理论依据。

中图法分类：（索书号）J703.4/2
题　　　名：舞蹈者的医疗（内部资料）
责　任　者：[英] 贝丽尔邓恩著
出　版　者：北京舞蹈学院资料室
出版时间：1981
出　版　地：北京
页　　　数：79 页
尺　　　寸：26cm
价　　　格：29.00
馆藏地址：北京舞蹈学院图书馆
内容提要：本书内容包括古典芭蕾舞的姿势和动作，不同体格的人可能遇到的负担，会出现怎么的后果以及如何来应对治疗等。此书是治疗从事舞蹈艺术人员在遇到平时训练、演出时的伤病的专著。

中图法分类：（索书号）J722.7/3
题　　　名：新疆维吾尔歌舞：赛乃姆
责　任　者：文化部文学艺术研究院音乐研究所
出　版　者：人民音乐出版社
出版时间：1981
出　版　地：北京
页　　　数：44 页
尺　　　寸：19cm
价　　　格：0.27
馆藏地址：北京舞蹈学院图书馆
内容提要：本书主要针对新疆维吾尔歌舞——赛乃姆的来源、特点进行详细的介绍，还记录了部分的曲谱。赛乃姆舞蹈风格特点，是和维吾尔族人民的生活习俗、性格、服饰等特征分不开的，在当地生活中，当他们遇到开心的事情时，头部和颈部就情不自禁地摇动起来，这些动作被吸收在赛乃姆中，表现了维吾尔族人民风趣乐观的精神面貌。此外，赛乃姆舞中旋转和腰部的动作也较为丰富，这和吸收古代的胡旋舞有一定的关系。

0711

中图法分类：（索书号）J705/79

题　　　名：云门舞话（影印本）

责　任　者：姚一苇等著；发行人王荣文

出　版　者：远流出版社

出版时间：1981.4

出　版　地：台北市

页　　　数：307 页

尺　　　寸：19cm

价　　　格：30.00 TWD120.00

馆藏地址：北京舞蹈学院图书馆

内容提要：本书主要内容包括：云门大开，从动物在中国的地位谈云门舞集的新舞剧"许仙"，我们从玛莎·葛兰姆吸取些什么，我看林怀民的"寒食"，舞蹈中的寒食，蛇舞与巫舞。余光中的"云门大开"等。都是台湾作家、舞蹈评论家写的对于林怀民的云门舞的评论。

0712

中图法分类：（索书号）J722.225.3/1

题　　　名：傣族舞蹈

责　任　者：刘金吾等整理

出　版　者：云南人民出版社

出版时间：1981

出　版　地：昆明

丛　　　书：云南民族民间舞蹈丛书

页　　　数：231 页

尺　　　寸：20cm

价　　　格：0.72

馆藏地址：北京舞蹈学院图书馆

内容提要：此书分为"傣族舞蹈概况"和"傣族舞蹈基训教材两部分"。傣族是一个具有悠久历史和灿烂文化的民族，傣族的舞蹈显得格外丰富多彩。有孔雀舞、象脚鼓舞、鱼舞、刀舞、腊条舞、长甲舞等。

中图法分类：（索书号）J722. 225. 3/2

题　　名：孔雀舞

责 任 者：金明编舞

出 版 者：上海文艺出版社

出 版 时 间：1982.1

出 版 地：上海

页　　数：50 页

尺　　寸：19cm

价　　格：0.24

馆藏地址：北京舞蹈学院图书馆

内容提要：本书记叙的《孔雀舞》（女子群舞）是金明的佳作，首演于 1956 年，作曲：罗忠熔，首演者：中央歌舞团资华筠、崔美善领衔。高高山岗上，一只开屏的"孔雀"，抖动着美丽的翅膀冲下山来，一双双"翅膀"化作了"孔雀姑娘"，踏着象脚鼓与锣的敲击声，和着优美的旋律，簇拥着"鸟王"翩翩起舞——饮水、照影、沐浴、飞翔，孔雀是聚居在西南边陲的傣族古代图腾崇拜——宗教艺术的遗存，一直被视为吉祥、幸福的象征。民间流传的传统"孔雀舞"只有男性表演，舞者身背象征翅膀的沉重道具，限制了形体的自由与舒展。编创者突破传统——尝试以女性来展示孔雀的美丽，在服饰上也进行了革新——去掉沉重的道具，代之以坠满孔雀羽毛的宽摆长裙……这个舞蹈于 1956 年首次在全国舞蹈会演中亮相，就以其新奇和优美，备受观众青睐，次年又在第六届"世青节"获金质奖。

中图法分类：（索书号）J712/7

题　　名：舞蹈的排练与表演（影印本）

责 任 者：李开方编

出 版 者：花山文艺出版社

出 版 时 间：1982.3

出 版 地：广州

页　　数：52 页

尺　　寸：19cm

价　　格：0.18

馆藏地址：北京舞蹈学院图书馆

内容提要：本书介绍了舞蹈排练过程中导演的职责、人物和应具有的常识，舞蹈排练的步骤和过程，业余舞蹈演员的表演技巧：首先要会跳、必须会表演、力求懂音乐等。

0715

中图法分类：（索书号）J709/7
题　　名：芭蕾简史
责　任　者：[美]理查·克劳斯（R. Kraus）
　　　　　　著；郭明达译
出　版　者：上海文艺出版社
出版时间：1982.6
出　版　地：上海
页　　数：92页
尺　　寸：19cm
价　　格：0.33
馆藏地址：北京舞蹈学院图书馆
内容提要：本书是克劳斯博士1969年版
《舞蹈艺术与教育史》中关于欧美传统芭蕾艺
术一些章节的摘译，介绍了四百年的芭蕾
历史。

0716

中图法分类：（索书号）J709.249/1
题　　名：太平天国时期的江苏舞蹈（影印
　　　　　本）
责　任　者：殷亚昭著
出　版　者：中国舞蹈家协会江苏分会
出版时间：1982.7
出　版　地：南京
页　　数：1册
尺　　寸：20cm
价　　格：33.00
馆藏地址：北京舞蹈学院图书馆
内容提要：本书介绍了太平天国时期江苏地
区的舞蹈活动类型、舞蹈的艺术形式、舞蹈的
渊源关系等，分为战舞和民间舞两个部分。这
一时期。我国的舞蹈艺术在思想内容上有了新
的起色。民间舞蹈在一定程度上注入了时代的
特色，富有太平天国的革命思想。

中图法分类：（索书号）J705

题　　　名：舞蹈论丛：第三辑

责　任　者：舞蹈编辑部

出　版　者：中国戏剧出版社

出 版 时 间：1982

出　版　地：北京

页　　　数：128 页

尺　　　寸：15cm

价　　　格：不详

馆 藏 地 址：上海图书馆

内 容 提 要：此论丛是中国舞蹈编辑部 1982年出版的第三辑。《舞蹈论丛》是由中国舞蹈家协会主办的学术理论性刊物。主编：叶宁。1980 年创刊（季刊）。创刊以来，已发表 300多篇论文和文章，其中包括舞蹈界、学术界一些权威人士的论著，是舞蹈学术理论研究和争鸣的园地。

0717

中图法分类：（索书号）J712.25/23

题　　　名：古典芭蕾基本训练，下（内部资料）（油印本）

责　任　者：曲皓，尹佩芳编

出　版　者：北京舞蹈学院芭蕾教研组

出 版 时 间：1982.9

出　版　地：北京

页　　　数：289 页

尺　　　寸：20cm

价　　　格：

馆 藏 地 址：北京舞蹈学院图书馆

内 容 提 要：本书介绍了六年制芭蕾舞专业每一学年的教学任务和教学大纲，对课堂教学的发展顺序和扶把、离把、跳跃、脚尖等各种练习之间的联系做了分析，从而明确了各学年、各教学阶段的基本要求，将各年级学生所应达到的能力、技巧、速度等确定了规格和范围。

0718

0719

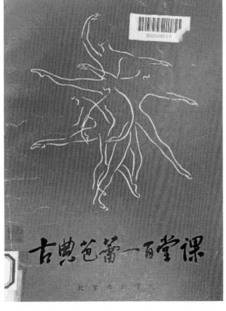

中图法分类：（索书号）J723.1/5
题　　　名：花仙-卓瓦桑姆：藏族神话舞剧
责　任　者：王余
出　版　者：四川人民出版社
出版时间：1982.10.1
出　版　地：成都
页　　　数：97页
尺　　　寸：19cm
价　　　格：1.00
馆藏地址：北京舞蹈学院图书馆
内容提要：本书主要内容包括：《花仙-卓瓦桑姆》的舞剧文学剧本剧情；并收集了民族艺术之花、迷人的藏族神话舞剧《花仙-卓瓦桑姆》、我喜爱的舞剧、感于物而动等十几篇文章。

0720

中图法分类：（索书号）J712.25/14
题　　　名：古典芭蕾100堂课（内部资料）
责　任　者：柯斯特洛维茨卡亚著；北京舞蹈学院编
出　版　者：北京舞蹈学院
出版时间：1982.10
出　版　地：北京
页　　　数：208页
尺　　　寸：26cm
价　　　格：
馆藏地址：北京舞蹈学院图书馆
内容提要：本书整理了列宁格勒舞蹈学校一年级至八年级的100堂课的教学经验，每一课例中说明了学习动作的顺序，指出了练习动作或组合所需要的次数，还附有脚尖练习。一年级和二年级前半学年的课例包括了教学大纲的全部动作。从二年级后班学年起各种单一动作被组合成先是简单的后来较复杂的组合，从三年级起各年级的前半学年是加大前学年组合的难度和学习新动作。在后半学年主要是把这些新动作也组合成各种不同的组合。

中图法分类：（索书号）J711.1/1/：4
题　　　名：学习资料．（四）（内部资料）
责　任　者：中国舞蹈家协会上海分会编
出　版　者：中国舞蹈家协会上海分会
出版时间：1982.10
出　版　地：上海
页　　　数：73页
尺　　　寸：18cm
价　　　格：
馆藏地址：北京舞蹈学院图书馆
内容提要：本书选编了五篇外国舞剧方面的
文章：现代舞剧的表现手段、谈谈苏联舞剧的
音乐戏曲结构、安娜·巴普洛娃、我一生中的
几页、我怎样设计舞剧《帕格尼尼》。

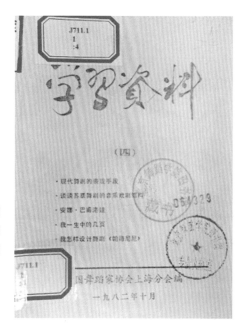

中图法分类：（索书号）J722.3/80
题　　　名：儿童集体舞（影印本）
责　任　者：中国舞蹈家协会福建分会编
出　版　者：福州市群众艺术馆
出版时间：1982.11
出　版　地：福州
页　　　数：39页
尺　　　寸：18cm
价　　　格：0.05
馆藏地址：北京舞蹈学院图书馆
内容提要：全书精选了各国优秀儿童集体舞
10多个，分曲谱和跳法两部分。跳的部分除词
谱外还有详细的舞蹈动作说明。

0723

中图法分类：（索书号）J709.27/8
题　　　名：我是从孤儿院来的（影印本）
责　任　者：陈爱莲著
出　版　者：三联书店
出　版　时　间：1982.11
出　版　地：北京
页　　　数：105 页
尺　　　寸：17cm
价　　　格：0.38
馆　藏　地　址：北京舞蹈学院图书馆
内　容　提　要：本书叙述了作者的艺术道路和生活历程。记述了作者在党的培养教育下，从一个衣衫褴褛的孤儿一步步向舞蹈艺术高峰攀登的足迹，表现了她对党的深情，对艺术的热爱和刻苦追求，也反映也她生活中的欢乐、痛苦和幸福。

0724

中图法分类：（索书号）J722.3/6
题　　　名：儿童歌舞 1982-1
责　任　者：中国儿童歌舞研究会编辑
出　版　者：舞蹈杂志社
出　版　时　间：1982.12
出　版　地：北京
页　　　数：32 页
尺　　　寸：18cm
价　　　格：0.12
馆　藏　地　址：北京舞蹈学院图书馆
内　容　提　要：本书介绍了"黄牛和铁牛"等12 个儿童歌舞的音乐、动作说明和跳法。

中图法分类：（索书号）J706/6
题　　　名：芭蕾解剖学（内部教材）
责　任　者：［法国］包季埃著 选译本
出　版　者：北京舞蹈学院资料室编印
出版时间：1982
出　版　地：北京
页　　　数：23 页
尺　　　寸：26cm
价　　　格：0.39
馆藏地址：北京舞蹈学院图书馆
内容提要：本书从解剖学的角度分析了芭蕾
舞训练中脚部的基本动作以及容易造成的外
伤，提出了科学训练方法和损伤纠正方法，并
附有相关插图。

0725

中图法分类：（索书号）J711.3/2
题　　　名：编导知识介绍（内部资料）（油
印本）
责　任　者：［澳大利亚］渥莲慕丝·扬著
出　版　者：北京舞蹈学院编导班讲座
出版时间：1982
出　版　地：北京
页　　　数：40 页
尺　　　寸：26cm
价　　　格：6.00
馆藏地址：北京舞蹈学院图书馆
内容提要：本书是 1982 年舞蹈学院编导班
的讲课记录，内容包括舞蹈编导的概念、编导
人需要的素质、进行创作前的准备；舞蹈编导
课即兴创作练习、习作练习和编导练习；奥涅
金的编导经验；芭蕾舞的未来、中外舞剧的区
别、舞蹈和其他艺术的关系等。

0726

中国舞蹈图书总书目

0727

中图法分类：（索书号）J222.7/792
题　　名：国画舞蹈
责 任 者：陈光健绘
出 版 者：四川人民出版社
出版时间：1982
出 版 地：成都
页　　数：10 幅
尺　　寸：25cm
价　　格：1.00
馆藏地址：浙江图书馆
内容提要：本书收集陈光健绘舞蹈题材中国画10幅。著名女画家陈光健是"黄山画派"创始人刘文西夫人。陈光健画笔涉足中国古典汉唐乐舞，并画了不少中国各民族舞蹈。此书就是她以中国国画风格创作的舞蹈人物画作。

0728

中图法分类：（索书号）J722.225.1/1
题　　名：湖南瑶族舞蹈（内部资料）
责 任 者：湖南省群众艺术馆编
出 版 者：瑶族舞蹈收集整理组
出版时间：1982
出 版 地：长沙
页　　数：196 页
尺　　寸：18cm
价　　格：
馆藏地址：北京舞蹈学院图书馆
内容提要：本书介绍了瑶族舞蹈中"长鼓舞"、"伞舞"、"刀舞"、"芦笙长鼓舞"、"锣笙长鼓舞"、"羊角短鼓舞"、"盾牌舞"、"香火龙舞"、"走潮舞"、"穿灯舞"、"扯歪子舞"、"倒采茶舞"和还盘王愿中的几段舞蹈的动作程式、基本动作和动作组合，并记录了瑶族舞蹈的基本手式、手的基本动作、脚的基本位置和步法、基本动作和动作组合等。

0364

中图法分类：（索书号）J722.1/8
题　　　名：集体舞
责　任　者：关槐秀，张奇编
出　版　者：人民体育出版社
出版时间：1982
出　版　地：北京
页　　　数：148 页
尺　　　寸：19cm
价　　　格：0.34
馆藏地址：北京舞蹈学院图书馆
内容提要：本书介绍了 13 个集体舞、7 个表情舞、4 个外国集体舞的音乐、参加人数、队形变化、基本动作、跳法说明和教法建议，并收录了 13 个舞曲的曲谱。

0729

中图法分类：（索书号）J722.211/4
题　　　名：中国传统秧歌舞蹈选：冀东地秧歌
责　任　者：徐宝山等编写
出　版　者：人民音乐出版社
出版时间：1982
出　版　地：北京
页　　　数：103 页
尺　　　寸：21cm
价　　　格：0.47
馆藏地址：北京舞蹈学院图书馆
内容提要：本书记录了冀东地秧歌的历史和发展、地秧歌舞蹈道具的运用、各行当表演特点和基本动作、各行当动作组合、传统大场（跑套子）队形线路、地秧歌音乐及曲选、地秧歌著名人物等。

0730

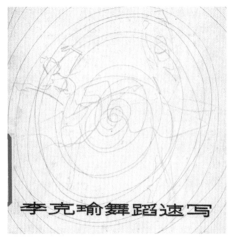

0731

中图法分类：（索书号）J224/4441
题　　　名：李克瑜舞蹈速写
责　任　者：李克瑜
出　版　者：人民美术出版社
出版时间：1982
出　版　地：北京
页　　　数：91页：彩图
尺　　　寸：19cm
价　　　格：1.35
主题标目：速写—作品—中国
馆藏地址：上海图书馆
内容提要：作者为服装设计师，后成为中央
芭蕾舞团首屈一指的服装设计大师。团里的舞
蹈演员都知道，许多沿用至今的演出服装，都是她亲手设计的。一位服装设计师在艺术
历史上留下不断变幻的符号，而其美的光彩却始终如一。李克瑜谈到《天鹅湖》和《红
色娘子军》服装设计的经过，她一直致力于把中国古代、民间的服饰图案，运用到西方
芭蕾舞和舞蹈史诗中，有些图案运用得格外新奇、大胆，打破了东西方的疆界。此书是
她的舞蹈速写集。

0732

中图法分类：（索书号）J70-02/14
题　　　名：三论中国古典舞（内部教材）
责　任　者：孙颖
出　版　者：北京舞蹈学院汉唐古典教研室
出版时间：1982
出　版　地：北京
页　　　数：83页
尺　　　寸：20cm
价　　　格：19.80
馆藏地址：北京舞蹈学院图书馆
内容提要：孙颖老师这本书从历史到现代对
中国古典舞的脉络、发展进行了系统的阐述，
主要从三个方面进行论述；一、创建中国古典
舞蹈的途径和方法，二、创建中国古典舞蹈为
什么不能以戏曲舞蹈做基础，三、另一种选
择，另一种途径和方法。他以全景式的角度对
中国古典舞进行了研究。

中图法分类：（索书号）J792.7/1
题　　　名：山东省第一届舞蹈比赛：部分优
秀作品选（影印本）（内部资料）
责　任　者：中国舞蹈家协会山东分会编
出　版　者：中国舞蹈家协会山东分会编
出版时间：1982
出　版　地：济南
页　　　数：113 页
尺　　　寸：26cm
价　　　格：
馆藏地址：北京舞蹈学院图书馆
内容提要：本书从山东省舞蹈比赛获奖作品
中挑选了八个优秀作品参加了由上海文化局、
中国舞蹈协会上海分会联合举办的华东独舞、
双人舞、三人舞、会演。这些作品分别获创作
一等奖一个、二等奖三个、三等奖四个。代表
作分别是：《美丽的心灵》、《迎春》、《三毛哥
哥好》、《我爱油田》、《丰收乐》、《永恒》、《鸡婆婆》、《幼苗》。

0733

中图法分类：（索书号）J70/1：1-：3
题　　　名：世界民间舞蹈研究（第一册、第
二册、第三册）（内部资料）
责　任　者：［美］哈利斯，波特曼，沃勒著；
寇文铮，李至善译
出　版　者：中国舞蹈家协会辽宁分会
出版时间：1982
出　版　地：沈阳
页　　　数：194+156+137 页
尺　　　寸：18cm
价　　　格：
馆藏地址：北京舞蹈学院图书馆
内容提要：本书基本根据美国哈利斯、波特
曼、沃勒三人编著，由美国民间出版公司出版
的第五版《跳一会舞》（Dance a while）编译，
原书约三十余万字。译本共分三册。第一册选
译的各国民间舞几个章节，对各国民间舞的源
流、发展、变化以及风格、特色都有详细的论述，并收入了不同国家的民间舞五十七
个。第二册，在理论上概括的论述了舞蹈的起源，并系统地介绍了舞蹈的队形、动作、
音乐和意义；以及舞蹈形式，小步舞，乡村舞，四对舞和华尔兹。同时还包括美国的传
统舞蹈和美国的乡村舞蹈，收集介绍了几十个美国的传统舞蹈。第三册则用大量篇幅介
绍了方阵舞、康查舞（Contradhlca）和社交舞。

0734

0735

中图法分类：（索书号）J732.2/9
题　　　名：世界土风舞大典序列：波兰土风
　　　　　　舞（影印本）
责　任　者：张庆三主编
出　版　者：弦歌图书出版社
出　版　时　间：1982
出　版　地：台北市
页　　　数：243 页
尺　　　寸：22cm
价　　　格：50.00 TWD200.00
馆　藏　地　址：北京舞蹈学院图书馆
内　容　提　要：本书主要分三大部分；第一部分
对波兰民俗舞蹈国情、特色、舞型、音乐、服
饰等内容进行了比较详细的叙说；第二部分主
要介绍了波兰国舞应用舞姿、舞步内容。第三
部份主要对波兰地方的民俗舞舞姿、舞步内容
进行了概述。

0736

中图法分类：（索书号）J709.27/9
题　　　名：我的舞蹈艺术生涯
责　任　者：吴晓邦编著
出　版　者：中国戏剧出版社
出　版　时　间：1982
出　版　地：北京
页　　　数：189 页
尺　　　寸：19cm
价　　　格：0.96
馆　藏　地　址：北京舞蹈学院图书馆
内　容　提　要：本书描述了作者 1929 到 1960 年
三十年的舞蹈艺术生活。体现了一代舞蹈艺术
宗师的大家风范。他以现代舞的自然法则为基
础，结合中国民族舞蹈的特点，创立了一套理
论与实践相结合的教学体系。此书就是这套体
系的代表作。

中图法分类：（索书号）J712/2
题　　　名：舞蹈动作选
责　任　者：《舞蹈动作选》编写组编
出　版　者：上海文艺出版社
出版时间：1982
出　版　地：上海
页　　　数：103 页
尺　　　寸：19cm
价　　　格：0.33
馆藏地址：北京舞蹈学院图书馆
内容提要：本书介绍了舞蹈的基本知识与常用的最基本的动作，从上肢、下肢、腰、蹲、跳、转、步伐、技巧等各种各样的动作，以及舞姿造型。还介绍了舞蹈组合，分基本动作组合、常用道具组合与表演舞蹈组合。

0737

中图法分类：J70/6
题　　　名：舞蹈和舞剧书信集
责　任　者：若望－乔治·诺维尔（J. Noverre）著；管震湖，李胥森译
出　版　者：上海文艺出版社
出版时间：1982
出　版　地：上海
页　　　数：184 页
尺　　　寸：19cm
价　　　格：0.66
馆藏地址：北京舞蹈学院图书馆
内容提要：本书是法国舞蹈家、情节芭蕾舞剧创始人诺维尔以书信形式写成的论文集，阐述了他的美学理论、文艺理论和舞蹈理论。内容包括编导、题材选择、舞台演出、舞台美术、教学、演员训练和修养、舞剧和其他剧种以及音乐、绘画的关系等方面。1758 至 1759 年，诺维尔主要是通过大量芭蕾舞剧的创作来推行自己的主张，1760 年则将自己的理论观点结集发表，题为《舞蹈和舞剧书信集》。根据作者死后各种版本所辑其书信，总数约有 35 封之多。国内目前所见为两部分：一部分为管震湖、李胥森所译、由上海文艺出版社出版的《舞蹈和舞剧书信集》，有 15 封书信；另一部分为李胥森所译，在《舞蹈论丛》连载的《舞蹈和舞剧书信集》，也是 15 封。

0738

0739

中图法分类：（索书号）J709.27/23
题　　　名：舞蹈家：陈爱莲
责　任　者：上海文艺出版社编辑
出　版　者：上海文艺出版社
出版时间：1982
出　版　地：上海
页　　　数：14页
尺　　　寸：19cm
价　　　格：0.35
馆藏地址：北京舞蹈学院图书馆
内容提要：本书汇集了舞蹈家陈爱莲演出、排练和生活的照片。本书为舞蹈家陈爱莲的画册，讲述了"陈爱莲的舞蹈艺术"、"愿舞蹈和生活更美"等内容。

0740

中图法分类：（索书号）J712/12/：1
题　　　名：舞蹈资料汇编．（一）（内部资料）
责　任　者：郭明达著
出　版　者：中国舞蹈家协会山东分会
出版时间：1982
出　版　地：济南
页　　　数：36页
尺　　　寸：26cm
价　　　格：
馆藏地址：北京舞蹈学院图书馆
内容提要：本书含有三篇资料，"舞蹈的技巧性和表现性"、"舞蹈是一种教育方式"、选译自伊利荷伯·佛尔朋《一种现代舞蹈教学法》一书的第五章——舞蹈创作入门（即兴活动和创造性工作）。

中图法分类：（索书号）J712/12/：3
题　　　名：舞蹈资料汇编．（三）（内部资
　　　　　　料）
责　任　者：郭明达著
出　版　者：中国舞蹈家协会山东分会
出版时间：1982
出版地：济南
页　　　数：22 页
尺　　　寸：26cm
价　　　格：
馆藏地址：北京舞蹈学院图书馆
内容提要：本书记录了匈牙利华沙维尼舞、
流行环舞类、迪克西混合舞、维塞尼亚士舞、
快乐的士兵等的节拍、舞步和舞姿。

中图法分类：（索书号）J732.2/7/：1
题　　　名：新土风舞大全．上（影印本）
责　任　者：张庆三主编
出　版　者：弦歌图书出版社
出版时间：1982
出版地：台北市
页　　　数：599 页
尺　　　寸：19cm
价　　　格：100.00 TWD400.00（精）
馆藏地址：北京舞蹈学院图书馆
内容提要：本书上集主要收集了具有代表性
的美国方舞行列舞及有口令之舞会游戏、美国
混合舞、舞会游戏及娱乐舞蹈、美国双人舞、
亚述土风舞、俄罗斯土风舞舞蹈；并对其舞蹈
的简介、舞法、音乐等内容进行了比较详细的
说明。作者被誉为"台湾土风舞之父"。

0743

中图法分类：（索书号）J732.2/7：2
题　　　名：新土风舞大全．中（影印本）
责　任　者：张庆三主编
出　版　者：弦歌图书出版社
出版时间：1982
出　版　地：台北市
页　　　数：599 页
尺　　　寸：19cm
价　　　格：100.00 TWD400.00
馆藏地址：北京舞蹈学院图书馆
内容提要：本书中集主要收集了亚美利亚土
风舞、保加利亚土风舞、土耳其土风舞、南斯
拉夫土风舞、阿尔巴尼亚土风舞、斯堪的那维
亚土风舞、罗马尼亚土风舞、西班牙土风舞、
意大利土风舞、英国双人舞、土风舞及行列
舞、法国土风舞等舞蹈，并对其舞蹈的简介、
舞法、音乐等内容进行了比较详细的说明。作
者被誉为"台湾土风舞之父"。

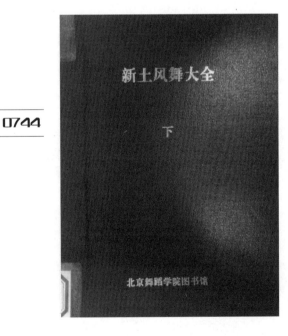

0744

中图法分类：（索书号）J732.2/7：3
题　　　名：新土风舞大全．下（影印本）
责　任　者：张庆三主编
出　版　者：弦歌图书出版社
出版时间：1982
出　版　地：台北市
页　　　数：599 页
尺　　　寸：19cm
价　　　格：100.00 TWD400.00
馆藏地址：北京舞蹈学院图书馆
内容提要：本书下集主要收集了德奥瑞土风
舞、捷克、匈牙利土风舞、以色列土风舞、菲
律宾土风舞、韩国土风舞、日本土风舞、希腊
土风舞等舞蹈。并对其舞蹈的简介、舞法、音
乐等内容进行了比较详细的说明。作者被誉为
"台湾土风舞之父"。

中图法分类：J70/24
题　　　名：新舞蹈艺术概论
责　任　者：吴晓邦著
出　版　者：中国戏剧出版社
出版时间：1982
出　版　地：北京
页　　　数：228 页
尺　　　寸：21cm
价　　　格：0.89
馆藏地址：北京舞蹈学院图书馆
内容提要：本书主要介绍了舞蹈艺术的基础理论知识和基本技术。包括舞蹈的形成和演变，舞蹈和其他艺术的关系，舞蹈的三大要素，舞蹈美和舞蹈思想，呼吸、动作、想象，论发展舞蹈的创造性、现代舞蹈的基本技术和理论、组织创作实习课的经验、中国舞蹈发展史纲。

0745

中图法分类：（索书号）J721/11
题　　　名：叶浅予舞蹈画册
责　任　者：叶浅予著
出　版　者：新疆人民出版社
出版时间：1982.4
出　版　地：乌鲁木齐
页　　　数：69 幅图
尺　　　寸：27cm
价　　　格：5.80
馆藏地址：北京舞蹈学院图书馆
内容提要：本书共收录了叶浅予先生 69 幅关于舞蹈人物的彩墨画。40 年代作者走向国画。第一批作品便是他访问印度归来所作的印度舞画。他用敦煌壁画和佛画的手法画天竺舞，用色厚重，线条工整流畅，有点壁画风。对这批画，徐悲鸿的评语是："浅予之国画，如其速写人物，笔法轻快，动中肯綮。"宗白华的评语是："浅予的印度舞面，是古典美与现代美的结合。"到了 60 年代，他的笔墨解放，出现了画舞的高潮。代表作如婆罗多舞和献花舞，和阗装和夏河装，画上人物洒脱、妩媚、奔放，画界咸谓浅予舞画，60 年代是高峰。

0746

0747

中图法分类：（索书号）J722.3
　　　　　　　（G613.5/0411）
题　　　名：幼儿舞蹈
责　任　者：刘玉球
出　版　者：江西人民出版社
出版时间：1982
出　版　地：南昌
页　　　数：92页：曲谱
尺　　　寸：19cm
价　　　格：0.28
馆藏地址：上海图书馆
主题标目：舞蹈课—学前教育
内容提要：本书是舞蹈课—学期教育教学的
"幼儿舞蹈"。幼儿舞蹈是由儿童表演或表现幼
儿生活的舞蹈。是对儿童进行德、智、体、美
综合教育的重要手段。幼儿舞蹈的特点是边歌
边舞，形象直观，易于被儿童理解和接受，对
儿童的身体素质、情感、审美、注意力等方面有着十分重要的意义。

0748

中图法分类：（索书号）J719.5/13
题　　　名：张旭教授芭蕾舞课教学笔记（内
　　　　　　部教材）（油印本）
责　任　者：张旭著
出　版　者：北京舞蹈学院
出版时间：1982
出　版　地：北京
页　　　数：1册
尺　　　寸：28cm
价　　　格：
馆藏地址：北京舞蹈学院图书馆
内容提要：本书记录了张旭教授关于《睡美
人》、《天鹅湖》、《堂吉诃德》、《海优》等芭
蕾舞经典片段赏析和评介笔记。芭蕾舞系作为
北京舞蹈学院的重点学科和研究生教育教学研
究单位，拥有一批德高望重、知识渊博的教
授，张旭教授就是其中的佼佼者。他的这部教
学笔记学术价值很高。

中图法分类：（索书号）J709.2/12
题　　　名：中国历代舞姿
责　任　者：孙景琛，吴曼英编著
出　版　者：上海文艺出版社
出版时间：1982
出　版　地：上海
页　　　数：156 页
尺　　　寸：19cm
价　　　格：0.56
馆藏地址：北京舞蹈学院图书馆
内容提要：本书采集了原始岩画和古代美术作品中，历代古墓出土的乐舞俑、壁画、画像石和石窟、寺院等保留的舞蹈形象，分为前秦、秦汉、魏晋南北朝、隋唐五代、宋元明清五个时期。

中图法分类：（索书号）J721.7/6
题　　　名：中国舞谱：（国舞的基本动作）
责　任　者：李天民著
出　版　者："国立"编译馆
出版时间：1982 再版
出　版　地：台北市
丛　　　书：艺术丛书
页　　　数：599 页
尺　　　寸：27cm
价　　　格：71.43 TWD320.00
馆藏地址：北京舞蹈学院图书馆
内容提要：本书介绍了中国舞蹈的起源、演变和发展，并以图解的方式记录了中国舞蹈中的足部动作、腿部动作、腕部动作、臂部动作、腰胴动作、头部动作、旋转动作等。

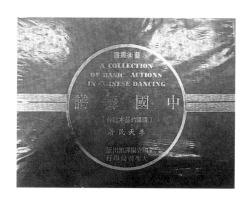

0751

中图法分类：（索书号）J731/2/：2
题　　　名：拉班舞谱教材：初级班．（二）
　　　　　　（内部资料）（油印本）
责　任　者：北京师范学院音乐系编
出　版　者：北京师范学院音乐系
出版时间：1983.2
出版　地：北京
页　　　数：1册
尺　　　寸：30（26）cm
价　　　格：
馆藏地址：北京舞蹈学院图书馆
内容提要：拉班舞谱是"现代舞理论之
父"——匈牙利人鲁道夫·拉班所创，该舞谱
以数学、力学、人体解剖学为基础，运用各种
形象的符号，精确、灵便地分析并记录舞蹈及
各种人体动作的姿态、空间运行路线、动作节
奏和所用力量，因此被广泛运用于舞蹈、体
育、医疗等与人体运动有关的领域，如今已经被公认为是一种既科学又形象、并富有逻
辑性的分析记录体系。作为国际上广泛运用的该舞谱，对国际文化交流起着重要的作
用。本书介绍了怎样在纸上记录动作，当作资料。怎样对动作进行有效而基本的分析。
同时该书又精心选择了许多术语。

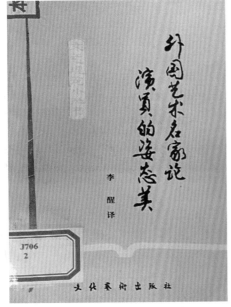

0752

中图法分类：（索书号）J706/2
题　　　名：外国艺术名家论演员的姿态
责　任　者：［美］丹纳·巴尔涅编辑
出　版　者：文化艺术出版社
出版时间：1983.3
出版　地：北京
页　　　数：68页
尺　　　寸：18cm
价　　　格：0.23
馆藏地址：北京舞蹈学院图书馆
内容提要：本书汇集了外国艺术家从技术和
技巧方面对演员的姿态美的论述以及演员如何
才能获得优美的姿态而进行的论述。本书对于
舞蹈艺术家在舞蹈表演上有着借鉴和学习
作用。

中图法分类：（索书号）J722.3/86
题　　　名：儿童集体舞（影印本）
责　任　者：陕西省群众艺术馆编
出　版　者：陕西人民出版社
出版时间：1983.4
出　版　地：西安
页　　　数：52页
尺　　　寸：19cm
价　　　格：0.16
馆藏地址：北京舞蹈学院图书馆
内容提要：本书主要收集了十几个儿童集体舞蹈作品。分别对其舞蹈基本动作、舞曲、跳法等内容进行了详细的叙述和说明。

0753

中图法分类：（索书号）J722.3/17：1
题　　　名：儿童少年歌舞选．第一辑
责　任　者：中国舞蹈家协会辽宁分会编
出　版　者：辽宁少年儿童出版社
出版时间：1983.5
出　版　地：沈阳
页　　　数：96页
尺　　　寸：19cm
价　　　格：0.31
馆藏地址：北京舞蹈学院图书馆
内容提要：本书介绍了"小小宇宙飞行员"、"我学叔叔练兵忙"、"小皮球"、"送伞"四个少年歌舞。并对其中的人物、内容简介、音乐、动作和场记等做了详细说明。

0754

0755

中图法分类：（索书号）J722.3/17/：2
题　　　名：儿童少年歌舞选．第二辑
责　任　者：中国舞蹈家协会辽宁分会编
出　版　者：辽宁少年儿童出版社
出　版　时　间：1983.5
出　版　地：沈阳
页　　　数：96 页
尺　　　寸：19cm
价　　　格：0.31
馆藏地址：北京舞蹈学院图书馆
内容提要：本书包括儿童歌舞"红花朵朵"的人物介绍、内容简介、音乐、动作说明和场记说明等。

0756

中图法分类：（索书号）J705/33
题　　　名：舞蹈交流（内部资料）
责　任　者：丁宁编；中国舞蹈家协会上海分会编
出　版　者：中国舞蹈家协会上海分会
出　版　时　间：1983.5
出　版　地：上海
页　　　数：100 页
尺　　　寸：20cm
价　　　格：
馆藏地址：北京舞蹈学院图书馆
内容提要：本书共收录了 12 篇译文和 5 篇中文原文，介绍了国外舞蹈评论界对舞蹈大师们的评介，包括对玛莎·格雷厄姆的作品评述，对乔治·巴兰钦艺术风格特征的剖析，对罗兰·帕蒂艺术见解的分析等。

中图法分类：（索书号）　　J722.21/4
题　　　名：黔南民间舞蹈选集
责　任　者：黔南州文学艺术研究室编
出　版　者：赣南州文学艺术研究室
出版时间：1983.6
出　版　地：贵州省黔南州都匀市
页　　　数：399页
尺　　　寸：18cm
价　　　格：1.00
馆藏地址：北京舞蹈学院图书馆
内容提要：本书介绍了黔南民族民间舞蹈的
概况及分布情况，并记录了黔南布依族、苗
族、水族、瑶族、仡佬族、汉族民间舞蹈的历
史文化背景资料和技术说明，包括代表性舞蹈
节目的舞曲、基本动作、场记说明、服饰和道
具等。

0757

中图法分类：J70/41／：5
题　　　名：小资料．5（内部资料）（油印
　　　　　　本）
责　任　者：北京舞蹈学院资料室编
出　版　者：北京舞蹈学院资料室
出版时间：1983.6
出　版　地：北京
页　　　数：18页
尺　　　寸：26cm
价　　　格：
馆藏地址：北京舞蹈学院图书馆
内容提要：本资料内容为北京舞蹈学院王跃
平老师译自威廉J·布朗宁1981年在美国《键
盘音乐杂志》上发表的文章《艺术专业学生的
钢琴技巧》。

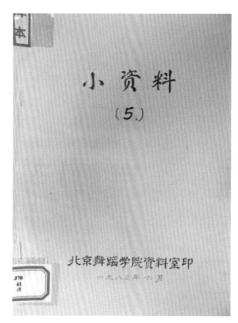

0758

0759

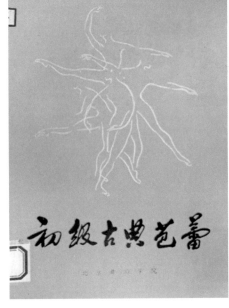

中图法分类：（索书号）J712.25/13
题　　　名：初级古典芭蕾
责　任　者：［苏联］H.巴萨罗娃 B.梅 著
　　　　　　肖苏华译
出　版　者：北京舞蹈学院
出版时间：1983.9
出　版　地：北京
页　　　数：119 页
尺　　　寸：26cm
价　　　格：
馆藏地址：北京舞蹈学院图书馆
内容提要：本书把学习和练习古典芭蕾分为三个年级，分别介绍了各个年级的身体训练、手脚位置和扶把练习、中间练习、跳跃练习和脚尖练习、舞台动作等。

0760

中图法分类：（索书号）J712.35/1
题　　　名：芭蕾排练室内幕（内部资料）
责　任　者：乌廉斯著 黄伯虹译
出　版　者：北京舞蹈学院资料室
出版时间：1983.10
出　版　地：北京
页　　　数：59 页
尺　　　寸：26cm
价　　　格：
馆藏地址：北京舞蹈学院图书馆
内容提要：本书说明了芭蕾舞专业从教师到学生应怎样工作，需要做什么，应做什么和应想什么。内容包括以芭蕾为专业、教学、练习服、扶把练习、头和手臂、慢板、旋转、打击动作、跳跃、脚尖、哑剧、健康、节奏和音乐感、双人舞等。

中图法分类：（索书号）J732.8/1
题　　　名：历史生活舞蹈（内部资料）
责　任　者：〔苏〕罗日杰斯特温斯卡娅著
出　版　者：北京舞蹈学院
出版时间：1983.10
出　版　地：北京
页　　　数：348 页
尺　　　寸：26cm
价　　　格：
馆藏地址：北京舞蹈学院图书馆
内容提要：本书详细地汇集了前四个世纪的欧洲生活舞蹈和宫廷舞蹈，收入了欧洲著名博物馆馆藏画十二幅，还精心绘制近二百幅历史生活舞蹈场景插图、舞蹈动作图示和舞蹈场记图。

0761

中图法分类：（索书号）J719.5/9/：1
题　　　名：英国皇家舞蹈学院芭蕾教材．
　　　　　　（一）（内部教材）
责　任　者：北京舞蹈学院资料室编
出　版　者：北京舞蹈学院
出版时间：1983.10
出　版　地：北京
页　　　数：70 页
尺　　　寸：26cm
价　　　格：
馆藏地址：北京舞蹈学院图书馆
内容提要：本书介绍了男女儿童考试课的规则及条件，男女儿童初级、一、二、三、四级的扶把、中间、性格舞步等课程训练。

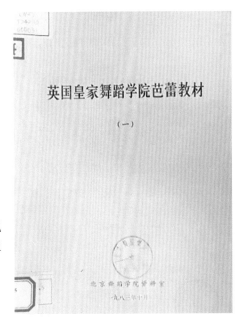

0762

0763

中图法分类：（索书号）J719.5/9/：2
题　　　　名：英国皇家舞蹈学院芭蕾教材．
　　　　　　　（二）（内部教材）
责　任　者：北京舞蹈学院资料室编
出　版　者：北京舞蹈学院
出版时间：1983.10
出　版　地：北京
页　　　　数：63页
尺　　　　寸：26cm
价　　　　格：
馆藏地址：北京舞蹈学院图书馆
内容提要：本书介绍了芭蕾主课考试摘要大
纲，包括考试衣着，男女生学前级、初学级、
中级以及高级考试大纲中的扶把、中间练习和
脚尖练习等。

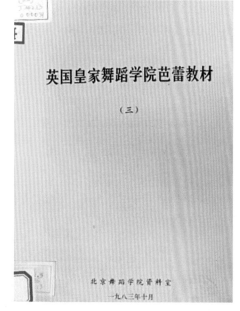

0764

中图法分类：（索书号）J719.5/9/：3
题　　　　名：英国皇家舞蹈学院芭蕾教材．
　　　　　　　（三）（内部教材）
责　任　者：北京舞蹈学院资料室编
出　版　者：北京舞蹈学院
出版时间：1983.10
出　版　地：北京
页　　　　数：42页
尺　　　　寸：26cm
价　　　　格：
馆藏地址：北京舞蹈学院图书馆
内容提要：本书介绍了主课考试大纲中的固
定练习，包括男女学前级、初学级、中级、高
级的扶把、中间练习、Adage、Pirouettes等。

中图法分类：（索书号）J719.5/9/：4
题　　　名：英国皇家舞蹈学院芭蕾教材．
　　　　　　（四）（内部教材）
责　任　者：北京舞蹈学院资料室编
出　版　者：北京舞蹈学院
出版时间：1983.10
出　版　地：北京
页　　　数：117 页
尺　　　寸：26cm
价　　　格：
馆藏地址：北京舞蹈学院图书馆
内容提要：本书介绍了男女学生一至六年级每一学年的学习课程，包括扶把练习，头的位置、身体方位、Epaulement 的运用，脚尖练习、中间练习、Adage、Pirouettes、Allegro 等。

中图法分类：（索书号）J732.2/5
题　　　名：表演舞专辑（影印本）
责　任　者：杨昌雄编
出　版　者：众文图书公司
出版时间：1983
出　版　地：台北市
页　　　数：121 页
尺　　　寸：21cm
价　　　格：22.50 TWD90.00
馆藏地址：北京舞蹈学院图书馆
内容提要：本书收集了较具代表性各国的土风舞，提供各种舞蹈的队形变化，对舞蹈动作、音乐、基本舞姿等内容进行了比较详细的说明。

0767

中图法分类：（索书号）J722.3/39
题　　　名：可爱的熊猫：表演舞蹈集
责　任　者：孙鞠娟著
出　版　者：少年儿童出版社
出版时间：1983
出　版　地：上海
页　　　数：234 页
尺　　　寸：19cm
价　　　格：0.49
馆藏地址：北京舞蹈学院图书馆
内容提要：本书记录了"献桃舞"、"可爱的熊猫"等15个舞蹈的音乐、情节、人物和符号、服装道具、基本动作、场记说明等。

0768

中图法分类：（索书号）J722.3/2986
题　　　名：黎锦晖儿童舞剧选
责　任　者：黎锦晖著
出　版　者：人民音乐出版社
出版时间：1983
出　版　地：北京
页　　　数：60 页
尺　　　寸：21cm
价　　　格：0.46
馆藏地址：上海图书馆
内容提要：本书选编了黎锦晖三部儿童歌舞剧的代表作"麻雀与小孩"、"三只蝴蝶"和"小小画家"。黎锦晖（1891-1967）是中国流行音乐的奠基人。

中图法分类：（索书号）J722.6/59
题　　　名：青春之舞
责　任　者：北京群众艺术馆编辑
出　版　者：《舞蹈》杂志社
出版时间：1983
出　版　地：北京
页　　　数：48 页
尺　　　寸：19cm
价　　　格：0.25
馆藏地址：北京舞蹈学院图书馆
内容提要：本书收集了《社会主义好》、《摇步舞》《跳起来》等十四首集体舞蹈并对跳法、舞蹈动作、舞蹈曲谱等内容进行了详细的说明。

0769

中图法分类：（索书号）J722.211/10
题　　　名：山东鼓子秧歌（影印本）
责　任　者：张浔，刘志军编
出　版　者：人民音乐出版社
时　　　间：1983
出　版　地：北京
页　　　数：79 页
尺　　　寸：21cm
价　　　格：0.44
馆藏地址：北京舞蹈学院图书馆
内容提要：本书记录了"鼓子秧歌"的分布、流传、演变与发展和传统"鼓子秧歌"的演出情况，介绍了"鼓子秧歌"的"跑场子"的队形、人数、演出和舞蹈动作，分析了"鼓子秧歌"的风格和律动，叙述了"鼓子秧歌"各种角色的舞蹈动作说明和音乐等。

0770

0771

十通乐舞章节选

北京舞蹈学院图书馆

中图法分类：（索书号）J709.2/17
题　　　名：十通乐舞章节选
责　任　者：［宋］陈旸撰著
出　版　者：人民音乐出版社
出 版 时 间：1983
出　版　地：北京
页　　　数：1册
尺　　　寸：26cm
价　　　格：0.54
馆 藏 地 址：北京舞蹈学院图书馆
内 容 提 要：本书内容包括乐舞、百戏等，并记叙了民间、少数民族和外国的音乐及其乐器。在音乐的分类上，陈旸把八音、歌、舞、杂乐分别归为雅、胡、俗三部，并且收入大量的胡俗之乐，扩大了胡俗之乐的影响，这些方面都显示了陈旸《乐书》的独特之处。更为可贵的是《乐书》中还有大量插图，保存了很多乐图资料，据统计全书共有插图517幅，涉及乐器、乐律、舞姿、舞器、舞位、乐器排列、五礼等，可谓无所不包。这本书只是选择了《乐书》中有关乐舞的有关章节。

0772

SHIJIE BALEI ZUOPIN JIESHAO

世界芭蕾作品介绍

中国舞蹈家协会上

J705
46
:1

中图法分类：（索书号）J705/46：1
题　　　名：世界芭蕾作品介绍．一
责　任　者：陆洪元编译
出　版　者：中国舞蹈家协会上海分会
出 版 时 间：1983
出　版　地：上海
页　　　数：90页
尺　　　寸：19cm
价　　　格：0.45
馆 藏 地 址：北京舞蹈学院图书馆
内 容 提 要：本书介绍了《皇后喜剧芭蕾》、《浮士德》、《天鹅湖》等二十部芭蕾舞剧的剧情及这些芭蕾舞剧的上演情况，还详细介绍了它们在芭蕾舞史上的地位、艺术成就及编导、演员、作曲家的生平等有关资料。此书是"世界芭蕾作品介绍．之一"。

中图法分类：（索书号）J705/46：1
题　　　名：世界芭蕾作品介绍．二
责　任　者：陆洪元编译
出　版　者：中国舞蹈家协会上海分会
出版时间：1983
出　版　地：上海
页　　　数：90 页
尺　　　寸：19cm
价　　　格：0.45
馆藏地址：北京舞蹈学院图书馆
内容提要：本书介绍了《皇后喜剧芭蕾》、
《浮士德》、《天鹅湖》等二十部芭蕾舞剧的剧
情及这些芭蕾舞剧的上演情况，还详细介绍了
它们在芭蕾舞史上的地位、艺术成就及编导、
演员、作曲家的生平等有关资料。此书是"世
界芭蕾作品介绍之．二"。

0773

中图法分类：（索书号）J722.3/40
题　　　名：跳吧！小伙伴
责　任　者：上海文艺出版社著
出　版　者：上海文艺出版社
出版时间：1983
出　版　地：上海
页　　　数：155 页
尺　　　寸：19cm
价　　　格：0.83
馆藏地址：北京舞蹈学院图书馆
内容提要：本书记录了"跳吧！小伙伴"中
的 9 个集体舞、9 个表演舞的简介、音乐、基
本动作和跳法、场记等内容。

0774

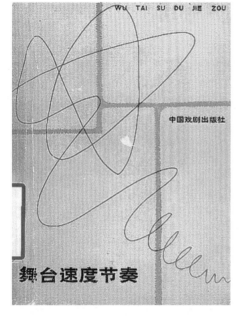

0775

中图法分类：（索书号）J811.2/4661

题　　　名：舞台速度节奏

责　任　者：古里叶夫，格·尼，列普柯夫卡娅；王爱民，莎金译

出　版　者：中国戏剧出版社

出版时间：1983.2

出　版　地：北京

页　　　数：208 页

尺　　　寸：19cm

价　　　格：0.74

馆藏地址：上海图书馆

主题标目：上海歌舞团—上海市 ~ 1979—2009

内容提要：本书着重阐述了舞台速度节奏的内在关系。对于舞蹈艺术表演，舞蹈在舞台上的速度节奏的掌控都有借鉴作用。

0776

中图法分类：（索书号）J722.3/28

题　　　名：小熊过桥：幼儿歌舞专集（影印本）

责　任　者：人民音乐出版社编辑部编

出　版　者：人民音乐出版社

出版时间：1983

出　版　地：北京

页　　　数：92 页

尺　　　寸：21cm

价　　　格：0.37

馆藏地址：北京舞蹈学院图书馆

内容提要：本书介绍了"表情歌"等 17 个儿童歌舞的音乐和动作说明，"小跳跳找朋友"等 5 个儿童歌舞剧的故事内容、音乐和对白，并附有三篇关于幼儿歌舞基本动作、教学、创编等内容的文章。

中图法分类：（索书号）J719.3/18
题　　　名：小学舞蹈教学参考书
责　任　者：陆奂奂，石秀茹编
出　版　者：人民教育出版社
出版时间：1983
出　版　地：北京
页　　　数：206页
尺　　　寸：19cm
价　　　格：0.63
馆藏地址：北京舞蹈学院图书馆
内容提要：本书内容包括小学舞蹈教学的意义和任务，舞蹈教材的特点与教学注意事项，舞蹈的基本动作，具体教材范例。

0777

中图法分类：（索书号）J721.7/1
题　　　名：怎样记录舞蹈
责　任　者：刘海茹
出　版　者：文化艺术出版社
出版时间：1983
出　版　地：北京
页　　　数：71页
尺　　　寸：19cm
价　　　格：0.35
馆藏地址：北京舞蹈学院图书馆
内容提要：本书全面地介绍了用文字配以曲谱、场记图、动作图的记录方法。共分六个部分，说明了怎样记录舞蹈的内容及历史沿革、舞蹈音乐、基本动作、舞蹈场记、舞台美术及绘制舞蹈动作图的要求等，并附有实例，还选编了常用舞蹈动作及舞蹈造型图。

0778

0779

中图法分类：（索书号）J709.2/15
题　　　名：中国古代舞蹈家的故事
责　任　者：王克芬等著
出　版　者：人民音乐出版社
出版时间：1983
出版地：北京
丛　　　书：舞蹈知识丛书
页　　　数：139 页
尺　　　寸：21cm
价　　　格：0.54
馆藏地址：北京舞蹈学院图书馆
内容提要：本书描述了中国古代各朝代舞蹈家的社会地位、生活环境以及艺术生涯和他们的命运。

0780

中图法分类：（索书号）J709.2/6
题　　　名：中国舞蹈史，先秦部分
责　任　者：孙景琛
出　版　者：文化艺术出版社
出版时间：1983
出版地：北京
页　　　数：158，157，144，203，307 页
尺　　　寸：21cm
价　　　格：0.70
　　　　　　（0.70，0.68，0.90，2.30）
馆藏地址：北京舞蹈学院图书馆
内容提要：本书沿着中国社会发展的历史轨迹，阐述中国舞蹈发展的历史。书中，中国舞蹈史分为三个阶段，即古代舞蹈发展阶段，近、现代舞蹈发展阶段，以及当代舞蹈发展阶段，每一阶段皆引用具有典型意义的历史资料加以论证。本书既有中国舞蹈史清晰的纵向发展脉络，又有充分的横向史料展开。此书是学习中国舞蹈史的权威著作。

中图法分类：J70/54
题　　　名：中西舞蹈比较研究
责 任 者：高棪，李维著
出 版 者：中央文物供应社
出 版 时 间：1983
出 版 地：台北市
页　　　数：574 页，[120] 页图版
尺　　　寸：21cm
价　　　格：11.25 TWD45.00
馆 藏 地 址：北京舞蹈学院图书馆
内 容 提 要：本书介绍了中西舞蹈比较研究的范围、内容和方法，叙述了中西舞蹈文化背景的特点和差异、中西舞蹈对人体观念的比较研究、中西舞蹈形式的比较研究、中西舞蹈动作原理的比较研究、中西舞蹈动作的比较研究、中西舞剧的比较研究、芭蕾的研究、中华舞蹈的研究等。

0781

中图法分类：J70/3
题　　　名：舞剧论文集（内部资料）
责 任 者：戈兆鸿译
出 版 者：中国舞蹈家协会湖北、湖南、江西、浙江、新疆分会
出 版 时 间：1984.1.1
出 版 地：武汉
页　　　数：412 页
尺　　　寸：18cm
价　　　格：
馆 藏 地 址：北京舞蹈学院图书馆
内 容 提 要：本书是一本外国（主要是苏联）舞剧论文集，共分四部分：舞蹈理论，舞蹈编导，舞蹈演员和舞蹈美术。

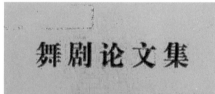
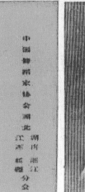

0782

0783

中图法分类：（索书号）J711.3/6
题　　　名：舞剧编导艺术
责　任　者：［苏］扎哈洛夫，P.B. 著；戈兆鸿，朱立人译
出　版　者：安徽省文学艺术研究所
出版时间：1984.1
出　版　地：合肥
页　　　数：442 页
尺　　　寸：18cm
价　　　格：10.00
馆藏地址：北京舞蹈学院图书馆
内容提要：本书介绍了俄罗斯古典芭蕾舞传统的继承性以及苏维埃大师们对这些传统的发展，阐述了"舞蹈编导"的概念、专业实质以及它与其他创作专业的不同和相似的地方，叙述了编舞的工作过程，其中不仅揭示了形体的、技术的方面，还包括创作的心理，它的专业特点以及艺术本身和生活对它所提出的要求，分析了舞剧编导的创作方法以及体现在舞蹈作品中的舞剧编导的艺术原则，也涉及了作为音乐戏剧艺术综合形式的舞剧演出的艺术完整性，提到了关于过去遗产以及苏维埃时代出现的一些新的观点等。

0784

中图法分类：（索书号）J712.25/11
题　　　名：芭蕾双人舞基本技巧（内部资料）
责　任　者：西罗德著；鲜继平译
出　版　者：北京舞蹈学院资料室
出版时间：1984.2
出　版　地：北京
页　　　数：111 页
尺　　　寸：26cm
价　　　格：
馆藏地址：北京舞蹈学院图书馆
内容提要：本书内容包括舞蹈训练中安全和生理方面的注意事项，Adagio 的基本原理、课堂组织，特技 Adagio，古典 Adagio，Adagio 的编舞问题等。

中图法分类：（索书号）J711.2/6
题　　　名：谈舞蹈编导创作（影印本）
责　任　者：（文化部）全国第一次舞蹈编导
　　　　　　进修班材料选编
出　版　者：人民音乐出版社
出版时间：1984.3
出　版　地：北京
页　　　数：279页
尺　　　寸：20cm
价　　　格：2.30
馆藏地址：北京舞蹈学院图书馆

内容提要：本书是"全国舞蹈编导进修班"
的艺术总结材料。内容包括获奖作品的创作经
验、舞蹈编导艺术的基础知识及有关艺术理
论、美学方面的报告、舞蹈作品赏析等。继
1980年"全国第一届舞蹈比赛"后，中央文
化部艺术局和中国舞蹈家协会共同举办发"全
国舞蹈编导进修班"，进修班以总结和交流获奖作品的创作经验为主，结合学习一些舞
蹈编导艺术的基础知识及相关艺术理论、美学方面的报告，并观摩与舞蹈创作有关的录
像、电影、演出等。本书即是这些编导们经过学习讨论之后的舞蹈创作理论文集。

0785

中图法分类：（索书号）J711.36/1
题　　　名：现代舞蹈动作基本原理的探讨与
　　　　　　实例（影印本）
责　任　者：林丽芬编著
出　版　者：惊声文物供应公司
出版时间：1984.4
出　版　地：台北市
页　　　数：117页
尺　　　寸：21cm
价　　　格：1.00　TWD4.00
馆藏地址：北京舞蹈学院图书馆

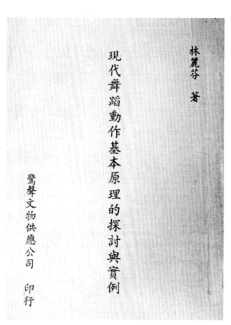

内容提要：本书撰写分为八章，第一章先从
现代舞的意义与起源发展说起。第二章简介现
代舞的解剖生理学基础。第三章现代舞动作的
基本姿势介绍了动作技巧的发展与舞蹈术语。
第四章现代舞动作特质与要素，做了有关动作
的特质、重心起伏、空间、时间、力量的分
析。第五章动作的韵律性，介绍音乐节奏的原则动作韵律的认知和培养。第六章动作设
计与创造，深入了解动作的空间、时间、线条、组合，第七章基本动作实例，依据动作
的基本原则设计，踩站立、地板、移位三种形式进行，并附有说明。第八章结论，抒发
挥笔者的感觉与对国内现代舞发展的一种期望与热爱。

0786

0787

中图法分类：（索书号）J7-61/3SW
题　　　名：芭蕾术语手册
责　任　者：朱立人编译
出　版　者：上海文艺出版社
出版时间：1984.5
出　版　地：上海
页　　　数：99 页
尺　　　寸：19cm
价　　　格：0.47
馆藏地址：北京舞蹈学院图书馆
内容提要：本书介绍了古典芭蕾常用动作，兼收与芭蕾教学训练、舞台演出及职称有关的一些条目，可以作为介绍古典芭蕾名词和动作做法的工具书。

0788

中图法分类：（索书号）J711.2/14
题　　　名：浙江省舞蹈创作讨论会专辑（内部资料）
责　任　者：中国舞协浙江分会浙江省群众艺术馆编
出　版　者：中国舞协浙江分会浙江省群众艺术馆编
出版时间：1984.6
出　版　地：杭州
页　　　数：114 页
尺　　　寸：18cm
价　　　格：
馆藏地址：北京舞蹈学院图书馆
内容提要：本书收录了吴晓邦先生在 1984 年浙江省舞蹈创作讨论会上讲授的舞蹈理论讲课稿，以及有关这次讨论会的资料。

中图法分类：（索书号）J722.1/15
题　　　名：青春的舞姿——新编集体舞（影印本）
责　任　者：共青团辽宁省委宣传部，辽宁青年杂志社编
出　版　者：辽宁人民出版社
出版时间：1984.7
出　版　地：沈阳
页　　　数：49 页
尺　　　寸：19cm
价　　　格：0.20
馆藏地址：北京舞蹈学院图书馆
内容提要：本书共收录了"在希望的田野上"、"金梭和银梭"、"康定情歌"等 10 个集体舞的舞曲、队形、旋律，并以图解的方式说明了每个集体舞的步伐。

0789

中图法分类：J70/32
题　　　名：舞蹈干部讲习会资料汇编
责　任　者：舞蹈干部讲习会办公室
出　版　者：河南群众艺术馆文化馆
出版时间：1984.7
出　版　地：郑州
页　　　数：208 页
尺　　　寸：18cm
价　　　格：
馆藏地址：北京舞蹈学院图书馆
内容提要：本书是 1984 年河南群众舞蹈干部讲习会的讲话稿和授课讲义。内容包括文化部和河南省文化厅领导在开、闭幕式上的讲话，舞蹈理论课，民族民间舞蹈的搜集、整理和记录方法和群众舞蹈工作经验交流等。

0790

0791

中图法分类：（索书号）J722.1/51
题　　　名：唱起来，跳起来：1949－1984 集体舞选（影印本）
责　任　者：北京十月文艺出版社
出　版　者：北京十月文艺出版社
出版时间：1984.9
出　版　地：北京
页　　　数：161 页
尺　　　寸：19cm
价　　　格：0.50
馆藏地址：北京舞蹈学院图书馆
内容提要：本书介绍了集体舞选"在希望的田野上"等 49 个集体舞的音乐、动作和跳法说明。

0792

中图法分类：（索书号）J705/50
题　　　名：土家族舞蹈学术讨论会专辑（内部资料）
责　任　者：《中国民族民间舞蹈集成》编辑部等编
出　版　者：《中国民族民间舞蹈集成》湖南省卷编辑部
出版时间：1984.9
出　版　地：长沙
页　　　数：67 页
尺　　　寸：26cm
价　　　格：
馆藏地址：北京舞蹈学院图书馆
内容提要：本书阐述了全国各地土家族舞蹈的起源和发展，风格的形成，及其和社会生活、民族心理的联系等。

中图法分类：（索书号）J647.43
　　　　　　（#Y8686）
题　　　名：阿里山土风舞：手风琴曲集
责　任　者：李未明编著
出　版　者：福建人民出版社
出版时间：1984.10.1
出　版　地：福州
页　　　数：56页，线谱
尺　　　寸：26cm
价　　　格：0.70
馆藏地址：上海图书馆
主题标目：儿童—舞曲—中国
内容提要：这本手风琴曲集汇集了作者创作
的台湾民间舞蹈，阿里山高山族同胞跳的"阿
里山土著舞蹈"的手风琴伴奏曲。

0793

中图法分类：（索书号）J709/5
题　　　名：芭蕾简介（小资料五）（内部资
　　　　　　料）（油印本）
责　任　者：刘群杰编写
出　版　者：北京舞蹈学院资料室
出版时间：1984.10
出　版　地：北京
页　　　数：73页
尺　　　寸：26cm
价　　　格：
馆藏地址：北京舞蹈学院图书馆
内容提要：本书系统介绍了古典芭蕾的历史
及一些国家的芭蕾舞状况等。刘群杰老师是北
京舞蹈学院芭蕾舞的资深老师。

0794

0795

中图法分类：（索书号）J732.8
题　　名：怎样跳交谊舞
责　任　者：顾也文
出　版　者：上海文艺出版社
出版时间：1984.9.1
出　版　地：上海
页　　数：101 页
尺　　寸：21cm
价　　格：0.40
馆藏地址：上海图书馆
内容提要：本书详细介绍了交谊舞的流行趋势、交谊舞跳法、和交谊舞步伐图解等。此书作者顾也文先生是上海舞蹈编辑方面的专家。他的这本书在介绍交谊舞方面具有权威性。

0796

中图法分类：（索书号）J711.2/15
题　　名：舞蹈创作之研究（影印本）
责　任　者：蔡丽华著；谢孟雄摄影
出　版　者：健行文化出版公司
出版时间：1984.11 再版
出　版　地：台北市
页　　数：80 页
尺　　寸：21cm
价　　格：25.00 TWD100.00
馆藏地址：北京舞蹈学院图书馆
内容提要：本书内容共分七章。第一章："创作的初步"、第二章："舞蹈主题的确立"、第三章："团体舞的编创"、第四章："舞的形式"、第五章："增加舞蹈表现美的条件"、第六章："舞蹈的评价"、第七章："结论"。跟随刘风学在台湾师范大学体育系习舞的蔡丽华，于1988年在台北市成立台北民族舞团，致力发展台湾本土特色的舞蹈，并于1994年创办第一份以台湾为名的《台湾舞蹈杂志》。她是台湾舞蹈的默默奉献者。蔡丽华的最大成就表现在，身为在民族舞蹈创作上造诣颇深且成绩卓著的编导家，写下这部《舞蹈创作之研究》的舞蹈学术性很高的著作。在这部书中你可以看到生长在台湾本土且又是女性舞蹈家对舞蹈的孜孜以求的追求。

中图法分类：（索书号）J705/2
题　　　名：舞蹈家论舞蹈
责　任　者：中国舞蹈家协会上海·江苏·湖
　　　　　　北·山东分会
出　版　者：中国舞蹈家协会上海·江苏·湖
　　　　　　北·山东分会
出版时间：1984.11
出版地：上海
页　　　数：304 页
尺　　　寸：18cm
价　　　格：2.00
馆藏地址：北京舞蹈学院图书馆
内容提要：本书共选了古今中外论述舞蹈的
"句段"四百二十二条，涉及舞蹈理论的各个
方面。书后附有《舞蹈简明辞汇》、《全国舞蹈
系统全体一览表》、《各地舞协会出版的内部刊
物一览表》。

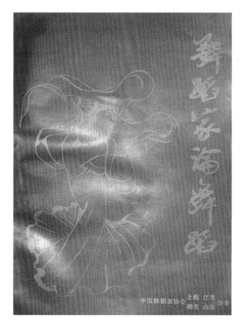

中图法分类：（索书号）J722.3/81
题　　　名：儿童歌舞论文选（影印本）（内
　　　　　　部资料）
责　任　者：中国儿童歌舞研究会，辽宁儿童
　　　　　　歌舞研究会编
出　版　者：中国儿童歌舞研究会
出版时间：1984.12
出版地：北京
页　　　数：116 页
尺　　　寸：19cm
价　　　格：
馆藏地址：北京舞蹈学院图书馆
内容提要：全书精选了优秀儿童歌舞论文 15
篇，论文的内容主要为儿童舞蹈的教育作用、
儿童美育的教育、儿童舞蹈的创作等文章。

0799

中图法分类：（索书号）J722.2（64）/1：2
题　　　名：湖南民族民间舞蹈集成，怀化地区资料卷
责　任　者：《中国民族民间舞蹈集成》湖南省卷编辑部怀化地区编写组编
出　版　者：《中国民族民间舞蹈集成》湖南省卷编辑部怀化地区编写组
出版时间：1984.12
出版地：湖南省怀化地区
页　　　数：732 页
尺　　　寸：26cm
价　　　格：80.00
馆藏地址：北京舞蹈学院图书馆
内容提要：本书介绍了湖南省怀化地区民间舞蹈的概况及民族民间舞蹈和艺人分布情况，并用图文并茂、音舞结合的方式记录了湖南省怀化地区汉族民间歌舞、汉族大型舞队、汉族宗教舞、侗族歌舞的技术说明，包括代表性舞蹈节目的舞曲、基本动作、场记说明、服饰和道具等，并配有乐谱和插图。

0800

中图法分类：（索书号）J732.2/8
题　　　名：大众土风舞（影印本）
责　任　者：杨昌雄编译
出　版　者：众文图书公司
出版时间：1984 再版
出版地：台北市
页　　　数：180 页
尺　　　寸：21cm
价　　　格：15.00 TWD60.00
馆藏地址：北京舞蹈学院图书馆
内容提要：本书的主要内容包括：单圆圈不要舞伴、单圆圈男女间隔、双圆圈换舞伴、双人舞不换舞伴、团体舞、行列舞和方块舞，表演舞；并对这六种具有代表性的舞蹈的队形、音乐、舞法等内容进行了概述。

中图法分类：（索书号）J732/1
题　　　名：东方歌舞话芳菲（影印本）
责　任　者：蒋士枚，于海燕著
出　版　者：知识出版社
出版时间：1984
出　版　地：北京
页　　　数：74 页
尺　　　寸：19cm
价　　　格：0.67
馆藏地址：北京舞蹈学院图书馆
内容提要：本书论述了日本、泰国、印度、巴基斯坦、孟加拉、斯里兰卡、菲律宾等十一国家的歌舞艺术，对这些国家的民间歌舞的起源、成长过程和艺术特色都有精辟的分析，对一些舞蹈手势、造型还有详细图解。

0801

中图法分类：（索书号）J722.3/5
题　　　名：儿童歌舞选集
责　任　者：舞蹈编辑部编
出　版　者：舞蹈杂志社
出版时间：1984
出　版　地：北京
页　　　数：40 页
尺　　　寸：18cm
价　　　格：0.18
馆藏地址：北京舞蹈学院图书馆
内容提要：本书记录了"打花巴掌"等 7 个儿童歌舞的音乐、基本动作和跳法。

0802

0803

中图法分类：（索书号）J722.3/41
题　　　名：儿童集体舞选
责　任　者：上海文艺出版社著
出　版　者：上海文艺出版社
出版时间：1984
出　版　地：上海
页　　　数：63 页
尺　　　寸：25cm
价　　　格：0.47
馆藏地址：北京舞蹈学院图书馆
内容提要：本书记录了"儿童集体舞选集"中的"龙首舞"等 26 个儿童集体舞的音乐和跳法。

0804

中图法分类：（索书号）J722.2（64）/1：3（1）
题　　　名：湖南民族民间舞蹈集成，零陵地区资料卷（上）
责　任　者：《中国民族民间舞蹈集成》湖南省卷编辑部编
出　版　者：《中国民族民间舞蹈集成》湖南省卷编辑部零陵地区编写组
出版时间：1984
出　版　地：湖南省零陵地区
页　　　数：191 页
尺　　　寸：25cm
价　　　格：
馆藏地址：北京舞蹈学院图书馆
内容提要：本书介绍了湖南省零陵地区民族民间舞蹈的概况及民族民间舞蹈和艺人分布情况，并用图文并茂、音舞结合的方式记录了湖南省零陵地区花灯舞、对子调舞、宗教祭祀舞蹈、龙舞、狮舞、灯舞、瑶族民间舞蹈的技术说明，包括代表性舞蹈节目的舞曲、基本动作、场记说明、服饰和道具等，并配有乐谱和插图。

中图法分类：（索书号）J722.2（64）/1：3（2）

题　　　名：湖南民族民间舞蹈集成，零陵地
区资料卷（下）

责　任　者：《中国民族民间舞蹈集成》湖南
省卷编辑部编

出　版　者：《中国民族民间舞蹈集成》湖南
省卷编辑部零陵地区编写组

出 版 时 间：1984

出　版　地：湖南零陵地区

页　　　数：373 页

尺　　　寸：25cm

价　　　格：

馆藏地址：北京舞蹈学院图书馆

内容提要：本书介绍了湖南省零陵地区民族
民间舞蹈的概况及民族民间舞蹈和艺人分布情
况，并用图文并茂、音舞结合的方式记录了湖
南省零陵地区花灯舞、对子调舞、宗教祭祀舞
蹈、龙舞、狮舞、灯舞、瑶族民间舞蹈的技术说明，包括代表性舞蹈节目的舞曲、基本
动作、场记说明、服饰和道具等，并配有乐谱和插图。

中图法分类：（索书号）J722.9/12

题　　　名：健美操图解

责　任　者：戚玉芳

出　版　者：科学普及出版社

出 版 时 间：1984

出　版　地：北京

页　　　数：1 册

尺　　　寸：78.7x109.2cm

价　　　格：0.65

馆藏地址：北京舞蹈学院图书馆

内容提要：这是一部健美操的挂图，共分为
四部分，主要介绍了健美操一些动作图解，是
由健美大师戚玉芳编著的。她编创的健美操的
特点，是将体操与现代舞蹈相结合，并融进了
一些南美舞蹈的语汇，练起来舒展大方、热情
奔放，使人在美的自我欣赏中完成健美锻炼和
情操陶冶。这套只需二十八分钟便能做完的健
美操，她能使人全身的二百零六块骨骼及全部肌肉都得到运动，促进全身的血液循环，
既能达到健身去病的目的，又使人有一个正常的体态，坚持锻炼效果十分显著。

0805

0806

0807

中图法分类：（索书号）J732.8/51
题　　　名：交谊舞速成
责　任　者：上海市群众艺术馆编译
出　版　者：上海翻译出版公司
出版时间：1984
出　版　地：上海
页　　　数：107 页
尺　　　寸：19cm
价　　　格：0.49
馆藏地址：北京舞蹈学院图书馆
内容提要：本书以图解的形式介绍了布鲁斯、福克斯、华尔兹、探戈、伦巴、吉特巴、迪斯科等 7 种交谊舞的舞步、跳法。

0808

中图法分类：（索书号）J731/1：1
题　　　名：拉班舞谱.1（内部资料）
责　任　者：张玲著
出　版　者：中国舞蹈家协会，拉班舞谱中国研究中心筹备组
出版时间：1984
出　版　地：北京
页　　　数：53 页
尺　　　寸：26cm
价　　　格：10.00
馆藏地址：北京舞蹈学院图书馆
内容提要：本拉班舞谱教材配合介绍了舞蹈基本原理的许多实用例子，还介绍了十个中国不同民族的集体舞和十个外国不同地区的民间集体舞蹈。

中图法分类：（索书号）J723.1/13
题　　　名：苗族神话舞剧：灯花，资料集
　　　　　　（影印本）（内部资料）
责　任　者：广西柳州地区民族歌舞剧团
出　版　者：广西柳州地区民族歌舞剧团
出 版 时 间：1984
出　版　地：广西柳州
页　　　数：25 页
尺　　　寸：28cm
价　　　格：
馆 藏 地 址：北京舞蹈学院图书馆
内 容 提 要：本书主要收集了各种报纸上关于苗族神话舞剧《灯花》的舞蹈资料。苗族姑娘摆动花裙，和着银项圈的叮当节奏与木鼓声而翩翩起舞；小伙子跳起热情豪放的芦笙舞，借旋律和舞姿传情。都林的"磨锄舞"以芦笙舞的"契卡"舞步的扭动，配合着劳动的节奏，一拐腿，一拧腰，加上苗族特有的刚健剽悍的跳动，表现了都林勇于开山造田的顽强精神。灯花仙女的主题动作来自苗族民间普遍流行的"踩堂舞"。

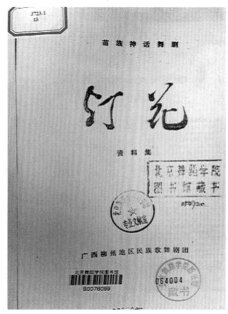

0809

中图法分类：（索书号）J732.8/54
题　　　名：青年友谊舞
责　任　者：金明、肖秀清编舞
出　版　者：舞蹈杂志社出版
出 版 时 间：1984
出　版　地：北京
页　　　数：48 页
尺　　　寸：19cm
价　　　格：0.37
馆 藏 地 址：北京舞蹈学院图书馆
内 容 提 要：本书收集了广大群众所熟悉的歌曲，以集体舞为主，分别对每首歌曲的舞蹈动作进行了说明。

0810

0811

中图法分类：（索书号）J722.1
题　　　名：舞蹈研究（第1期）（总18期）
责　任　者：中国舞蹈家协会广东分会编
出　版　者：中国舞蹈家协会广东分会编
出版时间：1984
出　版　地：广州
页　　　数：126页：图片
尺　　　寸：21cm
价　　　格：
馆藏地址：北京舞蹈学院图书馆
内容提要：由中国舞蹈家协会广东分会编辑
出版的在舞蹈界具有全国影响的《舞蹈研究》
刊物，至今已出版一百多期，对舞蹈理论研究
和学术评论起了促进作用。办刊宗旨是促进舞
蹈艺术创作，推介舞蹈艺术人才，开展舞蹈艺
术理论和学术研究，举办各种舞蹈艺术活动，
组织中外舞蹈文化交流，以繁荣和发展中国舞
蹈艺术事业。此期主要有吴晓邦写的"论青年舞蹈工作者的修养"、梁伦写的"攀登艺
术高峰"、徐尔充写的"舞蹈美的本质构成和功能"等重要文章。

0812

中图法分类：（索书号）J711.3/4
题　　　名：舞蹈编导知识
责　任　者：薛天等编著
出　版　者：人民音乐出版社
出版时间：1984
出　版　地：北京
丛　　　书：舞蹈知识丛书
页　　　数：82页
尺　　　寸：21cm
价　　　格：0.78
馆藏地址：北京舞蹈学院图书馆
内容提要：本书内容包括舞蹈与生活的关系
及它的社会功能；舞蹈艺术的特征及它独特的
表现手法；舞蹈与文学、戏剧、音乐、美术的
关系；舞蹈的内容与形式及编导进行创作的过
程和方法等，包括了舞蹈艺术概论和实用舞蹈
技术理论等。

中图法分类：（索书号）J705/8
题　　　名：舞蹈概论（影印本）
责　任　者：隆荫培、徐尔充编著
出　版　者：上海文艺出版社
出 版 时 间：1984
出　版　地：上海
页　　　数：236 页
尺　　　寸：19cm
价　　　格：1.85
馆 藏 地 址：北京舞蹈学院图书馆
内 容 提 要：本书主要内容包括：舞蹈与社会
生活，舞蹈的艺术特性，舞蹈的社会作用，舞
蹈的起源和发展，舞蹈的内容和形式，舞蹈的
种类和体裁，舞蹈的创作过程，舞蹈的创作方
法等。

0813

中图法分类：（索书号）J733.42/2
题　　　名：舞剧资料（内部资料）（油印本）
责　任　者：北京舞蹈学院
出　版　者：北京舞蹈学院
出 版 时 间：1984
出　版　地：北京
页　　　数：40 页
尺　　　寸：26cm
价　　　格：
馆 藏 地 址：北京舞蹈学院图书馆
内 容 提 要：本书包括八个剧本：分别是《曼
侬》、《驯悍记》、《奥涅金》、《乡村一月》、
《斯巴达克》、《天鹅湖》、《吉赛尔》、《罗密欧
与朱丽叶》。这些都是外国著名的舞剧剧本。

0814

0815

中图法分类：（索书号）J722.3/52
题　　　名：小金凤：广西幼儿民族歌舞（影
　　　　　　印本）
责　任　者：广西民族出版社编
出　版　者：广西民族出版社
出版时间：1984
出　版　地：南宁
页　　　数：82 页
尺　　　寸：26cm
价　　　格：0.57
馆藏地址：北京舞蹈学院图书馆
内容提要：本书按小班、中班、大班不同年
龄组，编写了包括广西壮、汉、瑶、苗、侗、
彝、京、回、毛南、水、仫佬等十二个民族的
舞蹈律动和歌舞表演、集体舞、小歌舞，记录
了每个歌舞的音乐和动作说明。

0816

中图法分类：（索书号）J722.221.7/1
题　　　名：彝族舞蹈（影印本）
责　任　者：苏天祥等整理
出　版　者：云南人民出版社
出版时间：1984
出　版　地：昆明
页　　　数：273 页
尺　　　寸：21cm
价　　　格：1.10
馆藏地址：北京舞蹈学院图书馆
内容提要：本书介绍了彝族舞蹈中"烟盒
舞"、"罗作舞"、"阿细跳月"、"四弦舞"、
"花鼓舞"、"铜鼓舞"的基本步法、基本动
作、基训内容、动作组合、舞蹈技巧和音
乐等。

中图法分类：（索书号）J732.2/6
题　　　名：音乐游戏及舞会游戏（影印本）
责　任　者：杨昌雄编译
出　版　者：众文图书公司
出版时间：1984 再版
出　版　地：台北市
页　　　数：132 页
尺　　　寸：20cm
价　　　格：
馆藏地址：北京舞蹈学院图书馆
内容提要：本书内容主要包括：音乐游戏及
单人舞蹈；简易双人舞；双人舞换舞伴；三人
舞、四人舞及大型混合舞；儿童音乐游戏；舞
会游戏的设计；录音带及舞蹈书籍介绍等
内容。

0817

中图法分类：（索书号）J722.1/56
题　　　名：怎样跳集体舞
责　任　者：李振文编
出　版　者：上海文艺出版社
出版时间：1984
出　版　地：上海
页　　　数：75 页
尺　　　寸：19cm
价　　　格：0.29
馆藏地址：北京舞蹈学院图书馆
内容提要：本书介绍了"我们的晚会"等
16 个集体舞的音乐、基本动作和跳法的说明。

0818

0819

中图法分类：（索书号）J732.8/12
题　　名：怎样跳交际舞（影印本）
责 任 者：李永生著
出 版 者：安徽人民出版社
出 版 时 间：1984
出 版 地：合肥
页　　数：99页
尺　　寸：19cm
价　　格：0.40
馆 藏 地 址：北京舞蹈学院图书馆
内 容 提 要：本书包括7大部分，主要内容有："什么是交际舞"、"交际舞的社会作用"、"交际舞会上"的"四美"、"交际舞基本姿态与舞步"、"交际舞的灵魂–音乐"、"交际舞的新花样–迪斯科"、"爵士乐·爵士舞·交际舞"等内容。

0820

中图法分类：（索书号）J732.8/48
题　　名：怎样跳舞
责 任 者：大舞台艺术杂志社编
出 版 者：大舞台艺术杂志社
出 版 时 间：1984
出 版 地：山东省青岛市
页　　数：80页
尺　　寸：20cm
价　　格：0.65
馆 藏 地 址：北京舞蹈学院图书馆
内 容 提 要：本书主要介绍了怎样跳交际舞的基本知识，并介绍了常见几种交际舞的基本舞步和技巧，收集了十几首交际舞的舞曲。

中图法分类：（索书号）J722.21/2
题　　　名：中国传统民间舞蹈选：二人台
　　　　　　舞蹈
责　任　者：杜荣芳编著
出　版　者：人民音乐出版社
出版时间：1984
出　版　地：北京
页　　　数：159 页
尺　　　寸：21cm
价　　　格：0.83
馆藏地址：北京舞蹈学院图书馆
内容提要：本书介绍了二人台舞蹈的诞生和
发展、剧目内容与艺术风格，说明了二人台舞
蹈中手的动作和步法及扇子、手绢、霸王鞭的
技巧，叙述了二人台舞蹈中传统"场子"和音
乐的构成及特点，收录了四个传统歌舞的
曲谱。

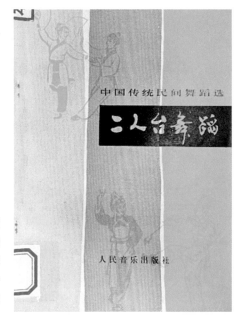

中图法分类：（索书号）J709.2/6：2
题　　　名：中国舞蹈史：秦，汉，魏，晋，
　　　　　　南北朝部分
责　任　者：彭松著
出　版　者：文化艺术出版社
出版时间：1984
出　版　地：北京
页　　　数：157 页
尺　　　寸：21cm
价　　　格：0.70
馆藏地址：北京舞蹈学院图书馆
内容提要：本书介绍了从秦、汉、魏、晋、
南北朝时期我国古代舞蹈的历史。此书是学习
中国舞蹈史的权威著作。

0823

中图法分类：（索书号）J709.2/6：3
题　　　名：中国舞蹈史：宋辽金西夏元部分
责　任　者：董锡玖著
出　版　者：文化艺术出版社
出版时间：1984
出　版　地：北京
页　　　数：145 页
尺　　　寸：21cm
价　　　格：0.68
馆藏地址：北京舞蹈学院图书馆
内容提要：本书介绍了宋、辽、金、西夏、元代时期我国古代舞蹈的历史。此书是学习中国舞蹈史的权威著作。

0824

中图法分类：（索书号）J709.2/6：4
题　　　名：中国舞蹈史：明，清部分
责　任　者：王克芬著
出　版　者：文化艺术出版社
出版时间：1984
出　版　地：北京
页　　　数：203 页
尺　　　寸：21cm
价　　　格：0.90
馆藏地址：北京舞蹈学院图书馆
内容提要：本书介绍了明清时期戏曲舞蹈、民间舞蹈和礼仪、宴乐舞蹈的历史。此书是学习中国舞蹈史的权威著作。

中图法分类：（索书号）J712.23/9
题　　　名：中小学生：舞蹈基本训练（影印本）
责 任 者：王俭编
出 版 者：甘肃人民出版社
出 版 时 间：1984
出 版 地：兰州
页　　　数：105 页
尺　　　寸：19cm
价　　　格：0.30
馆 藏 地 址：北京舞蹈学院图书馆
内 容 提 要：本书根据中小学生的年龄和身体特点，编写了这部舞蹈的基本动作和组合训练，此书包括基本部位、基本动作、基本步伐和基本队形等。

0825

中图法分类：（索书号）J732.2/11
题　　　名：世界土风舞（影印本）
责 任 者：杨昌雄编
出 版 者：众文图书股份有限公司出版
出 版 时 间：1985 再版
出 版 地：台北市
页　　　数：182 页
尺　　　寸：20cm
价　　　格：15.00 TWD60.00
馆 藏 地 址：北京舞蹈学院图书馆
内 容 提 要：本书主要内容包括对土风舞的基本简介、土风舞的基本步法、土风舞的基本舞姿、各国土风舞的介绍。并搜集了几十种土风舞的正确跳法及来源说明。

0826

0827

中图法分类：（索书号）J722.2/3/：1
题　　名：民族民间舞蹈研究，一九八五．
　　　　　第 1 辑（影印本）（内部资料）
责　任　者：中国民族民间舞蹈集成编辑部等
　　　　　合编
出　版　者：中国民族民间舞蹈集成编辑部
出版时间：1985.1
出　版　地：北京
页　　数：49 页
尺　　寸：26cm
价　　格：5.30（9.90）
馆藏地址：北京舞蹈学院图书馆
内容提要：本书辑录有民族民间舞蹈概述的
文章 3 篇、古代乐舞理论辑注的文章 3 篇、廿
四史中的乐舞资料文章 1 篇。

0828

中图法分类：（索书号）J732.8/2
题　　名：世界流行交谊舞（影印本）
责　任　者：E. 罗曼，F. 柯尔比编；金戈，
　　　　　杜人译
出　版　者：浙江人民出版社
出版时间：1985.1
出　版　地：杭州
页　　数：153 页
尺　　寸：20cm
价　　格：0.74
馆藏地址：北京舞蹈学院图书馆
内容提要：本书主要分三部分，第一部分主
要对社交舞蹈：福克斯、华尔兹、快步舞、探
戈四种交谊舞的基本舞步和动作进行了详细的
描述；第二部分主要对恰恰恰、摇摆舞、桑
巴、伦巴、双步舞五种拉丁美洲舞蹈基本舞步
和动作进行了详细的描述；第三部分对迪斯科
舞蹈基本舞步和动作进行了详细的描述。

中图法分类：（索书号）J732.8/3
题　　　名：四方舞
责　任　者：中国舞蹈家协会组联部等编，王国华译
出　版　者：中国舞蹈家协会组联部等编印
出版时间：1985.1
出　版　地：北京
页　　　数：132 页
尺　　　寸：19cm
价　　　格：3.50
馆藏地址：北京舞蹈学院图书馆
内容提要：本书主要介绍了关于四方舞的基本动作，精选了最基本和主要的四方舞蹈的口令等。

0829

中图法分类：J70/55
题　　　名：舞蹈艺术
责　任　者：杜蘅之著
出　版　者：中国学生周报社
出版时间：1985.1
出　版　地：台北市
页　　　数：94 页
尺　　　寸：18cm
价　　　格：1.40
馆藏地址：北京舞蹈学院图书馆
内容提要：本书主要内容包括：舞蹈艺术的本质与发展，芭蕾舞，其他各种舞蹈形式等等。此书是台湾出版的论述舞蹈艺术的书籍。

0830

0831

中图法分类：（索书号）J732.8/62
题　　　名：现代交际舞大全（影印本）
责　任　者：《山东青年》杂志社编
出　版　者：山东文艺出版社
出版时间：1985.2
出　版　地：济南
页　　　数：59页：照片
尺　　　寸：26cm
价　　　格：0.65
馆藏地址：北京舞蹈学院图书馆
内容提要：为了帮助和指导群众性的交际舞活动，使广大青年朋友了解和掌握交际舞的一些基本常识和舞步技巧，针对青年朋友们开展文明交际活动，并成为各单位交际舞会组织者的助手，《山东青年》杂志社编辑了这本书。这本舞蹈培训教材比较系统地介绍了交际舞的由来、种类和特点。本书内容包括了最基本的现代交际舞、舞曲的鉴赏、舞会的音乐、怎样组织舞会、流行交际舞曲简谱等。

0832

中图法分类：（索书号）J705/37
题　　　名：足尖上的梦（影印本）
责　任　者：卢昆等主编
出　版　者：希望出版社
出版时间：1985.2
出　版　地：太原
丛　　　书：希望在青少年丛书
页　　　数：219页
尺　　　寸：19cm
价　　　格：0.79
馆藏地址：北京舞蹈学院图书馆
内容提要：本书主要选编了15篇有关芭蕾舞蹈名家的舞蹈轶事。对于了解芭蕾舞，普及芭蕾舞知识是一本不可多得的好书。

中图法分类：（索书号）J721/1
题　　　名：外国艺术家访华演出速写专辑
责　任　者：中国舞蹈杂志社编
出　版　者：中国电影出版社
出版时间：1985.3.1
出　版　地：北京
页　　　数：110 页
尺　　　寸：21cm
价　　　格：30.00
馆藏地址：北京舞蹈学院图书馆
内容提要：本书为赵士英舞蹈速写选专辑，速写的内容为访华演出的外国知名舞蹈艺术家。

0833

中图法分类：（索书号）J722.212/4
题　　　名：四川民间舞蹈：秀山花灯
责　任　者：中国舞蹈家协会四川分会编
出　版　者：四川文艺出版社
出版时间：1985.3
出　版　地：成都
页　　　数：176 页
尺　　　寸：19cm
价　　　格：0.67
馆藏地址：北京舞蹈学院图书馆
内容提要：本书叙述了秀山花灯的起源、源流和发展，并记录了秀山花灯中舞“扇”的技巧、基本步法、亮相姿态、单一动作和组合动作等。

0834

0835

中图法分类：（索书号）J732.8/50

题　　　名：交谊舞与新潮舞速成

责　任　者：葛华等编

出　版　者：宁夏人民出版社

出　版　时　间：1985.8

出　版　地：银川

页　　　数：50页

尺　　　寸：19cm

价　　　格：0.35

馆　藏　地　址：北京舞蹈学院图书馆

内　容　提　要：本书汇集了通常流行的三步舞、四步舞、探戈、迪斯科五种交谊舞的基本动作和舞步。并配有舞曲例。

0836

中图法分类：（索书号）J709.313/2

题　　　名：松山芭蕾舞白毛女：日中友好之桥

责　任　者：［日］清水正夫著

出　版　者：国际文化出版社

出　版　时　间：1985.8

出　版　地：北京

页　　　数：170页

尺　　　寸：19cm

价　　　格：1.20

馆　藏　地　址：北京舞蹈学院图书馆

内　容　提　要：本书介绍了松山芭蕾舞团的诞生和演出活动，着重描述了松山芭蕾舞剧《白毛女》在中国的演出和交流情况，以及为此担当的中日友好桥梁纽带的作用等。清水正夫先生是松山芭蕾舞团团长及主要演员。本人还是促进中日友好的友好人士。

中图法分类：（索书号）J732.8/19
题　　　名：交谊舞ABC，附舞曲五十首（影印本）
责　任　者：钱家素，绿野编
出　版　者：长江文艺出版社
出版时间：1985.9
出　版　地：武汉
页　　　数：75页
尺　　　寸：26cm
价　　　格：0.97
馆藏地址：北京舞蹈学院图书馆
内容提要：本书对社会上流行的四步舞（布鲁斯、福克斯、狐步舞）、三步舞（华尔兹）、探戈、伦巴等交谊舞的特点、舞步，作了简明而详细的介绍。书中选录的50首受青年朋友喜爱的中外名曲。

0837

中图法分类：（索书号）J722.2/3/：2
题　　　名：民族民间舞蹈研究．一九八五．第2辑（影印本）
责　任　者：中国民族民间舞蹈集成编辑部等合编
出　版　者：中国民族民间舞蹈集成编辑部
出版时间：1985.2
出　版　地：北京
页　　　数：48页
尺　　　寸：26cm
价　　　格：5.30
馆藏地址：北京舞蹈学院图书馆
内容提要：本书录有民族民间舞蹈概述的文章5篇、古代乐舞理论辑注的文章5篇、小资料3篇、廿四史中的乐舞资料1篇。

0838

0839

中图法分类：（索书号）J415\2\中文基藏\
闭架库房
题　　　名：唐·长安乐舞
责 任 者：陕西省歌舞团《长安乐舞》创作
组创作
出 版 者：陕西人民出版社
出 版 时 间：1985
出 版 地：西安
页　　　数：47页：图，照片
尺　　　寸：26cm
价　　　格：
馆 藏 地 址：国家图书馆
内 容 提 要：本书是陕西省歌舞团《长安乐
舞》创作组创作的中国古典舞蹈在舞台上拍摄
的摄影集。再现了唐朝长安乐舞的风姿流韵。

0840

中图法分类：（索书号）J732.9\6\中文基藏
\闭架库房
题　　　名：花式交谊舞
责 任 者：王克伟编著
出 版 者：长江文艺出版社
出 版 时 间：1985
出 版 地：武汉
页　　　数：138页：图
尺　　　寸：19cm
价　　　格：0.70
馆 藏 地 址：国家图书馆
内 容 提 要：本书介绍了"迪斯科"、"吉特
巴"、"伦巴"、"探戈"、"恰恰"五种现代派
流行舞的跳法。

中图法分类：（索书号）J711.2/2
题　　　名：美国休斯顿芭蕾舞团艺术指导
　　　　　　（影印本）（内部资料）
责　任　者：北京舞蹈学院编导系编
出　版　者：北京舞蹈学院
出版时间：1985.11.20
出　版　地：北京
页　　　数：47 页
尺　　　寸：26cm
价　　　格：
馆藏地址：北京舞蹈学院图书馆
内容提要：本书内容包括观看本·史蒂文森现场编双人舞后的座谈讲话稿、本·史蒂文森的讲课和指导课笔记、道尔古申座谈对话稿、凌亦珍《拉班人体运动学及编导》讲课笔记、郑兰仙《编导与即兴舞》讲课笔记。

中图法分类：J70/13
题　　　名：邓肯论舞蹈艺术
责　任　者：［美］邓肯（I. Duncan）著，张本南译
出　版　者：上海文艺出版社
出版时间：1985.12
出　版　地：上海
页　　　数：139 页
尺　　　寸：20cm
价　　　格：1.45
馆藏地址：北京舞蹈学院图书馆
内容提要：《邓肯论舞蹈艺术》收集了伊莎多拉·邓肯几乎全部有关舞蹈艺术的信札、随笔及演说稿，这是除了《邓肯自传》以外，重要的一本邓肯本人的著作。本书前面附有原编者的一篇引言和邓肯的亲友写下的七篇纪念文章，这些文字有助于读者了解这位艺术家的思想、性格、经历和地位。

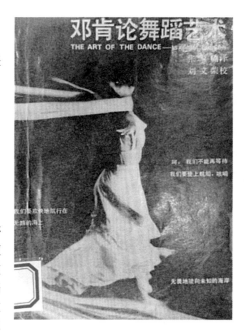

0843

中图法分类：J70/25
题　　　名：舞蹈教学论文集（内部资料）
责　任　者：北京舞蹈学院学科建设委员会编
出　版　者：北京舞蹈学院学科建设委员会
出 版 时 间：1985.12
出　版　地：北京
页　　　数：145 页
尺　　　寸：18cm
价　　　格：
馆 藏 地 址：北京舞蹈学院图书馆
内 容 提 要：本书主要汇集了北京舞蹈学院学科建设委员会部分教师 1985 年及以前有关建立中国舞蹈训练体系的论文。包括舞蹈训练中如何继承和发展民族舞蹈传统的探索和思考、对舞蹈教学规律的总结、对舞蹈课程内容的具体构想和舞蹈教学中的经验体会。

0844

中图法分类：（索书号）J732.8/59
题　　　名：《现代舞厅舞》讲座辅导教材：现代舞厅舞（影印本）
责　任　者：中央电视台电教部，《电视周报》社编
出　版　者：海洋出版社
出 版 时 间：1985
出　版　地：北京
页　　　数：57 页
尺　　　寸：19cm
价　　　格：0.40
馆 藏 地 址：北京舞蹈学院图书馆
内 容 提 要：本书内容包括现代舞厅舞的基本知识、舞步图解和文学说明等。此书是配合中央电视台在全国推广普及现代舞厅舞的教材。

中图法分类：（索书号）J722.2/0222
题　　　名：安徽花鼓灯：中国传统民间舞
　　　　　　蹈选
责　任　者：高 倩编著
出　版　者：人民音乐出版社
出版时间：1985.3
出版地：北京
页　　　数：253 页
尺　　　寸：19cm
价　　　格：1.90
馆藏地址：上海图书馆
内容提要：本书共分9章；"引子"，"花鼓
灯概述"，"花鼓灯艺术的人民性"；"花鼓灯
的艺术特色"，"历史沿革"，"花鼓灯舞蹈伴
奏锣鼓谱"，传统"大场"的队形、"小场"
的传统节目、著名艺人介绍等。

0845

中图法分类：（索书号）J719.5/14
题　　　名：芭蕾专业：七年制教学大纲（内
　　　　　　部教材）（油印本）
责　任　者：北京舞蹈学院附属中等舞蹈学校
出　版　者：北京舞蹈学院附属中等舞蹈学校
出版时间：1985
出版地：北京
页　　　数：37 页
尺　　　寸：20cm
价　　　格：
馆藏地址：北京舞蹈学院图书馆
内容提要：本书主要讲述了芭蕾专业一到七
年级的教学任务，内容主要包括了扶把练习、
中间练习、跳跃练习、脚尖练习等内容。

0846

0847

中图法分类：（索书号）J732.9/25
题　　　名：迪斯科入门（影印本）
责　任　者：上海市群众艺术馆编
出　版　者：山西人民出版社
出版时间：1985
出　版　地：太原
页　　　数：98页
尺　　　寸：18cm
价　　　格：0.78
馆藏地址：北京舞蹈学院图书馆
内容提要：本书主要是对迪斯科的图解、基本训练方法、反胯动作的二十个组合、正胯动作的二十三个组合、跳迪斯科舞的注意事项等内容进行了详细的说明和描述。

0848

中图法分类：（索书号）J732.9/19
题　　　名：迪斯科
责　任　者：张力编著
出　版　者：安徽文艺出版社
出版时间：1985
出　版　地：合肥
页　　　数：58页
尺　　　寸：19cm
价　　　格：0.45
馆藏地址：北京舞蹈学院图书馆
内容提要：本书共分为两部分。第一部分：自娱性舞步介绍了迪斯科舞的基本形态、舞步、小组合和大组合动作。第二部分：花样舞步介绍了迪斯科舞的十拍拧身组合、拉手组合、波浪组合和吉特巴组合。系统地演绎了迪斯科舞蹈的动作和练习要领。本书还附有迪斯科（歌曲）。

中图法分类：（索书号）J703/6
题　　　名：东方舞苑花絮
责 任 者：梁 伦著
出 版 者：世界知识出版社
出 版 时 间：1985
出 版 地：北京
页　　　数：261 页，［8］页图版
尺　　　寸：19cm
价　　　格：1.45
馆 藏 地 址：北京舞蹈学院图书馆
内 容 提 要：东方歌舞团如何创办的？周总理、陈老总如何关心该团的成长发展的？国外的音乐舞蹈家们又如何帮助我国艺术家学习东方歌舞的…在这本书中均有生动、详情的反映。

0849

中图法分类：（索书号）J722.2/7140
题　　　名：二人转舞蹈：中国传统民间舞蹈选
责 任 者：马力著
出 版 者：人民音乐出版社
出 版 时 间：1985.8
出 版 地：北京
页　　　数：157 页
尺　　　寸：20cm
价　　　格：1.10
馆 藏 地 址：上海图书馆
内 容 提 要：本书主要内容："概述"、"二人转的源流及沿革"、"二人转的表演形式与内容"、"二人转舞蹈的风格特点"、"二人转的音乐简介"等。

0850

0851

中图法分类：（索书号）J712.25/24
题　　名：古典芭蕾双人舞（内部资料）
　　　　　（手稿复印件）
责　任　者：张旭编著
出　版　者：北京舞蹈学院芭蕾舞系
出版时间：1985
出　版　地：北京
页　　数：45页
尺　　寸：30cm
价　　格：
馆藏地址：北京舞蹈学院图书馆
内容提要：本书是芭蕾舞教育家张旭老师的手稿。他系统地论述了古典芭蕾双人舞的教学经验。其中包括苏联专家对我国芭蕾舞教育事业的教学成就与经验总结。此手稿也是张教授1990年在高等教育出版社出版的同名书的手稿。有着珍贵的保留价值。

0852

中图法分类：（索书号）J732.8/6
题　　名：国际标准交谊舞
责　任　者：肖苏华编著
出　版　者：中国文联出版公司
出版时间：1985.2
出　版　地：北京
页　　数：248页
尺　　寸：19cm
价　　格：6.60
馆藏地址：北京舞蹈学院图书馆
内容提要：本书依据西欧、美国和我国香港等地最新交际舞的资料介绍了国际交标舞的基本知识。还附有详细的舞步示意图和舞蹈插图。

中图法分类：（索书号）J732.9/4242
题　　　名：国际流行交际舞
责　任　者：肖苏华编著
出　版　者：中国文联出版公司
出版时间：1985
出　版　地：北京
页　　　数：248 页：图
尺　　　寸：19cm
价　　　格：1.35
馆藏地址：上海图书馆
主题标目：交际舞—高等学校
内容提要：本书介绍了当前世界上最流行的6 种交际舞，以及交际舞的基本舞步和各种花样的基本知识。

中图法分类：（索书号）J732.8/27
题　　　名：交谊舞入门（影印本）
责　任　者：力祯华，音岩编写
出　版　者：山东教育出版社
出版时间：1985
出　版　地：济南
页　　　数：57 页
尺　　　寸：19cm
价　　　格：0.50
馆藏地址：北京舞蹈学院图书馆
内容提要：本书主要将交谊舞的由来和发展，常见的四步舞、探戈舞、三步舞几种交谊舞舞步跳法，交谊舞的音乐的基本特点，以及跳舞的礼貌等知识进行一一说明。

0855

中图法分类：（索书号）J732.8/20
题　　　名：交谊舞入门
责　任　者：周百嵘编著
出　版　者：云南人民出版社
出版时间：1985
出　版　地：昆明
页　　　数：100页
尺　　　寸：19cm
价　　　格：0.55
馆藏地址：北京舞蹈学院图书馆
内容提要：本书主要对慢四步舞、快四步舞、慢三步舞、快三步舞、二步舞、伦巴舞、探戈舞的基本舞步和动作进行了详细的说明，并介绍了一组著名的交谊舞曲。

0856

中图法分类：（索书号）J732.8/52
题　　　名：交谊舞手册（影印本）
责　任　者：刘国治，李则琴编著
出　版　者：江西教育出版社
出版时间：1985
出　版　地：南昌
页　　　数：206页
尺　　　寸：18cm
价　　　格：1.00
馆藏地址：北京舞蹈学院图书馆
内容提要：本书搜集了勃鲁斯、狐步舞、华尔兹、探戈、迪斯科等几种交谊舞基本步法和基本动作要领，并收集了二十几首中外优秀舞曲选。

中图法分类：（索书号）J732.8/61
题　　　名：交谊舞一周速成
责　任　者：闵舒诚编著
出　版　者：福建人民出版社
出　版　时　间：1985
出　版　地：福州
页　　　数：211 页
尺　　　寸：19cm
价　　　格：1.10
馆　藏　地　址：北京舞蹈学院图书馆
内　容　提　要：本书对勃鲁斯舞、华尔兹舞、探
戈舞、曼波舞等几种舞蹈的基本步法和舞步进
行了详尽的描述。

中图法分类：（索书号）J732.9/1
题　　　名：教你跳迪斯科
责　任　者：舞蹈杂志社
出　版　者：人民体育出版社
出　版　时　间：1985
出　版　地：北京
页　　　数：127 页
尺　　　寸：19cm
价　　　格：0.80
馆　藏　地　址：北京舞蹈学院图书馆
内　容　提　要：本书主要包括三大部分：分别
是："迪斯科基本功训练"、"迪斯科的几种舞
步"、"哈梭"等。本书是为了使迪斯科爱好者
掌握迪斯科的基本动作和动律。使迪斯科学者
具有优雅、健康、正确的舞姿。

0859

中图法分类：（索书号）J719.4/1
题　　　名：教学法（内部教材）
责　任　者：唐满城主讲；北京舞蹈学院编
出　版　者：北京舞蹈学院
出版时间：1985
出　版　地：北京
页　　　数：234 页
尺　　　寸：28cm
价　　　格：
馆藏地址：北京舞蹈学院图书馆
内容提要：本书内容包括唐满城老师所讲中国古典舞的审美意识、孙光言老师所讲中专古典舞基训课的教学任务、张微老师所讲舞蹈教员需具备的基本条件、舞蹈课教学和考试的经验、徐大之老师主讲一年级班级任务、教材和教法，沈元敏老师所讲一年级的班级任务、教材及教学体会，徐大之老师所讲男班动作的开

法问题、曹有亮老师所讲三年级男班的教学进度，沈元敏老师所讲四年级的教学任务等。

0860

中图法分类：（索书号）J722.2/471
题　　　名：民间表演灯彩选集
责　任　者：李则琴，刘国治
出　版　者：江西人民出版社
出版时间：1985
出　版　地：南昌
页　　　数：265 页
尺　　　寸：19cm
价　　　格：1.87
馆藏地址：浙江图书馆
主题标目：儿童—舞曲—中国
内容提要：本书的主要内容是介绍富有地方独特风格的民间表演灯彩，具体地说明这些表演灯彩的流传情况、表演特色、演唱方法和道具制作等。以便专业和业余文艺工作者研究民间艺术或挑选演出节目时参考。

中图法分类：（索书号）J712.22/1
题　　　名：内蒙古舞蹈基训（影印本）
责　任　者：李淑英编著
出　版　者：内蒙古人民出版社
出版时间：1985
出　版　地：呼和浩特
页　　　数：293 页
尺　　　寸：20cm
价　　　格：1.10
馆藏地址：北京舞蹈学院图书馆
内容提要：本书内容包括内蒙古舞蹈简述、内蒙古舞蹈教学理论上的探寻，内蒙古舞蹈基训常用名称简释，基本训练，跳转训练，驼马步训练、内蒙古舞蹈的道具及其运用，组合训练，单项指与周身各部位混合训练组合，内蒙古自治区的答翰尔、鄂温克、鄂伦春民族的舞蹈组合。

0861

中图法分类：（索书号）J732.9/36
题　　　名：青春霹雳舞速成
责　任　者：麦士丹编著
出　版　者：综合出版社
出版时间：1985
出　版　地：台南市
页　　　数：154 页
尺　　　寸：21cm
价　　　格：32.5　TWD130.0
馆藏地址：北京舞蹈学院图书馆
内容提要：本书主要针对年轻人对霹雳舞爱好编写的，主要对霹雳舞学习法、霹雳舞的练习、霹雳舞的基本舞步、霹雳舞的动作组合以图文并茂的形式进行了详细的说明。

0862

0863

中图法分类：（索书号）J722.1/55
题　　　名：青年集体舞·交谊舞（影印本）
责　任　者：韩淑玲编
出　版　者：陕西人民出版社
出版时间：1985
出　版　地：西安
页　　　数：131页
尺　　　寸：19cm
价　　　格：0.69
馆藏地址：北京舞蹈学院图书馆
内容提要：本书介绍了17个青年集体舞和5个交谊舞的音乐、基本动作和跳法说明，并附有动作插图和场记图。

0864

中图法分类：（索书号）J732.9/18
题　　　名：迪斯科·交谊舞
责　任　者：郑祥瑞编著
出　版　者：海峡文艺出版社
出版时间：1985.1
出　版　地：福州
丛　　　书：青年文娱丛书（一）
页　　　数：66页
尺　　　寸：19cm
价　　　格：0.55
馆藏地址：北京舞蹈学院图书馆
内容提要：本书主要对迪斯科舞蹈的人体各部位、各关节动律、迪斯科动作简介、组合训练等基本内容进行比较详细的描述，并对华尔兹、探戈、伦巴三种交谊舞的基本动作和舞步也进行了详细的说明。

中图法分类：（索书号）J709.2/42
题　　　名：丝绸之路：乐舞艺术
责　任　者：《新疆艺术》编辑部编
出　版　者：新疆人民出版社
出版时间：1985
出　版　地：乌鲁木齐
页　　　数：378 页
尺　　　寸：20cm
价　　　格：2.60
馆藏地址：北京舞蹈学院图书馆
内容提要：本书摘选了发表于《新疆艺术》
杂志上的 32 篇论文，重点论述了丝绸之路的
乐舞艺术。

0865

中图法分类：（索书号）J732.8/47
题　　　名：探戈花样集
责　任　者：周翔，袁善治编写
出　版　者：湖北科学技术出版社
出版时间：1985.8
出　版　地：武汉
页　　　数：55 页
尺　　　寸：19cm
价　　　格：0.45
馆藏地址：北京舞蹈学院图书馆
内容提要：探戈舞的简介、花样变化、音
乐、鼓点、舞步对照等。

0866

0867

中图法分类：（索书号）J732.2/10／：1
题　　　名：土风舞全集．上
责　任　者：陈骥编译
出　版　者：众文图书公司
出版时间：1985 再版
出　版　地：台北市
页　　　数：430 页
尺　　　寸：21cm
价　　　格：62.50　TWD250.00
馆藏地址：北京舞蹈学院图书馆
内容提要：本书分为上下两册。主要内容包括："愿您也跳土风舞"、"跳土风舞者的须知"、"土风舞的流水账"、"我看土风舞和挑选了几百首土风舞"，"对舞蹈的发展记录"、"音乐"、"舞法动作"等。

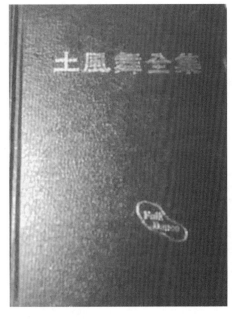

0868

中图法分类：（索书号）J732.2/10／：2
题　　　名：土风舞全集．下
责　任　者：陈骥编译
出　版　者：众文图书公司
出版时间：1985 再版
出　版　地：台北市
页　　　数：430 页
尺　　　寸：21cm
价　　　格：62.50　TWD250.00
馆藏地址：北京舞蹈学院图书馆
内容提要：本书分为上下两册。主要内容包括："愿您也跳土风舞"、"跳土风舞者的须知"、"土风舞的流水账"、"我看土风舞和挑选了几百首土风舞"，"对舞蹈的发展记录"、"音乐"、"舞法动作"等。

中图法分类：（索书号）J7/5670

题　　　名：舞蹈纪程：（一九八三年）

责　任　者：中国民族民间舞蹈集成编辑部

出　版　者：文化艺术出版社

出 版 时 间：1985.11

出　版　地：北京

页　　　数：398 页

尺　　　寸：20cm

价　　　格：2.60

馆 藏 地 址：上海图书馆

内 容 提 要：本书分六个栏目：“重要会议”、“会演及学术活动”；“创作与评论”；“理论研究”；“基础教学”；“国际交流”。并收录了舞蹈工作与大事记及 1983 年舞蹈论文索引。

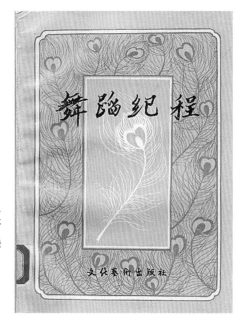

中图法分类：（索书号）J709.2/1

题　　　名：舞蹈纪程：（一九八四——九八五）

责　任　者：中国民族民间舞蹈集成编辑部编

出　版　者：文化艺术出版社

出 版 时 间：1985

出　版　地：北京

页　　　数：398 页

尺　　　寸：20cm

价　　　格：2.80

馆 藏 地 址：北京舞蹈学院图书馆

内 容 提 要：本书汇集了 1984、1985 两年内舞蹈界重要学术会议、会演及学术活动的发言及活动情况介绍、有关创作与评论、理论研究、教学研究、国际交流、探讨与争鸣内容的论文。

0871

中图法分类：J70/20
题　　　名：舞蹈论文选（影印本）
责　任　者：蓝凡编
出　版　者：中国舞蹈家协会江苏·上海·湖
　　　　　　北分会
出版时间：1985
出　版　地：上海
页　　　数：352页，[8]页图版
尺　　　寸：26cm
价　　　格：1.80
馆藏地址：北京舞蹈学院图书馆
内容提要：本书选编的舞蹈论文共93篇，
均为中央和省市级报纸杂志及各高等院学报、
期刊上发表的有关中国舞蹈艺术的研究论文。
时间从1949年新中国成立以后，至1982年6
月为止。选编的论文力求选择一些在不同的角
度、侧面、层次上有创见和代表性的文章，依
据美学、舞剧研究、舞蹈创作、表演、教学，舞蹈音乐、布景以及化装等几个大类编
排，每一类中又按时间先后排列。书后附有1918年至1982年5月我国现代、当代舞蹈
论文要目，1949年10月至1982年5月的舞蹈译文要目，1918年至1982年的舞蹈译著
选目。

0872

中图法分类：（索书号）J711.2/5
题　　　名：舞蹈舞剧创作经验文集
责　任　者：文化部艺术局中国艺术研究院舞
　　　　　　蹈研究所编
出　版　者：人民音乐出版社
出版时间：1985
出　版　地：北京
页　　　数：599页
尺　　　寸：20cm
价　　　格：4.50
馆藏地址：北京舞蹈学院图书馆
内容提要：本书收录了从1949年至1982年
优秀或比较优秀的舞蹈、舞剧作品的创作经验
文集。

中图法分类：J70/2
题　　　名：舞蹈新论（影印本）
责　任　者：吴晓邦著
出　版　者：上海文艺出版社
出版时间：1985.10
出　版　地：上海
页　　　数：167页，[8]页图版
尺　　　寸：20cm
价　　　格：1.50
馆藏地址：北京舞蹈学院图书馆

0873

内容提要：《新舞蹈艺术概论》是1939年作者在上海中法戏剧学校授课时，有意识地累积起来的，直到1953年中央戏剧学院舞运班结束时，才初步完成，前后长达13年之久。《舞蹈新论》这本书，是前者的姐妹篇，其中的一部分内容，是一九五三年作者在中国舞蹈艺术研究会和天马舞蹈艺术工作室工作期间积累起来的。另一部分是近几年来作者针对中国舞蹈新形势而论述的。本书具体内容包括：我国古代的舞蹈美学观，舞蹈的起源、发展和功能，中国舞蹈艺术的种类，舞蹈艺术的方法，舞蹈学的对象和范围，舞蹈艺术和美育，确立艺术观是舞蹈教育中的头等大事等。

中图法分类：J70/15
题　　　名：舞论集
责　任　者：吴晓邦著
出　版　者：四川文艺出版社
出版时间：1985
出　版　地：成都
页　　　数：226页
尺　　　寸：20cm
价　　　格：1.48
馆藏地址：北京舞蹈学院图书馆

0874

内容提要：本书收集吴晓邦先生的22篇文章，是从1979年至1982年的四年中间，作者先后向北京、上海、四川、江西、山西、延边等十多年省、市部分舞蹈工作者，对关于舞蹈为人民服务、为社会主义服务中的一些问题所发表的意见，其中涉及了社会主义舞蹈的多样化问题；舞蹈家要和人民生活相结合的问题；学习舞蹈理论的重要性问题；舞蹈的普及与提高的关系问题；传统舞蹈的革新与现代舞蹈诸问题；要重视儿童歌舞发展的问题，等等。

0875

中图法分类：（索书号）J732.8/65
题　　　名：现代流行舞：迪斯科·伦巴·
　　　　　　探戈
责　任　者：孙航民编
出　版　者：湖南人民出版社
出版时间：1985
出　版　地：长沙
页　　　数：40 页
尺　　　寸：26cm
价　　　格：0.48
馆藏地址：北京舞蹈学院图书馆
内容提要：本书主要对迪斯科、伦巴舞、探
戈三种现代流行舞的来源及主要跳法分别作了
介绍，而且有详细的解说文字和大量准确的舞
蹈动作和脚步图。

0876

中图法分类：（索书号）J732.8/24
题　　　名：怎样跳交谊舞（影印本）
责　任　者：舒青，林淳编
出　版　者：甘肃人民出版社
出版时间：1985.3
出　版　地：兰州
页　　　数：57 页
尺　　　寸：19cm
价　　　格：8.00
馆藏地址：北京舞蹈学院图书馆
内容提要：本书主要从交谊舞舞姿、舞步、
舞德等几个方面对交谊舞的基本动作以图示的
形式进行了详细的描述。并配有交谊舞舞曲。

中图法分类：（索书号）J722.2/3/：5-6
题　　　名：民族民间舞蹈研究．1986 第 1 辑
　　　　　　（影印本）（内部资料）
责　任　者：中国舞协民族民间舞蹈研究会，
　　　　　　中国民族民间舞蹈集成编辑部等
　　　　　　合编
出　版　者：中国民族民间舞蹈集成编辑部
出版时间：1986.1
出　版　地：北京
页　　　数：174 页
尺　　　寸：26cm
价　　　格：
馆藏地址：北京舞蹈学院图书馆
内容提要：本书录有北方秧歌学术讨论会论
文 51 篇，是中国舞协民族民间舞蹈研究会与
中国民族民间舞蹈集成编辑部等合编的专门研
究中国民族舞蹈的学术刊物。

0877

中图法分类：（索书号）J70
题　　　名：湖南舞蹈论文选
责　任　者：中国民族民间舞蹈研究会湖南分
　　　　　　会，湖南省群众艺术馆舞蹈工作
　　　　　　室编
出　版　者：中国民族民间舞蹈研究会湖南分
　　　　　　会，湖南省群众艺术馆舞蹈工
　　　　　　作室
出版时间：1986.9
出　版　地：长沙
页　　　数：206 页
尺　　　寸：21cm
价　　　格：
馆藏地址：北京舞蹈学院图书馆
内容提要：本书介绍了历史上湖南地域的舞
蹈探索如"最古老的舞谱—八卦舞谱"、"民
间舞蹈曾得力于巫师"、"土家族舞蹈探源"、
"土家族舞蹈艺术形成的基因"、"百越民族的舞蹈艺术探讨"、"《竹枝词》之源初考"、
"试论常德地区的民间歌舞—地花鼓"、"湖南龙舞构图浅析"、"简论舞蹈的浪漫性"等
许多湖南舞蹈艺术历史学术价值的好文章。其舞蹈研究价值很高。

0878

0879

中图法分类：（索书号）J719.3/17
题　　名：幼儿师范学校课本：舞蹈，全一册（影印本）
责　任　者：王占春主编
出　版　者：人民教育出版社
出版时间：1986.1
出　版　地：北京
页　　数：199 页
尺　　寸：16cm
价　　格：1.40
馆藏地址：北京舞蹈学院图书馆
内容提要：本书内容包括舞蹈基础知识，舞蹈基本动作和基本训练，幼儿舞蹈的基本舞步、律动、集体舞、歌表演，外国儿童集体舞，藏族、汉族、蒙古族、维吾尔族民间舞的风格和动作特点、基本舞步、组合动作、幼儿舞蹈、儿童歌曲等。

0880

中图法分类：（索书号）J732.9
题　　名：迪斯科动作 50 例
责　任　者：李茂阶编著
出　版　者：河南科学技术出版社
出版时间：1986.8
出　版　地：郑州
页　　数：108 页
尺　　寸：19cm
价　　格：0.80
馆藏地址：北京图书馆
内容提要：本书的内容有："迪斯科舞常识"、"迪斯科舞有哪些特点"、"如何才能跳好迪斯科舞"、"如何理解迪斯科舞的'随意性'"、"如何编排动作才有艺术效果"、"如何即兴发挥"、"迪斯科舞动作"、"手势图"等，比较全面的介绍了迪斯科舞蹈的跳法。

中图法分类：（索书号）J722.3/26
题　　　名：儿童歌舞.1（影印本）
责　任　者：人民音乐出版社编辑部
出　版　者：人民音乐出版社
出版时间：1986.2
出　版　地：北京
页　　　数：102 页
尺　　　寸：19cm
价　　　格：0.77
馆藏地址：北京舞蹈学院图书馆
内容提要：本书介绍了"我向党来唱支歌"
等 14 个中国儿童歌舞的音乐和动作说明，摘
录了外国儿童舞蹈教材中"律动"、"音乐游
戏"、"儿童集体舞"、"各国民间舞"方面的
内容，转载了关于儿童集体舞的创编和教学等
内容的文章。

0881

中图法分类：（索书号）J722.3/24/：2
题　　　名：儿童歌舞.2
责　任　者：人民音乐出版社编辑部编
出　版　者：人民音乐出版社
出版时间：1986.2
出　版　地：北京
页　　　数：127 页
尺　　　寸：19cm
价　　　格：1.00
馆藏地址：北京舞蹈学院图书馆
内容提要：本书介绍了"向五星红旗敬礼"
等 16 个中国儿童歌舞和"五只小鸟"等 4 个
外国儿童舞蹈的音乐和动作说明，选录了关于
儿童歌舞的编舞方法、儿童舞蹈教学的经验体
会等内容。

0882

0883

中图法分类：（索书号）J722.3/25

题　　　名：小司机（儿歌表演）

责　任　者：上海市长宁区少年宫孙鞠娟等编舞

出　版　者：上海人民出版社

出版时间：1986.2

出　版　地：上海

页　　　数：24页

尺　　　寸：14cm

价　　　格：0.06

馆藏地址：北京舞蹈学院图书馆

内容提要：本书介绍了舞蹈"小司机"的音乐、基本动作、跳法、服装和道具等。

0884

中图法分类：（索书号）J732.8/60

题　　　名：交谊舞指南（影印本）

责　任　者：崔智编著

出　版　者：安徽科学技术出版社

出版时间：1986.3

出　版　地：合肥

页　　　数：150页

尺　　　寸：19cm

价　　　格：0.82

馆藏地址：北京舞蹈学院图书馆

内容提要：本书从儿童初学者的实际需要出发，概括地论述了交谊舞的起源，发展和功能，通俗地讲解了有关基础知识，选编介绍了目前社会上正在推广的几种集体交谊舞及其常用队形图、舞姿图，简明而系统叙述了双人交谊舞中的常用舞步和按照简单节奏进行基本训练的分解动作，并配以插图和示例舞曲，最后还说明了舞会的组织方法及舞会注意事项。

中图法分类：（索书号）J722.2/3/：3

题　　　名：民族民间舞蹈研究：北方秧歌学
术讨论会论文专辑，第3－4辑

责　任　者：中国民族民间舞蹈集成编辑部等
合编

出　版　者：中国民族民间舞蹈集成编辑部

出　版　时　间：1986

出　版　地：北京

页　　　数：174页

尺　　　寸：26cm

价　　　格：

馆　藏　地　址：北京舞蹈学院图书馆

内　容　提　要：本书录有民族民间舞蹈概述的文
章6篇、古代乐舞理论辑注的文章2篇、廿四
史中的乐舞资料2篇，小资料3篇。

0885

中图法分类：（索书号）J711.3/12

题　　　名：编导课讲义（初稿）（内部资
料）（油印本）

责　任　者：北京舞蹈学院编导系编导教研室

出　版　者：北京舞蹈学院

出　版　时　间：1986.4

出　版　地：北京

页　　　数：99页

尺　　　寸：23cm

价　　　格：

馆　藏　地　址：北京舞蹈学院图书馆

内　容　提　要：本书主要讲述了舞蹈艺术常用名
词解释、舞蹈创作过程、舞蹈编导基础知识、
流动条件、编舞练习、情节舞练习、双人舞小
结、关于舞剧创作等内容。

0886

0887

中图法分类：（索书号）J792.3/1
题　　　名：中国舞蹈家协会第五次会员代表
　　　　　　大会资料汇编
责　任　者：中国舞蹈家协会舞蹈杂志社编
出　版　者：中国舞蹈家协会
出版时间：1986.6
出　版　地：北京
页　　　数：150 页
尺　　　寸：18cm
价　　　格：0.80
馆藏地址：北京舞蹈学院图书馆
内容提要：本书对中国舞蹈家协会第五次会
员代表大会会务报告、会议纪要、参加会议代
表名单等内容进行汇编。

0888

中图法分类：（索书号）J722.3/50
题　　　名：小歌舞（影印本）
责　任　者：刘海茹，胡尔岩编
出　版　者：北京少年儿童出版社
出版时间：1986.8
出　版　地：北京
页　　　数：223 页
尺　　　寸：19cm
价　　　格：1.10
馆藏地址：北京舞蹈学院图书馆
内容提要：本书共选入中、外优秀儿童歌舞
十五个，其中表演舞 5 个、集体舞十个。记录
了每个歌舞的情景内容、音乐、动作说明、场
记说明、服饰道具和排练提示等。

中图法分类：（索书号）J709.2/48
题　　　名：南洋恋：中国歌舞剧艺社南洋演
　　　　　　出四十周年纪念（1946—1986）
责　任　者：中国歌舞剧艺社
出　版　者：中国歌舞剧艺社
出版时间：1986.9
出　版　地：香港
页　　　数：71 页
尺　　　寸：20cm
价　　　格：30.00 HK20.00
馆藏地址：北京舞蹈学院图书馆
内容提要：本书主要包含了一个"中艺"之
友的回忆、艺海钩沉忆"中艺"、难忘手足情、
"中艺"在马来亚、"中艺"南洋演出前后、
理想、决心、战略——记"中艺"成立并悼念
饶彰风等内容。

0889

中图法分类：（索书号）J709.2/9
题　　　名：中国古代舞蹈史（内部资料）
责　任　者：孙景琛等著
出　版　者：北京舞蹈学院
出版时间：1986.9
出　版　地：北京
页　　　数：196 页
尺　　　寸：26cm
价　　　格：
馆藏地址：北京舞蹈学院图书馆
内容提要：本书按时间顺序介绍了从远古到
清代我国古代舞蹈的历史。此四位作者都是当
今中国舞蹈史上的权威专家，他们是孙景琛、
彭松、王克芬、董锡玖。

0890

0891

中图法分类：（索书号）J722.22
题　　　名：中国少数民族舞蹈（精装）
责　任　者：薛天主编
出　版　者：文化艺术出版社
出版时间：1986.9
出　版　地：北京
页　　　数：239页
尺　　　寸：25cm
价　　　格：82.00
馆藏地址：浙江图书馆
内容提要：本画册集中了我国优秀少数民族的经典舞蹈和舞剧演出剧照。选编了各民族舞蹈的精华。其中还有针对每一民族的文字介绍，是一本深入了解中国少数民族舞蹈的画册。详细介绍了中国56个少数民族的舞蹈和服饰的佳作。

0892

中图法分类：（索书号）J705/43
题　　　名：芭蕾皇冠
责　任　者：李洪明等著
出　版　者：湖南文艺出版社
出版时间：1986.12
出　版　地：长沙
页　　　数：123页
尺　　　寸：19cm
价　　　格：0.80
馆藏地址：北京舞蹈学院图书馆
内容提要：本书主要包括了"皇后喜剧芭蕾"、"芭蕾之初"、"皇家舞蹈学校"、"二百年不衰"、"特殊恩典"、"仙女"、"原始的追求"、《天鹅湖》萌初、没有天鹅的《天鹅湖》、从失败到成功等内容。是一本系统了解芭蕾舞蹈历史的书。

中图法分类：（索书号）J709.411/1
题　　　名：东方舞后：埃及明星纳吉娃·福
　　　　　　阿德传（影印本）
责　任　者：［埃及］纳吉娃·福阿德著
出　版　者：漓江出版社
出版时间：1986.12
出　版　地：广西桂林
页　　　数：139 页
尺　　　寸：19cm
价　　　格：1.05
馆藏地址：北京舞蹈学院图书馆
内容提要：本书是纳吉娃·福阿德的自传，
书中记录了作者登上舞坛、崭露头角的过程，
以及为探索和发展东方艺术做出的贡献和所取
得的国际声誉，同时包含有她在其他艺术领域
所取得的成绩等，书中也描述了作者的爱情和
婚姻生活。

0893

中图法分类：（索书号）J705/25
题　　　名：世界十大芭蕾舞剧欣赏（影印本）
责　任　者：钱世锦编
出　版　者：上海文艺出版社
出版时间：1986.12
出　版　地：上海
页　　　数：172 页
尺　　　寸：20cm
价　　　格：5.05
馆藏地址：北京舞蹈学院图书馆
内容提要：本书是作者对世界十大芭蕾舞剧
《关不住的女儿》、《仙女》、《吉赛尔》、《葛蓓
莉娅》、《天鹅湖》、《睡美人》、《胡桃夹子》、
《仙女们》、《火鸟》、《罗密欧与朱丽叶》的赏
析评论集。

0894

0895

中图法分类：（索书号）J70-02/5
题　　　名：北京传统节令风俗和歌舞
责　任　者：孙景琛，刘恩伯编
出　版　者：文化艺术出版社
出版时间：1986
出　版　地：北京
页　　　数：163 页
尺　　　寸：21cm
价　　　格：1.60
馆藏地址：北京舞蹈学院图书馆
内容提要：本书分为上下两编，上编记述了各节令的风俗活动及相关歌舞艺术在社会生活中的活动情况；下编记述了各种歌舞技艺的内容和形式。

0896

中图法分类：（索书号）J722.3/9820
题　　　名：少先队活动丛书：儿童舞和辅导
责　任　者：少年儿童出版社
出　版　者：少年儿童出版社
出版时间：1986
出　版　地：上海
丛　　　书：少先队活动丛书
页　　　数：394 页
尺　　　寸：19cm
价　　　格：1.60
馆藏地址：上海图书馆
内容提要：本书是少先队活动丛书。主要介绍了儿童舞的跳法，以及针对儿童舞蹈的系列训练要求进行了讲解，并针对儿童舞蹈的特点做了详细辅导。

中图法分类：（索书号）J709.2/5

题　　　名：古代新疆的音乐舞蹈与古代社会

责　任　者：谷苞著

出　版　者：新疆人民出版社

出 版 时 间：1986

出　版　地：乌鲁木齐

页　　　数：161页

尺　　　寸：19cm

价　　　格：1.10

馆藏地址：北京舞蹈学院图书馆

内 容 提 要：本书论述了古代新疆音乐舞蹈本身的一些问题，它们产生和发展的历史背景，它们对社会生活各方面的影响，它们在各地区、各民族间的传播情况，以及各地区、各民族间音乐文化的相互影响、共同发展等。

0897

中图法分类：（索书号）J732.8/55

题　　　名：交谊舞

责　任　者：赵寿山等编译

出　版　者：中国舞蹈家协会黑龙江分会

出 版 时 间：1986

出　版　地：哈尔滨

页　　　数：8页

尺　　　寸：18cm

价　　　格：1.25

馆藏地址：北京舞蹈学院图书馆

内 容 提 要：本书主要对布留斯、快四步、华尔兹、探戈四种舞步的基本步法进行介绍，各种舞并配有舞曲。书末附：漫谈儿童舞蹈。

0898

0899

中图法分类：（索书号）J732.9/480
题　　　名：交谊舞组合技巧
责　任　者：萧翔
出　版　者：辽宁人民出版社
出版时间：1986
出　版　地：沈阳
丛　　　书：文化生活丛书
页　　　数：300 页
尺　　　寸：19cm
价　　　格：1.40
馆藏地址：浙江图书馆
内容提要：本书分入门和提高两部分。较系统、正规地讲解了交谊舞的基本知识和技巧。力求做到由浅入深，图解详明，通俗易懂。本书的特点在于：教给读者舞步连接法（即组合技巧）。

0900

中图法分类：（索书号）J709.27/15
题　　　名：幕后珍闻：音乐舞蹈史诗《中国革命之歌》诞生记
责　任　者：王颖，石祥著
出　版　者：文化艺术出版社
出版时间：1986
出　版　地：北京
页　　　数：221 页
尺　　　寸：20cm
价　　　格：1.95
馆藏地址：北京舞蹈学院图书馆
内容提要：本文作者从始至终参加了《中国革命之歌》的框架设计、创作和排演工作，亲身感受到党中央及方方面面的关怀、帮助和支持，亲眼看到创作大歌舞的人们的忘我献身精神，深受教育，深为感动。音乐舞蹈史诗《中国革命之歌》是继音乐舞蹈史诗《东方红》之后又一力作。

中图法分类：（索书号）J711.2/9
题　　　名：全国舞蹈创作会议文集
责　任　者：文化部艺术局编
出　版　者：舞蹈杂志社
出 版 时 间：1986
出　版　地：北京
页　　　数：302 页
尺　　　寸：19cm
价　　　格：1.60
馆 藏 地 址：北京舞蹈学院图书馆
内 容 提 要：本书是 1985 年于南京召开的全国舞蹈创作会议的论文集，介绍了包括此次会议的"致辞"、"讲话"、"专题发言"、"书面发言"、"讨论述要"和"报道"等共四十篇文集。

0901

中图法分类：（索书号）J712.23/10
题　　　名：少儿舞蹈基本训练（影印本）
责　任　者：崔智著
出　版　者：安徽文艺出版社
出 版 时 间：1986
出　版　地：合肥
页　　　数：162 页
尺　　　寸：19cm
价　　　格：0.90
馆 藏 地 址：北京舞蹈学院图书馆
内 容 提 要：本书介绍了少儿舞蹈基本训练的程序和动作，包括基本概念，扶把训练，中间训练，集体舞队列训练，怎样组织训练课，低班示范课，高班示范课等。

0902

0903

中图法分类：（索书号）J732.8/72
题　　　名：实用交际舞入门
书　　　号：ISBN 962-386-136-6
责　任　者：施宝桔、梁荻、孙重贵合著
出　版　者：文光出版社
出版时间：1986
出版地：香港
页　　　数：75 页
尺　　　寸：20cm
价　　　格：38.00　HK38.00
馆藏地址：北京舞蹈学院图书馆
内容提要：本书主要对布鲁斯、狐步、快华尔兹、慢华尔兹、探戈、桑巴几种交际舞的基本姿势、基本动作和基本舞步并加以图解的说明。

0904

中图法分类：J70/28
题　　　名：吴晓邦舞蹈艺术思想研究论文集
　　　　　　（内部资料）
责　任　者：中国舞蹈家协会［等编］
出　版　者：中国舞蹈家协会
出版时间：1986
出版地：北京
页　　　数：330 页
尺　　　寸：20cm
价　　　格：
馆藏地址：北京舞蹈学院图书馆
内容提要：本书是 1985 年在苏州举行的"吴晓邦舞蹈艺术思想研讨会"第一次学术讨论会的论文集。通过对吴晓邦舞蹈艺术思想、作品、理论的研究和分析，对吴晓邦舞蹈艺术思想的形成和发展，人民性、民族性和现实主义精神，以及舞蹈艺术的审美本质、创作规律

和表现特点做了探讨。

中图法分类：（索书号）J7-41/402（影印本）
题　　　名：幼儿师范学校：舞蹈教学大纲：
　　　　　　（试行草案）
书　　　号：ISBN 7-5332-0125-6
责　任　者：中华人民共和国国家教育委员会
　　　　　　制订
出　版　者：人民教育出版社
出版时间：1986
出　版　地：北京
页　　　数：17 页
尺　　　寸：19cm
价　　　格：0.09
馆藏地址：浙江图书馆
内容提要：本大纲试图规范幼儿师范学校对
于舞蹈教育的标准教学体系。本书内容包括幼
儿师范学校舞蹈教学的目的和任务，确定幼儿
学校舞蹈教学内容的原则，教学内容的时数比

重及各年级的分布，贯彻舞蹈教学大纲的几点说明，舞蹈教学的成绩考核与评定，一至
四年级的基本教材。

中图法分类：（索书号）J706/3/3：1
题　　　名：舞蹈解剖学．（内部资料）
责　任　者：［美］拉乌尔·格拉伯特著；郭
　　　　　　北海译
出　版　者：北京舞蹈学院资料室
出版时间：1986
出　版　地：北京
页　　　数：77 页
尺　　　寸：26cm
价　　　格：
馆藏地址：北京舞蹈学院图书馆
内容提要：本书介绍了与舞蹈有关的人体结
构知识，根据舞蹈训练中容易受力和扭伤的脆
弱部位及容易造成的损伤，指出了舞蹈训练前
的准备活动、训练中的注意事项以及损伤后的
康复训练方法等。

0907

中图法分类：（索书号）J722.8
　　　　　　（G623.8/942.2）
题　　　名：小学体育课音伴与舞蹈
书　　　号：ISBN 7-5332-0125-6
责　任　者：《学校体育丛书》编委会编
出　版　者：上海教育出版社
出版时间：1986
出　版　地：上海
丛　　　书：学校体育丛书
页　　　数：128 页
尺　　　寸：19cm
价　　　格：0.76
馆藏地址：浙江图书馆
内容提要：本书内容是小学体育课舞蹈与音乐伴奏教学参考资料。此书详细介绍了怎样把体育课程与音乐和舞蹈结合在一起，加强体育与美育的完美统一。

0908

中图法分类：（索书号）J732.8/64
题　　　名：英国皇家式交谊舞
责　任　者：《文化与生活》编辑部编
出　版　者：上海文化出版社
出版时间：1986
出　版　地：上海
页　　　数：60 页
尺　　　寸：26cm
价　　　格：0.80
馆藏地址：北京舞蹈学院图书馆
内容提要：本书收集了国际标准交谊舞（布鲁斯、慢华尔兹）以及"英国皇家式探戈"舞步特点和要领。

中图法分类：（索书号）J719. 5/2
题　　　名：中级古典芭蕾（内部教材）
责　任　者：巴扎罗娃著
出　版　者：北京舞蹈学院
出版时间：1986
出　版　地：北京
页　　　数：80 页
尺　　　寸：28cm
价　　　格：
馆藏地址：北京舞蹈学院图书馆
内容提要：本书深入分析了俄罗斯芭蕾舞蹈学校四、五年级的教学法，涉及各种慢板和快板中的新的速度以及各种带转身动作的技术和各种大舞姿转等。此教材对我们在芭蕾舞教学上有着积极的指导意义。

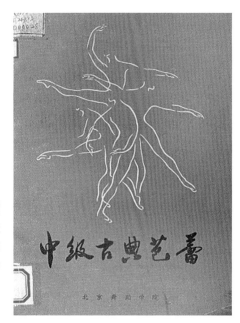

0909

中图法分类：（索书号）J732. 8/70
题　　　名：现代舞大全
责　任　者：许朝栋编
出　版　者：综合出版社
出版时间：1987.1
出　版　地：台南市
页　　　数：230 页
尺　　　寸：20cm
价　　　格：55. 00 TWD220. 00
馆藏地址：北京舞蹈学院图书馆
内容提要：本书以图解的形式对吉尔巴舞的历史、基本步法、吉尔巴的中段的舞步、吉尔巴的花式步法、美国的爵士舞步等内容进行详细的介绍。

0910

0911

中图法分类：（索书号）J705/7
题　　　名：胡果刚舞蹈论文集
书　　　号：ISBN 7-5033-0006-X
责　任　者：胡果刚著
出　版　者：解放军文艺出版社
出版时间：1987.2
出　版　地：北京
页　　　数：352 页
尺　　　寸：19cm
价　　　格：1.75
馆藏地址：北京舞蹈学院图书馆
内容提要：本书选收作者的三十多篇文稿，内容涉及舞蹈概论、舞蹈史论、舞蹈美学、欣赏与评论、创作、训练、表演等方面。

0912

中图法分类：（索书号）J709.2/60
题　　　名：曲阜祭孔乐舞
责　任　者：中国舞蹈艺术研究会研究室编
出　版　者：中国舞蹈艺术研究会
出版时间：1987.2
出　版　地：北京
页　　　数：1 册
尺　　　寸：26cm
价　　　格：2.30
馆藏地址：北京舞蹈学院图书馆
内容提要：本书记述了儒家文化的发源地——山东曲阜祭奠孔子的祭舞，在"孔孟之乡"每年清明节和孔子诞辰日，都会在孔庙大成殿前举行祭祀至圣先师孔子的仪式，仪式中的专用乐舞，即祭孔乐舞。祭孔乐舞在三次重排（复兴、改革、公祭）的过程中，动作传授和改编的差异透露出不同主体文化背景差异的现实问题。对祭孔乐舞在历史长河中的社会功能进行了阐释，并研究其根源所在。

中图法分类：（索书号）J709.2/6：5
题　　　名：中国舞蹈史：隋、唐、五代部分
责　任　者：王克芬著
出　版　者：文化艺术出版社
出版时间：1987.2
出　版　地：北京
页　　　数：307 页
尺　　　寸：20cm
价　　　格：2.30
馆藏地址：北京舞蹈学院图书馆
内容提要：本书介绍了隋、唐、五代时期我国古代舞蹈的历史。此书是研究与学习中国古代舞蹈史的权威著作。

0913

中图法分类：（索书号）J722.29/1
题　　　名："台湾"土著祭仪及歌舞民俗活动之研究
责　任　者：刘斌雄、胡台丽主编
出　版　者："中央研究院"民族学研究所
出版时间：1987.4
出　版　地：台北市
页　　　数：290 页
尺　　　寸：32cm
价　　　格：
馆藏地址：北京舞蹈学院图书馆
内容提要：本书对阿美、鲁凯、赛夏、卑南四族展开调查，主要研究聚落的生命仪礼和岁时祭仪，特别是在重点仪式方面，有详细描述，揭示了祭仪与歌舞等民俗活动以及社会基本结构间的关联。

0914

0915

中图法分类：（索书号）J709.27/6

题　　名：东方一绝：莫德格玛舞蹈之路

责　任　者：张永昌等著

出　版　者：中国文联出版公司

出版时间：1987.5

出　版　地：北京

页　　数：109 页：肖像，照片

尺　　寸：19cm

价　　格：1.75

馆藏地址：北京舞蹈学院图书馆

内容提要：本书介绍了莫德格玛的生活和艺术经历，描述了莫德格玛成长为舞蹈家的历程。全书共十四章，并附有照片。

0916

中图法分类：（索书号）J722.212/13

题　　名：云南民族民间舞蹈资料：花灯舞蹈（影印本）

责　任　者：方论裕等整理

出　版　者：云南人民出版社

出版时间：1987.7

出　版　地：昆明

页　　数：250 页

尺　　寸：20cm

价　　格：1.60

馆藏地址：北京舞蹈学院图书馆

内容提要：本书叙述了云南花灯舞蹈的历史和艺术风格，介绍了花灯舞蹈的基本动作，包括身体的八个方向、脚的位置、基本动律、手的基本动作、基本步法、扇子的运用，介绍了花灯舞蹈动作组合中，包括基础训练组合、扇花、步法训练组合、性格组合、男女组合，最后列出了云南花灯中常用队形图。

中图法分类：（索书号）J709.27/7
题　　　名：舞蹈和我：资华筠自传
书　　　号：ISBN 7-5411-0042-0
责　任　者：资华筠著
出　版　者：四川文艺出版社
出版时间：1987.7
出　版　地：成都
页　　　数：198 页
尺　　　寸：19cm
价　　　格：1.26
馆藏地址：北京舞蹈学院图书馆
内容提要：本书介绍了资华筠的舞蹈生涯，包括从舞经历、学舞过程、舞蹈作品和创作感想等。

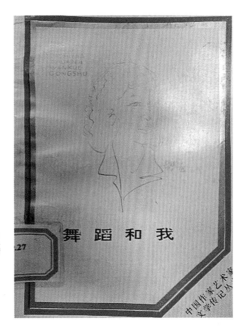

0917

中图法分类：（索书号）J709.712
　　　　　　（k835.615.7/4101）
题　　　名：旋转中的精灵：玛格·芳登
责　任　者：［英］芳登（Fonteyn, M.）著；
　　　　　　程伟茹译
出　版　者：北辰文化股份有限公司
出版时间：1987.8
出　版　地：台北市
页　　　数：342 页
尺　　　寸：21cm
价　　　格：28.13
馆藏地址：浙江图书馆
内容提要：玛格·芳登女爵士，DBE（Dame Margot Fonteyn）（1919 年 5 月 18 日—1991 年 2 月 21 日），是一位著名的英国首席芭蕾舞者，在她的时代，被许多人认为是英国最出色的女芭蕾舞者。本书介绍了她是第一个征服全球观

0918

众的英国舞者，但她从不满意自己，她认为舞蹈难于登山。因为山峰至少还有顶点，而舞台的魔力却是：每晚新生，每晚死亡，从不相同。

0919

中图法分类：（索书号）J709.712/6
题　　　名：没有讲完的故事：《邓肯自传》
　　　　　　补篇
责　任　者：［美］玛利·台斯蒂（Kesti,
　　　　　　M.）著　王子野译
出　版　者：三联书店
出版时间：1987.10
出　版　地：北京
页　　　数：269页
尺　　　寸：19cm
价　　　格：1.65
馆藏地址：北京舞蹈学院图书馆
内容提要：本书以作者二十七年间对邓肯生
活和思想的亲见亲闻记录了邓肯的一生。美国
舞蹈家邓肯在艺术上有很多创新，但是她的自
传只写到1921年，本书作者台斯蒂为邓肯生
前好友，她续写了邓肯的这些生平事迹。

0920

中图法分类：（索书号）J705/34：1
题　　　名：群众舞蹈论文集．第一辑，浙江
　　　　　　专辑
责　任　者：中国舞蹈家协会群众舞蹈研究会
　　　　　　等编
出　版　者：中国舞蹈家协会群众舞蹈研究会
出版时间：1987.10
出　版　地：北京
页　　　数：189页
尺　　　寸：18cm
价　　　格：
馆藏地址：北京舞蹈学院图书馆
内容提要：本书是1988年3月浙江省首次
群众舞蹈理论研讨会论文选集之一，共收入了
36篇有关群众舞蹈学科体系建设的论文。

中图法分类：（索书号）J705/34：2
题　　　名：群众舞蹈论文集．第二辑，浙江专辑
责　任　者：中国舞蹈家协会群众舞蹈研究会等编
出　版　者：中国舞蹈家协会群众舞蹈研究会
出版时间：1987.10
出　版　地：北京
页　　　数：200 页
尺　　　寸：18cm
价　　　格：
馆藏地址：北京舞蹈学院图书馆
内容提要：本书是 1988 年 3 月浙江省首次群众舞蹈理论研讨会论文选集之二，共收入了 34 篇有关群众舞蹈学科体系建设的论文。

中图法分类：（索书号）J709.27/5
题　　　名：中国当代舞蹈家的故事
责　任　者：中国艺术研究院舞蹈研究所资料室编
出　版　者：人民音乐出版社
出版时间：1987.10
出　版　地：北京
页　　　数：212 页
尺　　　寸：20cm
价　　　格：2.10
馆藏地址：北京舞蹈学院图书馆
内容提要：本书介绍了中国当代二十位舞蹈家的艺术经历和奋斗故事。选取了中国近代蜚声中外的 20 名舞蹈家的生动事迹。从新舞蹈艺术的开拓者吴晓邦到白荷仙子孙玳璋的舞蹈艺术生涯。

0923

中图法分类：（索书号）J722.3/31
题　　　名：大森林中的小故事
责　任　者：宋捷文等编
出　版　者：中国戏剧出版社
出版时间：1987.12
出　版　地：北京
丛　　　书：幼儿戏剧歌舞小丛书
页　　　数：110 页
尺　　　寸：20cm
价　　　格：1.15
馆藏地址：北京舞蹈学院图书馆
内容提要：本书介绍了"猴子屁股为什么红"、"孔雀羽毛为什么美"、"小熊问路"、"狐狸吃老牛"、"龟兔赛跑"、"小花和小白"、"狼来了"的剧本和排演说明。

0924

中图法分类：（索书号）J721.7/2
题　　　名：定位法舞谱
书　　　号：ISBN 7-5321-0069-3
责　任　者：武季梅、高春林著
出　版　者：上海文艺出版社
出版时间：1987.12
出　版　地：上海
页　　　数：277 页
尺　　　寸：26cm
价　　　格：10.00（精）
馆藏地址：北京舞蹈学院图书馆
内容提要：定位法舞谱是一种现代舞谱，它能准确地记录各种类型的舞蹈动作，并反映了舞蹈与音乐、领舞与群舞之间的关系，本书对其进行了详细介绍。此舞谱是本书作者武季梅，高春林发明的。

中图法分类：（索书号）J712/452
题　　　名：儿童舞蹈训练指南
书　　　号：ISBN 7-5332-0125-6
责 任 者：李素华编著
出 版 者：明天出版社
出 版 时 间：1987.12
出 版 地：济南
页　　　数：240 页
尺　　　寸：19cm
价　　　格：1.75
馆 藏 地 址：浙江图书馆
内 容 提 要：这是一本关于儿童舞蹈怎样科学训练的书。她针对儿童的特点，用儿童心理训练方法，总结了适合儿童舞蹈训练的指南。其中小组合有单、双、三的儿童舞蹈训练。

0925

中图法分类：（索书号）J705/3
题　　　名：舞蹈女神
书　　　号：ISBN 7-80510-017-9
责 任 者：陆 初著
出 版 者：学林出版社
出 版 时 间：1987.12
出 版 地：北京
丛　　　书：夜读丛书
页　　　数：140 页
尺　　　寸：19cm
价　　　格：0.81
馆 藏 地 址：北京舞蹈学院图书馆
内 容 提 要：作者一方面把舞蹈与音乐、诗歌等进行联系和比较；一方面又把中国舞蹈的发生、发展及表现内容、形式等与世界各国舞蹈作了比较。

0926

0927

中图法分类：（索书号）J722.2/2
题　　　名：中国少数民族民间舞蹈选介
书　　　号：ISBN 7-103-01352-7
责　任　者：陈卫业、纪兰蔚、马薇编
出　版　者：人民音乐出版社
出版时间：1987.12
出　版　地：北京
页　　　数：246页
尺　　　寸：20cm
价　　　格：10.80
馆藏地址：北京舞蹈学院图书馆
内容提要：本书以图文并茂的形式对中国东北、西北、西南、中南等地区的27个少数民族100多个种类的民族民间舞蹈，及其历史源流、内容、表演形式、特点等，作了比较全面的介绍。

0928

中图法分类：（索书号）J722.225.3/3
题　　　名：傣族嘎秧（影印本）
书　　　号：ISBN 7-80525-020-0
责　任　者：卫明礼、马莲著
出　版　者：德宏民族出版社
出版时间：1987.8
出　版　地：芒市
页　　　数：84页
尺　　　寸：19cm
价　　　格：0.60
馆藏地址：北京舞蹈学院图书馆
内容提要：嘎秧意为傣族群舞，本书收录了嘎秧歌、四步舞、采花的姐妹喜心头等15个嘎秧音乐的曲谱和嘎秧舞蹈的十五套动作。

中图法分类：（索书号）J732.9/5
题　　　名：迪斯科舞蹈入门
书　　　号：ISBN 978-986-6971-46-4
责 任 者：[美] 凯伦·卢斯特加登（Lust-
　　　　　　garten, K.）著
出 版 者：人民体育出版社
出版时间：1987
页　　　数：128 页
出 版 地：北京
尺　　　寸：26cm
价　　　格：1.40
馆藏地址：北京舞蹈学院图书馆
内容提要：本书收集了一百二十四幅精美的
舞姿照片，具体内容包括：舞前准备活动常
识、基本舞步和变奏三十余种，独舞、双人
舞、集体舞和变奏三十余个，以及双人舞旋转
方法 10 种。

0929

中图法分类：（索书号）J712.23/5
题　　　名：儿童舞基训教材
书　　　号：ISBN 7-5059-0296-2
责 任 者：顾以庄著
出 版 者：中国文联出版公司
出版时间：1987
出 版 地：北京
页　　　数：474 页
尺　　　寸：19cm
价　　　格：2.70
馆藏地址：北京舞蹈学院图书馆
内容提要：本书第一部分为表演性舞蹈，共
20 个。附有音乐、场记、动作插图、服装设计
和布景设计。第二部分为舞蹈基本训练，有
"扶把训练"、"中间动作"和"地面动作"。
除单一动作外，还有组合、示范课、音乐伴奏
曲。每类动作的训练目的、动作要领、训练步
骤和如何组织课等教学法均有详细说明。

0930

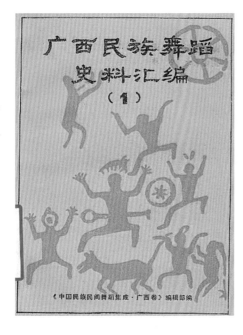

0931

中图法分类：（索书号）J722.2/5670
题　　　名：广西民族民间舞蹈史料汇编（1）
　　　　　　祭祀舞蹈部分
责　任　者：中国民族民间舞蹈集成广西卷编
　　　　　　辑部
出　版　者：《中国民族民间舞蹈集成·广西
　　　　　　卷》编辑部
出版时间：1987.8
出　版　地：南宁
页　　　数：237页
尺　　　寸：19cm
价　　　格：
馆藏地址：上海图书馆
内容提要：本书记述了广西各地民间舞蹈尤
其是祭祀舞蹈概况，基本上保留了收集整理者
的艺术观点和文风原貌。

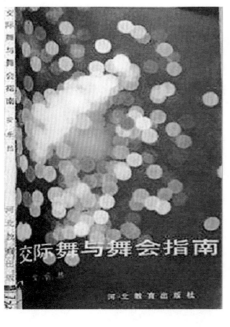

0932

中图法分类：（索书号）J732.8/36
题　　　名：交际舞与舞会指南
责　任　者：安乐然编著
出　版　者：河北教育出版社
出版时间：1987
出　版　地：石家庄
页　　　数：142页：照片
尺　　　寸：19cm
价　　　格：1.00
馆藏地址：北京舞蹈学院图书馆
内容提要：本书主要包括七大部分："交际
舞的意义与健身价值"、"交际舞的基本理论和
技术"、"国际标准交际舞各种舞法的理论和技
术知识"、"交际舞的组织工作"、"怎样去参
加交际舞的舞会"、"交际舞会音乐伴奏的方
法"、"国际标准交际舞竞赛规则及裁判
法"等。

中图法分类：（索书号）J722.2/2653
题　　　名：民族舞蹈基本动作
责　任　者：战肃容等编著
出　版　者：上海音乐出版社
出版时间：1987.7
出　版　地：上海
页　　　数：114页
尺　　　寸：19cm
价　　　格：0.60
馆藏地址：上海图书馆
内容提要：本书介绍了蒙、藏、维吾尔等民族舞蹈的风格特点，并采用图文对照的形式，对这些舞蹈的基本动作和单一动作作了详细的说明。

中图法分类：（索书号）J732.8/88
题　　　名：恰、恰、恰之技巧
书　　　号：ISBN 957-53215-0-2
责　任　者：杨昌雄编译
出　版　者：众文图书公司
出版时间：1987 再版
出　版　地：台北市
页　　　数：111页
尺　　　寸：21cm
价　　　格：28.00 TWD80.00
馆藏地址：北京舞蹈学院图书馆
内容提要：本书以各种步法之连接，影响舞蹈表演效果至钜，本书除各种上步法说明时注前后连接外，另摘录了数种权威老师所编之连接法。本书之写法，大体参照英国皇家舞蹈教师协会，对舞蹈动作的说明格式。由书本学跳舞并非易事，惟有心人，仔细推敲，费心阅读，方能有所得。恰、恰、恰是伦巴的副产品，术语舞姿，都沿用伦巴的专有名词，若能先学伦巴，再学恰、恰、恰，可收事半功倍之效。

0935

中图法分类：（索书号）J7-05/1
题　　　名：人体文化：古典舞世界里的中国
　　　　　　与西方
书　　　号：ISBN 7-220-00020-0
责　任　者：谢长，葛岩著
出　版　者：四川人民出版社
出版时间：1987
出　版　地：成都
页　　　数：225 页
尺　　　寸：20cm
价　　　格：1.55
馆藏地址：北京舞蹈学院图书馆
内容提要：本书系舞蹈文化研究的学术性著
作，作者通过大量的资料，揭示了中西古典舞
蹈在历史演化中呈现的逆反取向和形态差异，
及这种差异类似产生的在审美意识和心理追求
等方面的文化根据，展望了在文化冲突、融合
的大趋势下，中国舞蹈的未来命运，对于舞蹈研究、比较文化研究工作具有启示和参考
价值。

0936

中图法分类：（索书号）J722.8/1
题　　　名：世界交际舞大全
书　　　号：ISBN 957-66747-3-5
责　任　者：富田芳明著
出　版　者：西北出版社
出版时间：1987
出　版　地：台南市
页　　　数：372 页
尺　　　寸：21cm
价　　　格：37.5.0 TWD150.00
馆藏地址：北京舞蹈学院图书馆
内容提要：本书介绍了 20 世纪 80 年代世界
交际舞的流行趋势以及日本及我国台湾交际舞
在世界的影响。比较客观地反映了国际上交际
舞的标准模式。本书也是一本囊括了各种国际
流行交际舞的实用舞蹈教程。

中图法分类：（索书号）J732.8/68
题　　　名：探戈之技巧
书　　　号：ISBN 957-53220-9-6
责　任　者：杨昌雄编译
出　版　者：众文图书公司
出版时间：1987
出　版　地：台北市
页　　　数：134 页
尺　　　寸：21cm
价　　　格：42.00 TWD120.00
馆藏地址：北京舞蹈学院图书馆

内容提要：本书之述所谓技巧，应包括两个部分：其一为外形，它是由四项因素造成的，1.步位，即脚步踏出的方向、位置与舞厅的关系。2.足部动作，即说的那一部分着地，例如足尖先着地及足跟先着地，所产生的效果不一样。3.旋转角度。4.反身动作，这些在本书均有详细的说明。其二为神采；有经验的舞者，能透过内在的感情，及对某种步法的了解，而适当的以身体动作诠释出来。就像一样的乐谱，由二个人来演奏因了解程度同，而有迥异的效果，这是理解及表达能力的表现，属于较高层次的能力。探戈的学习应由外形开始，故基本步法的练习应做到尽善尽美为止。

中图法分类：（索书号）J711.3/10
题　　　名：舞蹈编导基础教程
责　任　者：李承祥著
出　版　者：北京舞蹈学院
出版时间：1987
出　版　地：北京
页　　　数：283 页
尺　　　寸：20cm
价　　　格：28.00
馆藏地址：北京舞蹈学院图书馆

内容提要：本书内容包括"舞蹈编导的专业职责"、"舞蹈艺术的审美特征"、"舞蹈艺术的题材选择"、"舞剧结构的专业特征"、"舞蹈音乐的专业要求"、"舞蹈编导与舞台美术"、"舞蹈艺术的形象思维"、"舞蹈编导的创造方法"、"舞蹈艺术的舞台调度"、"舞蹈编导的小品教学"等。

0939

中图法分类：（索书号）J719.3/13
题　　　名：幼儿园教师进修教材：舞蹈
书　　　号：ISBN 7-5320-0228-4
责　任　者：舞蹈教师进修教材协编委员会等
出　版　者：上海教育出版社
出版时间：1987
出　版　地：上海
页　　　数：202 页
尺　　　寸：26cm
价　　　格：2.15
馆藏地址：北京舞蹈学院图书馆
内容提要：本书内容包括舞蹈基础知识，中
国古典舞的手臂训练，中国古典舞脚的训练，
中国古典舞的基本步法训练，幼儿舞蹈常用步
法，幼儿歌表演，幼儿集体舞，幼儿成品舞
蹈，汉族民间舞蹈云南花灯、东北秧歌，藏族
民间舞蹈，蒙古族民间舞蹈，维吾尔族民间舞

蹈，傣族民间舞蹈，幼儿舞蹈创编等。

0940

中图法分类：（索书号）J706/1/：2
题　　　名：舞蹈演员的解剖学（内部资料）
责　任　者：拉欧·吉拉伯特著；王大觉译
出　版　者：北京舞蹈学院资料室
出版时间：1987
出　版　地：北京
页　　　数：50 页
尺　　　寸：26cm
价　　　格：
馆藏地址：北京舞蹈学院图书馆
内容提要：本书以图片和解说的方式，介绍
了舞蹈训练中应避免和纠正身体损伤的方法、
为提高技巧和预防损伤的体操等。

中图法分类：（索书号）J711.3/1/：1
题　　　名：舞剧编导笔记．（上册）（内部资料）
责　任　者：［苏］扎哈洛夫著；文化部艺术局编
出　版　者：北京舞蹈学院资料室
出版时间：1987
出　版　地：北京
页　　　数：70页
尺　　　寸：26cm
价　　　格：
馆藏地址：北京舞蹈学院图书馆
内容提要：本书介绍了俄罗斯芭蕾舞传统和芭蕾舞剧院，苏维埃舞蹈的形成和发展，生活和舞蹈中的新事物，舞剧演员的表演技巧，舞蹈教师如何创作和编写舞剧，古典芭蕾舞学派的艺术原则，如何培养青年舞剧编导等。

0941

中图法分类：（索书号）J711.3/1/：2
题　　　名：舞剧编导笔记．（下册）（内部资料）
责　任　者：［苏］扎哈洛夫著；文化部艺术局编
出　版　者：北京舞蹈学院资料室
出版时间：1987
出　版　地：北京
页　　　数：124页
尺　　　寸：26cm
价　　　格：
馆藏地址：北京舞蹈学院图书馆
内容提要：本书介绍了舞剧编导的创作方法及其在舞蹈作品中所体现的艺术原则，包括编写舞剧所遵循的规律、舞蹈结构及其组成部分、舞蹈作品基础的创作理论及其原则、舞蹈的艺术特点、音乐在舞蹈和舞剧发展史上的作用及意义，舞剧的舞台艺术和服装的作品及意义。

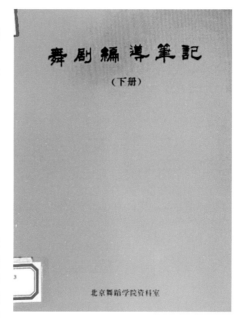

0942

0943

中图法分类：（索书号）J722.9/15
题　　　名：新潮韵律舞
责　任　者：萧渊友编著
出　版　者：综合出版社
出 版 时 间：1987
出　版　地：台南市
页　　　数：228 页
尺　　　寸：20cm
价　　　格：30 TWD120.00
馆 藏 地 址：北京舞蹈学院图书馆
内 容 提 要：本书内容主要包括：韵律舞是兼具健美与减肥的利器；韵律舞帮助我拥有健美的身体、韵律舞的全身各部位减肥方法和韵律舞减肥必备的饮食计划等内容。

0944

中图法分类：J70/31
题　　　名：吴晓邦：舞蹈学研究（影印本）
　　　　　　（内部资料）
责　任　者：吴晓邦著
出　版　者：《舞蹈论丛》编辑部
出 版 时 间：1988.1
出　版　地：北京
页　　　数：83 页
尺　　　寸：20cm
价　　　格：
馆 藏 地 址：北京舞蹈学院图书馆
内 容 提 要：本书主要介绍了作者五十多年舞蹈艺术经验的总结和舞蹈学科的研究。包括舞蹈基本理论、舞蹈应用理论分科的研究、舞蹈基础资料理论分科上的一些问题、学习中国舞蹈史的要求和舞蹈学科研究补充思考等内容。

中图法分类：（索书号）J732.9/15
题　　　名：华夏中老年迪斯科
书　　　号：ISBN 7-5048-0338-3
责　任　者：陈莲玉、李慧珠编著
出　版　者：农村读物出版社
出版时间：1988.2
出　版　地：北京
页　　　数：32 页
尺　　　寸：26cm
价　　　格：0.75
馆藏地址：北京舞蹈学院图书馆
内容提要：本书是依据我国中老年人在生理
和心理上的特点，以及中华民族当代审美风
尚，精心选择了一些不急不缓的、具有中华民
族风格的迪斯科节适合我国中老年朋友跳的有
"二十三摆" 健美迪斯科。

0945

中图法分类：（索书号）J722.3/33
题　　　名：苗苗歌舞
责　任　者：上海文艺出版社编
出　版　者：上海文艺出版社
出版时间：1988.2.
出　版　地：上海
页　　　数：230 页
尺　　　寸：24cm
价　　　格：3.25
馆藏地址：北京舞蹈学院图书馆
内容提要：本书介绍了表演唱 "小朋友坐飞
机"、2 个歌表演、3 个集体舞、2 个小儿歌、9
个表演舞的音乐、动作说明、场记和道具等。

0946

0947

中图法分类：（索书号）J522.1/4332.3
题　　名：舞蹈人物装饰
书　　号：ISBN 7-5305-0180-1
责　任　者：胡莲江编绘
出　版　者：天津人民美术出版社
出版时间：1988.3
出　版　地：天津
页　　数：150 页
尺　　寸：18cm
价　　格：3.30
馆藏地址：浙江图书馆
内容提要：本书作者，在长期从事歌舞舞台美术设计工作中，注意吸取其他艺术的长处，不断探索，不断试验，使自己的艺术语汇日趋丰富，表现能力日渐增强。收入本集的作品，造型生动，舞姿绚丽，用线技巧娴熟，既流畅，且准确，变形适度。

0948

中图法分类：（索书号）J709
　　　　　　（I216.1/130V14）
题　　名：延安文艺丛书．第十四卷，舞蹈、曲艺、杂技卷
书　　号：ISBN 7-54040-172-6
责　任　者：延安文艺丛书编委会编
出　版　者：湖南文艺出版社
出版时间：1988.3
出　版　地：长沙
丛　　书：延安文艺丛书
页　　数：454 页
尺　　寸：19cm
价　　格：5.10
馆藏地址：浙江图书馆
内容提要：在毛泽东同志《延安文艺座谈会讲话》的精神鼓舞下，出版了这套延安文艺丛书。这本书主要编撰了舞蹈、曲艺、杂技方面的文艺集成。本书是其中这套丛书的第十四卷。

中图法分类：（索书号）J732.9/6
题　　　名：霹雳舞
书　　　号：ISBN 7-214-00114-4
责 任 者：［日］笠井博著
出 版 者：江苏人民出版社
出 版 时 间：1988.5
出 版 地：南京
页　　　数：159 页
尺　　　寸：19cm
价　　　格：3.80
馆 藏 地 址：北京舞蹈学院图书馆
内 容 提 要：本书主要包括六大部分，分别是：霹雳舞的准备活动、身体各部分的练习、基本舞步、技巧舞步、木偶、静态和电摇摆舞、行列舞和组合动作。

中图法分类：（索书号）J732.8/71
题　　　名：流行舞艺速成：邦您叩开速成舞艺之门
责 任 者：张彼得编著
出 版 者：得律出版社
出 版 时 间：1988.5
出 版 地：香港
页　　　数：253 页
尺　　　寸：19cm
价　　　格：20.00 HKD20.00
馆 藏 地 址：北京舞蹈学院图书馆
内 容 提 要：本书详细介绍了什么是流行舞蹈，流行舞蹈的基础入门。作者从世界流行舞蹈历史发展的角度，着重介绍了：狐步、伦巴、吉特巴、曼波、恰恰、探戈、华尔兹、迪斯科等世界流行舞蹈以及流行舞蹈与舞蹈音乐的关系。书中还详细记录了以上这些舞蹈的步法和流行舞蹈动作的照片。

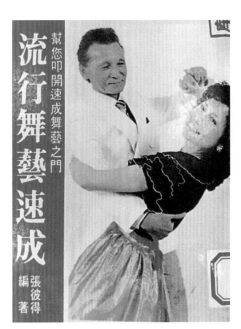

0951

中图法分类：（索书号）J821.2/723
题　　名：戏曲舞蹈艺术
书　　号：ISBN 7-5354-0150-3
责　任　者：陈先祥编
出　版　者：长江文艺出版社
出版时间：1988.6
出　版　地：武汉
页　　数：319 页
尺　　寸：19cm
价　　格：3.90
馆藏地址：浙江图书馆
内容提要：本书对戏曲舞蹈艺术的特点、规
则、动律和神韵，作了生动而通俗的解说，对
戏曲舞蹈的表演，进行了分类、定位、定名，
制定了「戏曲身段字谱」，并编有人物，情节
等的舞蹈结合。

0952

中图法分类：（索书号）J70-05/6
题　　名：中国民间舞蹈文化（内部教材）
责　任　者：罗雄岩主讲
出　版　社：北京舞蹈学院
出版时间：1988.6
出　版　地：北京
页　　数：273 页
尺　　寸：20cm
价　　格：2.50
馆藏地址：北京舞蹈学院图书馆
内容提要：本书以中国各民族中仍在流传的
民间舞蹈为研究对象，描述了他们之间的内在
联系与表现文化的规律，并且研究了它们各自
的文化特点与形成因素。内容包括什么是舞蹈
文化，民间舞蹈的文化特征，中国民间舞蹈的
概括、分布、特点及发展，中国原始舞蹈遗
存，汉族和几种少数民族的民间舞蹈的表演形
式及文化特征等。

中图法分类：（索书号）J722.9/9
题　　　名：中老年迪斯科舞图解
书　　　号：ISBN 7-80035-098-3
责　任　者：陈汉孝、李惠编
出　版　者：中国国际广播出版社
出版时间：1988.6
出　版　地：北京
页　　　数：92 页
尺　　　寸：19cm
价　　　格：1.50
馆藏地址：北京舞蹈学院图书馆
内容提要：本书以图文并茂的形式介绍了老年人迪斯科健身舞、中老年迪斯科长寿舞、中老年迪斯科健美舞、伦巴舞、跳几曲迪斯科、我是怎样跳起老年迪斯来的等内容。

0953

中图法分类：（索书号）J732.9/31
题　　　名：美国霹雳舞（影印本）
书　　　号：ISBN 7-80556-050-1
责　任　者：[日] 笠井博著；于沙译
出　版　者：沈阳出版社
出版时间：1988.7
出　版　地：沈阳
页　　　数：120 页
尺　　　寸：219cm
价　　　格：2.50
馆藏地址：北京舞蹈学院图书馆
内容提要：本书主要对霹雳舞的预备运动、舞步，动画式哑剧舞、哑剧亮相霹雳舞、艺术表演舞等基本动作和舞步等内容进行了详细的概述。并以图解的形式进行了详细的说明。

0954

0955

中图法分类：（索书号）J722.2214/5
题　　　名：西藏舞蹈概说（影印本）
书　　　号：ISBN 7-223-00205-0
责　任　者：何永才著
出　版　者：西藏人民出版社
出版时间：1988.7
出　版　地：拉萨
页　　　数：106 页
尺　　　寸：19cm
价　　　格：1.45
馆藏地址：北京舞蹈学院图书馆
内容提要：本书内容分四部分："藏舞史话"、"藏舞的分类及其形态特征"、"典型性舞式舞种"和"散论"等。

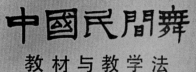

0956

中图法分类：（索书号）J719.1/1/：1
题　　　名：中国民间舞教材及教学法．上册
书　　　号：ISBN 7-80049-082-3
责　任　者：马力学主编
出　版　者：国际文化出版公司
出版时间：1988.7
出　版　地：北京
页　　　数：329 页
尺　　　寸：20cm
价　　　格：22.50
馆藏地址：北京舞蹈学院图书馆
内容提要：本书内容包括蒙古族民间舞、维吾尔族民间舞、藏族民间舞、朝鲜族民间舞四种舞的概述、教材内容、体态动律特点、基本动作分解、动作短句分解、组合分解、阶段任务和单元课。

中图法分类：（索书号）J719.1/1/：2
题　　　名：中国民间舞教材及教学法．下册
书　　　号：ISBN 7-80049-082-3
责 任 者：马力学主编
出 版 者：国际文化出版公司
出 版 时 间：1988.7
出 版 地：北京
页　　　数：333-706 页
尺　　　寸：20cm
价　　　格：22.50
馆 藏 地 址：北京舞蹈学院图书馆
内 容 提 要：本书内容包括东北秧歌、云南花
灯、安徽花鼓灯、谷子秧歌、胶州秧歌五种舞
的概述、教材内容、体态动律特点、基本动作
分解、动作短句分解、组合分解、阶段任务和
单元课。

中图法分类：（索书号）J732.9/27
题　　　名：中老年迪斯科健身舞
书　　　号：ISBN 7-218-00182-3
责 任 者：杜素芳、陈群著
出 版 者：广东人民出版社
出 版 时 间：1988.7
出 版 地：广州
页　　　数：62 页
尺　　　寸：195X180mm
价　　　格：1.60
馆 藏 地 址：北京舞蹈学院图书馆
内 容 提 要：本书内容主要包括四个部分：第
一部分："单项保健动作及图解"；第二部分：
"健身舞动作及图解"；第三部分："对舞动作
及图解"；第四部分："健身舞的医学根据"、
"疗效及社会反响"。

0959

中图法分类：（索书号）J709.242/5
题　　　名：唐代音乐舞蹈杂技诗选
书　　　号：ISBN 7-5619-0011-2
责　任　者：彭庆生，曲令启选注
出　版　者：北京语言学院出版社
出版时间：1988.8
出　版　地：北京
页　　　数：405 页
尺　　　寸：21cm
价　　　格：7.80
馆藏地址：北京舞蹈学院图书馆
内容提要：本书选录了刻画唐代音乐、舞蹈、绘画、书法、杂技等艺术的唐五代诗歌二百五十六首，分析了每首诗作者的生平、思想、写作背景，作品的层次、逻辑等。

0960

中图法分类：（索书号）J712/1
题　　　名：舞蹈的基本训练
书　　　号：ISBN 7-103-00133-2
责　任　者：Modern shaping ballet 纪娜教授；人民音乐出版社舞蹈组编
出　版　者：人民音乐出版社舞蹈组编
出版时间：1988.8
出　版　地：北京
丛　　　书：舞蹈知识丛书
页　　　数：144 页
尺　　　寸：20cm
价　　　格：8.40
馆藏地址：北京舞蹈学院图书馆
内容提要：本书由四个专题组成：《中国古典舞教学大纲》介绍了青年舞蹈演员和舞蹈爱好者所需的舞蹈动作的做法、规格及要点。《解剖学知识在舞蹈基训中的应用》对中国古典舞基训主要内容进行了分析，提出了在训练时应遵循的科学方法。《舞蹈素质训练》为初学舞蹈的学员提供了有关增强人体素质的训练方法。《现代舞的准备动作》介绍了现代舞训练的一些方法和动作。

中图法分类：（索书号）J705/26
题　　　名：在美的旋律中健康成长
书　　　号：ISBN 7-105-00434-7
责　任　者：关槐秀编
出　版　者：民族出版社
出版时间：1988.8
出　版　地：北京
页　　　数：441 页
尺　　　寸：19cm
价　　　格：3.15
馆藏地址：北京舞蹈学院图书馆
内容提要：本书内容包括舞蹈理论、各民族集体舞和国外民间集体舞、舞蹈的基本动作和表演技巧等。

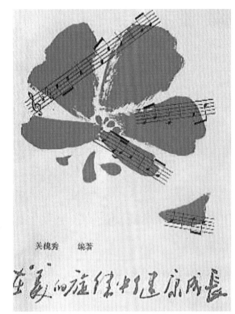

中图法分类：（索书号）J722.2（53）/1/：1
题　　　名：中国民族民间舞蹈集成，江苏卷（上）
书　　　号：ISBN 7-80075-001-9
责　任　者：《中国民族民间舞蹈集成》编辑部编
出　版　者：中国舞蹈出版社
出版时间：1988.8
出　版　地：北京
页　　　数：2 册（1753 页）
尺　　　寸：26cm
价　　　格：58.00（特精装 65.00）
馆藏地址：北京舞蹈学院图书馆
内容提要：本书介绍了江苏省民间舞蹈的概况和各县民族民间舞蹈分布情况，并用图文并茂、音舞结合的方式记录了江苏省各地区民间舞蹈的技术说明，包括当地代表性舞蹈节目的舞曲、基本动作、场记说明、服饰和道具等，并配有乐谱和插图。

0963

中图法分类：（索书号）J722.2（53）/1/：2
题　　　名：中国民族民间舞蹈集成，江苏卷
　　　　　　（下）
书　　　号：ISBN 7-80075-001-9
责　任　者：《中国民族民间舞蹈集成》编辑
　　　　　　部编
出　版　者：中国舞蹈出版社
出版时间：1988.8
出　版　地：北京
页　　　数：2册（1753页）
尺　　　寸：26cm
价　　　格：58.00（特精装65.00）
馆藏地址：北京舞蹈学院图书馆
内容提要：本书介绍了江苏省民间舞蹈的概
况和各县民族民间舞蹈分布情况，并用图文并
茂、音舞结合的方式记录了江苏省各地区民间
舞蹈的技术说明，包括当地代表性舞蹈节目的
舞曲、基本动作、场记说明、服饰和道具等，并配有乐谱和插图。

0964

中图法分类：（索书号）J719.1/1/：3
题　　　名：中国民间舞教材及教学法．附册
书　　　号：ISBN 7-80049-082-3
责　任　者：马力学主编
出　版　者：国际文化出版公司
出版时间：1988.9
出　版　地：北京
页　　　数：329页
尺　　　寸：20cm
价　　　格：22.50
馆藏地址：北京舞蹈学院图书馆
内容提要：本书列举了东北秧歌、云南花
灯、安徽花鼓灯、谷子秧歌、胶州秧歌、蒙古
族民间舞、维吾尔族民间舞、藏族民间舞、朝
鲜族民间舞九种舞的基本动作舞谱、动作组合
舞谱和组合乐谱。

中图法分类：（索书号）J712/10
题　　　名：大学生：舞蹈教学指导
书　　　号：ISBN 978-7-80553-672-9
责　任　者：孙国荣、佘美玉著
出　版　者：上海音乐出版社
出版时间：1988. 10.1
出　版　地：上海
页　　　数：288，19 页
尺　　　寸：20cm
价　　　格：12.80
馆藏地址：北京舞蹈学院图书馆
内容提要：本书由四个部分组成。第一部
分：基础舞蹈，包括热身操、关节活动、地面
训练和常用舞蹈基本步伐训练。第二部分：中
国古典舞的基本训练和中国古典舞蹈作品练
习，以及中国民间舞基本动作训练和维吾尔
族、蒙古族、藏族、汉族等舞蹈组合的练习。
第三部分：芭蕾舞的训练组合及外国民间舞组合练习。第四部分：社交舞蹈的基本动作
训练和华尔兹、布鲁斯、伦巴和恰恰舞的组合。

0965

中图法分类：（索书号）J732.3/2
题　　　名：外国儿童歌舞选（影印本）
书　　　号：ISBN 7-80553-099-8
责　任　者：郭明达编译
出　版　者：上海音乐出版社
出版时间：1988.10
出　版　地：上海
页　　　数：110 页
尺　　　寸：19cm
价　　　格：1.05
馆藏地址：北京舞蹈学院图书馆
内容提要：本书收集了世界各国传统的优秀
儿童歌舞作品五十多个（包括音乐游戏、集体
舞、歌舞）共分两个部分，第一部分为幼儿歌
舞；第二部分是小学生歌舞。

0966

0967

中图法分类：（索书号）J732.9/9
题　　　名：迪斯科舞霹雳舞跳法
书　　　号：ISBN 7-5059-0449-3
责　任　者：（日）笠井博著；洪光辉等译
出　版　者：中国文联出版公司
出版时间：1988.12
出　版　地：北京
页　　　数：74 页
尺　　　寸：19×26 厘米
价　　　格：2.95
馆藏地址：北京舞蹈学院图书馆
内容提要：本书的作者笠井博先生是日本有
名的舞蹈指导，他走访了世界各国，研究，探讨舞蹈艺术，他在这本书里介绍给我们的
迪斯科是这样一种舞蹈，认真讲，它是从 20 世纪 70 年代后期从美国兴起，到近两年就
几乎风靡世界，许多人是一边跳，一边唱，动作十分自由，场面让人激动若狂，此书重
点介绍了单人迪斯科、女步迪斯科等多种舞蹈动作。

0968

中图法分类：（索书号）J705/29
题　　　名：中国舞蹈奇观：中国古代（影印
　　　　　　本）
书　　　号：ISBN 7-80549-082-1
责　任　者：费秉勋著
出　版　者：华岳文艺出版社
出版时间：1988.12
出　版　地：西安
页　　　数：296 页
尺　　　寸：19cm
价　　　格：3.05
馆藏地址：北京舞蹈学院图书馆
内容提要：本书主要分析了中国古代舞蹈的
起源和发展，并介绍了中国古代交际舞、裸体
舞、忠字舞、绝命舞、恋爱舞、驯兽舞诸多舞
种的源流、特点及发展。

中图法分类：（索书号）J732.9/13
题　　　名：中老年健身迪斯科
书　　　号：ISBN 7-301-00617-9
责　任　者：刘承鸾编著
出　版　者：北京大学出版社
出 版 时 间：1988.12
出　版　地：北京
页　　　数：55 页
尺　　　寸：15cm
价　　　格：0.80.
馆藏地址：北京舞蹈学院图书馆
内 容 提 要：本书是根据中老年的心理与生理特点，从防治老年人易犯的腰腿病及肩周炎、神经衰弱等疾病的角度并结合我国一些传统的健身方法而编排的。本书包括四套迪斯科动作。

0969

中图法分类：（索书号）J722.221.8/1
题　　　名：壮族舞蹈研究（影印本）
书　　　号：ISBN 7-219-00985-2
责　任　者：金 涛、岑云端选编
出　版　者：广西人民出版社
出 版 时 间：1988.12
出　版　地：南宁
页　　　数：271 页
尺　　　寸：19cm
价　　　格：2.95
馆藏地址：北京舞蹈学院图书馆
内 容 提 要：本书对壮族舞蹈种类的历史沿革、形式内容、风格特色、美学特征及流传情况作了分析和阐述。

0970

0971

中图法分类：（索书号）J712.25/1
题　　　名：芭蕾—年轻舞蹈者的指南
书　　　号：ISBN 7-80049-079-3
责 任 者：[加] 普塔克著；王国华译
出 版 者：国际文化出版公司
出 版 时 间：1988
出 版 地：北京
页　　　数：112 页
尺　　　寸：18cm
价　　　格：3.00

馆 藏 地 址：北京舞蹈学院图书馆
内 容 提 要：本书内容包括芭蕾历史概述，芭蕾训练，舞蹈者的穿着，芭蕾基础，初学者的扶把练习，补充的扶把练习，脱离扶把的练习，高班脱离扶把的练习，芭蕾是如何创作出来的，著名芭蕾明星简介，芭蕾经典作品故事选介等。

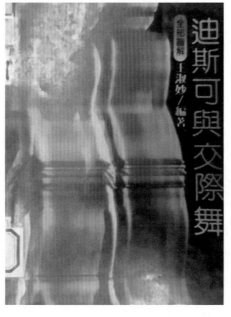

0972

中图法分类：（索书号）J732.9/34
题　　　名：迪斯可与交际舞
书　　　号：ISBN 7-80530-292-8
责 任 者：王淑妙编著
出 版 者：西北出版社
出 版 时 间：1988
出 版 地：台南市
页　　　数：234 页
尺　　　寸：21cm
价　　　格：37.5.0. TWD150.00
馆 藏 地 址：北京舞蹈学院图书馆
内 容 提 要：本书介绍了迪斯可舞与交际舞的关系，着重讲述了男方和女方跳迪斯可舞蹈的动作步法。还研究了双人迪斯可与吉力巴等舞的不同。详细叙述了跳迪斯可舞中男方与女方的配合技巧，男方带女方的动作要领图解。以及女方带男方的舞蹈步法图解。

中图法分类：（索书号）J722.7
　　　　　　　（I207.22/2263）
题　　　名：古典乐舞诗赏析
书　　　号：ISBN 7-80535-032-9
责 任 者：徐昌洲、李嘉训编著
出 版 者：黄山书社
出 版 时 间：1988
出 版 地：合肥
页　　　数：236页：冠图
尺　　　寸：20cm
价　　　格：2.35
馆 藏 地 址：上海图书馆
主 题 标 目：
内 容 提 要：本书对中国古典乐舞诗做了深入
细致的分析、介绍、研究。是一部系统介绍古
代乐舞诗的力作。

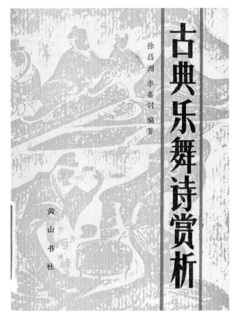

0973

中图法分类：（索书号）J722.8/4801
题　　　名：广西民族民间舞蹈史料汇编［2］
　　　　　　　舞蹈概况部分
责 任 者：中国民族民间舞蹈集成广西卷编
　　　　　　　辑部
出 版 者：《中国民族民间舞蹈集成·广西
　　　　　　　卷》编辑部
出 版 时 间：1988.6
出 版 地：南宁
页　　　数：248页
尺　　　寸：19cm
价　　　格：
馆 藏 地 址：上海图书馆
内 容 提 要：本书记述了广西各地民间舞蹈尤
其是舞蹈概况部分，基本上保留了收集整理者
的艺术观点和文风原貌。

0974

0975

中图法分类：（索书号）J733.42/3
题　　　名：胡桃夹子
书　　　号：ISBN 7-5007-0095-4
责　任　者：霍夫曼著
出　版　者：中国少年儿童出版社
出版时间：1988
出　版　地：北京
页　　　数：24 页
尺　　　寸：18cm
价　　　格：0.70
馆藏地址：北京舞蹈学院图书馆

内容提要：芭蕾舞剧《胡桃夹子》是世界上最优秀的芭蕾舞剧之一，它之所以能吸引千千万万的观众，一方面是由于它有华丽壮观的场面、诙谐有趣的表演，但更重要的原因是柴科夫斯基的音乐赋予舞剧以强烈的感染力。《胡桃夹子》剧本是根据德国名作家霍夫曼的童话《胡桃夹子和鼠王》改编的，全剧共分两幕，描绘了儿童的独特天地。舞剧的音乐充满了单纯而神秘的神话色彩，具有强烈的儿童音乐特色。剧情大致为：圣诞节，女孩玛丽得到一只胡桃夹子。夜晚，她梦见这胡桃夹子变成了一位王子，领着她的一群玩具同老鼠兵作战。后来又把她带到果酱山，受到糖果仙子的欢迎，享受了一次玩具、舞蹈和盛宴的快乐。《胡桃夹子》堪称童话中冒险与奇遇故事的代表。整篇故事充满浓厚的奇幻色彩。展现出天马行空的想象和纯真可爱的童趣。无限的想象力和鲜明的童话人物使《胡桃夹子》成为全球的经典童话，并被认为是必读的童话书目之一。

0976

中图法分类：（索书号）J732.9/33
题　　　名：爵士舞韵律体操
书　　　号：ISBN 7-5039-1274-X
责　任　者：刘美姿编著
出　版　者：文化艺术出版社
出版时间：1988
出　版　地：北京
页　　　数：279 页
尺　　　寸：20cm
价　　　格：21.00
馆藏地址：北京舞蹈学院图书馆
内容提要：本书主要介绍了"韵律体操的泛论"、"迈向韵律体操的第一步"、"儿童的韵律操"、"使用韵律操"、"韵律体操技巧"等内容。

中图法分类：（索书号）J732. 9/14
题　　　名：老年迪斯科舞
书　　　号：ISBN 7-5043-0153-1
责 任 者：冯青编著
出 版 者：中国广播电视出版社
出 版 时 间：1988.
出 版 地：北京
页　　　数：63 页
尺　　　寸：26cm
价　　　格：1. 20
馆 藏 地 址：北京舞蹈学院图书馆
内 容 提 要：本书共分为二套，主要结合老年
人特点以图文的形势介绍了老年"迪斯科"一
些基本步伐。

中图法分类：（索书号）J712. 22/2
题　　　名：蒙古族舞蹈基本训练教程（影印
本）
书　　　号：ISBN 7-204-00355-1
责 任 者：斯琴塔日哈主编
出 版 者：内蒙古人民出版社
出 版 时 间：1988
出 版 地：呼和浩特
页　　　数：345，52 页
尺　　　寸：20cm
价　　　格：3. 80
馆 藏 地 址：北京舞蹈学院图书馆
内 容 提 要：本书介绍了蒙古族舞蹈技术范
例，包括基本手型、手位，基本脚型、脚位及
基本体态，地面练习及胸、背、肩部、上肢、
下肢、腰部训练，主要动律，基本步法，跳、
转、马步，内蒙古自治区的答翰尔、鄂温克、
鄂伦春三个民族的诸多舞蹈形式和动作名称。

0979

中图法分类：（索书号）J732.9/4444
题　　　名：霹雳舞
书　　　号：ISBN 7-537-50207-2
责　任　者：李吉树、李世璋编写；黄继田
　　　　　　绘图
出　版　者：河北科学技术出版社
出版时间：1988
出　版　地：石家庄
页　　　数：140 页
尺　　　寸：19cm
价　　　格：1.60
馆藏地址：上海图书馆
主题标目：交际舞—高等学校
内容提要：本书介绍了霹雳舞的基本动作和
主要技巧的要领。书中有霹雳舞的舞蹈示意舞
谱等。

0980

中图法分类：（索书号）J732.9/7
题　　　名：霹雳舞精英
书　　　号：ISBN 7-81012-078-6
责　任　者：晓禾、舒曼编译
出　版　者：北京航空航天大学出版社
出版时间：1988
出　版　地：北京
页　　　数：92 页
尺　　　寸：13x19cm
价　　　格：1.00
馆藏地址：北京舞蹈学院图书馆

内容提要：本书共收集了霹雳、太空步、背旋、展翅飞翔等30种舞蹈动作。重点介
绍了霹雳舞的动作要领。

中图法分类：（索书号）J732.9/8
题　　　名：霹雳舞速成
书　　　号：ISBN 7-81003-173-2
责　任　者：武星，志常编
出　版　者：北京体育学院出版社
出版时间：1988
出　版　地：北京
页　　　数：160 页
尺　　　寸：18cm
价　　　格：2.80
馆藏地址：北京舞蹈学院图书馆
内容提要：本书主要介绍了霹雳舞和迪斯科两种舞蹈的基本舞步。对学习霹雳舞和迪斯科的初学舞者是一本通俗易懂的教材。

中图法分类：（索书号）J732.9/26
题　　　名：上海中老年迪斯科（影印本）
书　　　号：ISBN 7-211-00612-9
责　任　者：柴瑞英编
出　版　者：福建人民出版社
出版时间：1988
出　版　地：福州
页　　　数：58 页
尺　　　寸：20cm
价　　　格：0.85
馆藏地址：北京舞蹈学院图书馆
内容提要：本书共分为四大部分；第一部分主要把身体各部位的活动作为基本训练；第二部分介绍了迪斯科的各种舞步；第三部分介绍了迪斯科手的舞姿变化；第四部分内容包括组合和表演舞蹈。

0983

中图法分类：J70/29
题　　　名：吴晓邦谈艺录
书　　　号：ISBN 7-5059-0371-3
责　任　者：吴晓邦著；中国舞蹈家协会编
出　版　者：中国文联出版公司
出版时间：1988
出　版　地：北京
页　　　数：195 页
尺　　　寸：19cm
价　　　格：1.65
馆藏地址：北京舞蹈学院图书馆
内容提要：本书主要介绍了吴晓邦关于舞蹈理论、舞蹈创作和教学的研究论文和实践总结。第一部分包括舞蹈艺术观、舞蹈美学、舞蹈科学，舞蹈基础资料理论分析和中国舞蹈史学习等内容。第二部分包括舞蹈在教学和应用中的理论分析和研究，舞蹈创作的艺术要求和

具体内容，以及舞蹈教学理论等。

0984

中图法分类：（索书号）J733.47/2
题　　　名：现代芭蕾
书　　　号：ISBN 957-67200-4-4
责　任　者：约翰·波西涡原著；庄修田编译
出　版　者：艺术图书公司
出版时间：1988
出　版　地：台北市
页　　　数：160 页
尺　　　寸：20cm
价　　　格：37.50　TWD150.00
馆藏地址：北京舞蹈学院图书馆
内容提要：本书作者约翰·波西涡（John Percival）是位一流的芭蕾舞评论家。简洁而又富吸引力的描写加上一百二十张美丽的照片（其中有许多特别为本书所照的）使本书更为出色。他在文中讨论了大约五十个芭蕾舞团、纽约是芭蕾舞团到美国舞蹈表演团和当代人芭蕾舞剧团，以及许多著名的芭蕾舞编导者和舞蹈家。本书包括：绪论、背景、芭蕾舞之新精髓、舞蹈之新法、新舞台、新观众、新人物、新方法等。

中图法分类：（索书号）J732.9/30
题　　　名：新编中老年健美迪斯科
书　　　号：ISBN 7-5019-0393-X
责　任　者：裔程洪、陈小平编著
出　版　者：轻工业出版社
出版时间：1988
出　版　地：北京
页　　　数：71 页
尺　　　寸：20cm
价　　　格：2.50
馆藏地址：北京舞蹈学院图书馆
内容提要：本书主要包括四大部分，分别是：中老年人喜欢迪斯科、老年人健美迪斯科、健美迪斯科锻炼常识问答。

中图法分类：（索书号）J722.9/11
题　　　名：学校体育课舞蹈艺术体操实用组合 80 例
书　　　号：ISBN 7-5347-0046-9
责　任　者：许静辉、宋允清著
出　版　者：河南教育出版社
出版时间：1988
出　版　地：郑州
页　　　数：195 页
尺　　　寸：18cm
价　　　格：1.60
馆藏地址：北京舞蹈学院图书馆
内容提要：本书内容包括舞蹈艺术体操组合80 例和动作术语两大部分；本书的特点是将舞蹈和艺术体操糅合在一起，各类动作从易到难、从短到长进行描述。

0987

中图法分类：（索书号）J712.1
　　　　　　　（I313.65/4913）
题　　　名：一个芭蕾舞女演员的热情
书　　　号：ISBN 7-80553-047-5
责　任　者：森下洋子著；安诃译
出　版　者：上海音乐出版社
出版时间：1988
出　版　地：上海
页　　　数：160页：照片
尺　　　寸：21cm
价　　　格：3.35
馆藏地址：上海图书馆
主题标目：安诃—芭蕾 1970~1988
内容提要：本书作者以自传性的笔法，回忆
了自己成长过程从舞三十多年来的甘苦生活。
读者从中了解这位明星的身世和她刻苦从艺的
精神。

0988

中图法分类：（索书号）J722.3/1441
题　　　名：幼儿园教师培训教材：幼儿园舞
　　　　　　　蹈和歌曲
书　　　号：ISBN 7-107-09003-8
责　任　者：黄式茂、王覆三编
出　版　者：人民教育出版社
出版时间：1988
出　版　地：北京
页　　　数：137页
尺　　　寸：26cm
价　　　格：1.10
馆藏地址：浙江图书馆
内容提要：本书为幼儿园教师舞蹈培训教
材，它针对培养幼儿师范教师，针对幼儿园小
朋友从小要加强美育方面的教育，深入浅出地
介绍了怎样成为一名合格的幼儿师范教师。

中图法分类：（索书号）J722.9/14
题　　　名：韵律舞入门
责　任　者：萧渊友编著
出　版　者：综合出版社
出版时间：1988
出　版　地：台北市
页　　　数：279 页
尺　　　寸：20cm
价　　　格：37.5 TWD150.00
馆藏地址：北京舞蹈学院图书馆

内容提要：韵律二字难以言表，是一种能力，随音乐旋律自然舒展，是一种难以言表却早已溢出身外的动人美丽。本书中的台湾作者力图在轻快的气氛中促进健康与美化体能之目的，让舞蹈在韵律中展现她的魅力，在说话或者唱歌中发挥的思考和意志在韵律舞的动作中得到表达。韵律舞这种动作艺术让我们看见有别于传统舞蹈的另一种表现形式。

0989

中图法分类：（索书号）J732.9/24
题　　　名：中老年人迪斯科（影印本）
书　　　号：ISBN 7-5357-0505-7
责　任　者：许鸿英、罗巩北、顾自力编
出　版　者：湖南科学技术出版社
出版时间：1988
出　版　地：长沙
页　　　数：61 页
尺　　　寸：26cm
价　　　格：2.00
馆藏地址：北京舞蹈学院图书馆

内容提要：本书共分为四大部分：第一部分"初学者入门"，介绍了迪斯科常识与要领；第二部分"基本动律训练"，介绍如何练习及练些什么内容；第三部分"迪斯科舞步"介绍了十多种跳迪斯科的常用舞步；第四部分"舞蹈组合"，介绍如何把基本动作和舞步组合在一起，组成完美的迪斯科舞。

0990

0991

中图法分类：（索书号）J732.9/32
题　　　名：中老年运动迪斯科
书　　　号：ISBN 7-81011-065-9
责　任　者：王蕴撰文；徐宝风等编舞
出　版　者：中国人民公安大学出版社
出 版 时 间：1988
出　版　地：北京
页　　　数：32 页
尺　　　寸：19cm
价　　　格：0.45
馆 藏 地 址：北京舞蹈学院图书馆
内 容 提 要：本书包括二大部分：第一部分为
7 节准备活动，从上到下，活动头、颈、肩、
胸、腰、肘、手指、手腕及下肢各关节做完准
备活动。第二部分是动用迪斯科舞的基本动律
和步法将进行了艺术的再创造。通过 11 项运
动加强人体的协调性和控制能力。

0992

中图法分类：（索书号）J709/3
题　　　名：芭蕾的来龙去脉—根据法国塞尔
　　　　　　日·李法《芭蕾史》一书节译
　　　　　　（影印本）
书　　　号：ISBN 7-103-00281-9
责　任　者：汪纯子等编译
出　版　者：人民音乐出版社
出 版 时 间：1989.1
出　版　地：北京
页　　　数：86 页
尺　　　寸：19cm
价　　　格：2.10
馆 藏 地 址：北京舞蹈学院图书馆
内 容 提 要：本书主要讲述了芭蕾产生之前
——古代舞蹈的芭蕾因素、芭蕾的诞生、古典
派芭蕾日益成形、诺维尔的改革——情节芭蕾
的奠基人、浪漫主义芭蕾的产生、俄罗斯芭蕾
的崛起、芭蕾发展史上的新篇章——佳吉列夫俄罗斯芭蕾舞团等内容。

中图法分类：（索书号）J719.3/2/：4
题　　　名：北京舞蹈学院中国舞海外分级考
　　　　　　试课：第四级
责　任　者：孙光言主编
出　版　者：北京舞蹈学院
出版时间：1989.1
出　版　地：北京
页　　　数：52页
尺　　　寸：30cm
价　　　格：
馆藏地址：北京舞蹈学院图书馆
内容提要：本书中介绍下列舞蹈："叮铃铃"
（二拍舞步）、"孔雀开屏"（三拍舞步）、"山
谷静悄悄"（四拍舞步）、"拾豆豆"（基本韵
律）、"摘草莓"（手臂练习）、"生长在祖国的
怀抱中"（小腿、小撩）、"让我们荡起双桨"
（压腿、搬腿）。

中图法分类：（索书号）J719.3/2/：5
题　　　名：北京舞蹈学院中国舞海外分级考
　　　　　　试课：第五级
责　任　者：孙光言主编
出　版　者：北京舞蹈学院
出版时间：1989.1
出　版　地：北京
页　　　数：43页
尺　　　寸：30cm
价　　　格：
馆藏地址：北京舞蹈学院图书馆
内容提要：本书介绍以下舞蹈："在希望的
田野上"（女园场）、"小花"（女提沉冲靠）、
"清江河"（男提沉冲靠）、"半屏山"（含仰横
拧）、"雨花石"（弯腰）、"小小行列"（环
动）、"运河之歌"（压腿）等。

0995

中图法分类：（索书号）J719.3/2/：1-2
题　　　名：北京舞蹈学院中国舞海外分级考
　　　　　　试课：儿童课程 第一至二级，教
　　　　　　学大纲
责　任　者：孙光言主编
出　版　者：北京舞蹈学院
出版时间：1989.1
出　版　地：北京
页　　　数：1册
尺　　　寸：28cm
价　　　格：19.80
馆藏地址：北京舞蹈学院图书馆
内容提要：本教材专供七至十三岁小学生业
余时间舞蹈训练使用。共分一级（七至九岁），
二级（八至十岁），三级（九至十一岁），四
级（十至十二岁）教材。内容包括，中国古典
舞（基训、身韵）；中国民间舞（汉族、藏族、
蒙古族、维吾尔族）；垫上技术（滚、翻）以及舞蹈节奏感的训练四个部分。本书为第
一至第二级。本教材是北京舞蹈学院中国舞蹈体系的一部分。儿童课程第四级的水准接
近舞蹈学院附中一年级。课程内容包括：中国古典舞基训和身韵，中国民族、民间舞
（汉、藏、蒙、维、鲜、傣族），垫上滚翻技术，以及音乐节奏训练、此外，每级课程附
有与年龄及舞蹈水准相适应的供表演的中国舞小节目两个。教材的特点是：集舞蹈的训
练性、娱乐性和中国舞蹈的知识性为一体，教材力求符合儿童及青少年心理和生理特
点，注意他们的情趣和训练的科学性、系统性、全面性及舞蹈的特色并有利于促进他们
的身心健康发展。

0996

中图法分类：（索书号）J719.3/2/：3-4
题　　　名：北京舞蹈学院中国舞海外分级考
　　　　　　试课：儿童课程 第三至四级，教
　　　　　　学大纲
责　任　者：孙光言主编
出　版　者：北京舞蹈学院
出版时间：1989.1
出　版　地：北京
页　　　数：41页
尺　　　寸：26cm
价　　　格：19.80
馆藏地址：北京舞蹈学院图书馆
内容提要：本教材专供七至十三岁小学生业
余时间舞蹈训练使用。共分一级（七至九岁），
二级（八至十岁），三级（九至十一岁），四
级（十至十二岁）教材。内容包括，中国古典
舞（基训、身韵）；中国民间舞（汉族、藏族、
蒙古族、维吾尔族）；垫上技术（滚、翻）以及舞蹈节奏感的训练四个部分。本书为第
三至第四级。

中图法分类：（索书号）J722.3/8
题　　　名：低幼儿童唱游课指导
书　　　号：ISBN 7-5353-0504-0
责　任　者：许正编
出　版　者：湖北少年儿童出版社
出版时间：1989.1
出　版　地：武汉
页　　　数：110 页
尺　　　寸：26cm
价　　　格：1.80
馆藏地址：北京舞蹈学院图书馆
内容提要：本书介绍了作者教学实践中编导的 6 个模声游戏、7 个课堂常规游戏、19 个音乐游戏、10 个节奏游戏、10 个歌表演、22 个儿童歌舞、5 个小歌舞剧的音乐、动作说明、舞蹈和游戏方法、排练说明等。

0997

中图法分类：（索书号）J732.9/10
题　　　名：霹雳：霹雳舞大全
书　　　号：ISBN 7-80049-191-9
责　任　者：[美] 马洛等著
出　版　者：国际文化出版公司
出版时间：1989.1
出　版　地：北京
页　　　数：80 页
尺　　　寸：26cm
价　　　格：3.65
馆藏地址：北京舞蹈学院图书馆
内容提要：本书主要包括四大部分：分别是：霹雳舞介绍、如何跳"电布吉"、如何跳"上摇滚"、如何跳"布瑞克"。

0998

中国舞蹈图书总书目

0999

中图法分类：（索书号）J732.9/21
题　　　名：霹雳舞与迪斯科（影印本）
书　　　号：ISBN 7-5329-0232-3
责　任　者：金汤、石门编著
出　版　者：山东文艺出版社
出版时间：1989.1
出　版　地：济南
页　　　数：94 页
尺　　　寸：26cm
价　　　格：2.25
馆藏地址：北京舞蹈学院图书馆
内容提要：本书主要包括四个部分，第一部分介绍了霹雳舞基本动作，第二部分主要介绍了迪斯科舞蹈动律基本动律及动作做了详细说明。第三部分主要介绍了迪斯科的舞蹈动作；第四部分主要介绍了八人迪斯科群舞的音乐、动作说明、舞蹈场记等内容。

1000

中图法分类：（索书号）J705/10
题　　　名：舞蹈欣赏
书　　　号：ISBN 7-103-00282-7
责　任　者：雪天、心天编著
出　版　者：人民音乐出版社
出版时间：1989.1
出　版　地：北京
丛　　　书：舞蹈知识丛书
页　　　数：63 页
尺　　　寸：20cm
价　　　格：4.40
馆藏地址：北京舞蹈学院图书馆
内容提要：本书介绍了舞蹈的特征、舞蹈的风格和流派。从舞蹈艺术的角度分析了其深刻的内涵。

中图法分类：（索书号）J732.9/28
题　　　名：霹雳舞（影印本）
书　　　号：ISBN 7-5349-0268-1
责　任　者：布拉德利·埃尔福曼著；徐雨
　　　　　　苍译
出　版　者：河南科学技术出版社
出版时间：1989.3
出　版　地：郑州
页　　　数：116 页
尺　　　寸：20cm
价　　　格：1.90
馆藏地址：北京舞蹈学院图书馆
内容提要：本书以通俗浅显的语言，以什么
是霹雳舞、霹雳舞的发展、霹雳舞音乐、舞蹈
者绰号，以及言谈服饰等五个方面全面系统地
介绍了霹雳舞的这一现代流行舞蹈的特点，以
相当篇幅描述了 21 种霹雳舞动作的名称及其
舞步，介绍了每种动作的同时附有动作图谱。

1001

中图法分类：（索书号）J709.27/14
题　　　名：我的爱：中外艺术家的特写
书　　　号：ISBN 7-5039-0301-1
责　任　者：资华筠
出　版　者：文化艺术出版社
出版时间：1989.3
出　版　地：北京
页　　　数：256 页
尺　　　寸：19cm
价　　　格：3.60
馆藏地址：北京舞蹈学院图书馆
内容提要：这是一本舞蹈家写的书。汇集了
资华筠近年来在繁忙的舞台生活之余，写作发
表的 28 篇中外艺术家特写。

1002

1003

中图法分类：（索书号）J732.9/22
题　　　　名：现代流行舞新花样（影印本）
书　　　　号：ISBN 7-217-00584-1
责　任　者：张小陪、小彦编著
出　版　者：湖南人民出版社
出　版　时间：1989.4
出　版　地：长沙
页　　　　数：81 页
尺　　　　寸：26cm
价　　　　格：2.25
馆藏地址：北京舞蹈学院图书馆
内容提要：本书主要对现代流行舞中的舞厅舞、霹雳舞和迪斯科舞基本动作和舞步进行了详细的描述。并配有准确的舞蹈动作照片和示意图。

1004

中图法分类：（索书号）J722.9/1
题　　　　名：新潮舞
责　任　者：王素华著
出　版　者：陕西科学技术出版社
出　版　时间：1989.4
出　版　地：西安
页　　　　数：118 页
尺　　　　寸：26cm
价　　　　格：2.95
馆藏地址：北京舞蹈学院图书馆
内容提要：本书用十四首原声磁带伴舞，例证分析和编排了最流行的新潮舞。书中舞蹈动作的解析采用最新人体作动速画法。书中对舞蹈的要求、服装建议、音乐、场记、单线条体做了详细的说明。

中图法分类：（索书号）J7-61/6
题　　　名：中国大百科全书，音乐、舞蹈
书　　　号：ISBN 7-5000-5997-3
责　任　者：姜椿芳总编辑
出　版　者：中国大百科全书总编辑委员会
出版时间：1989.4
出　版　地：北京．上海
页　　　数：16，27，1040 页
尺　　　寸：26cm
价　　　格：160.54
馆藏地址：北京舞蹈学院图书馆
内容提要：《中国大百科全书》的内容包括
哲学、社会科学、文学艺术、文化教育、自然
科学、工程技术等各个学科和领域。全书总卷
数为 74 卷，每卷约 120～150 万字。全书各学
科的内容按各该学科的体系、层次，以条目的
形式编写，收条目 10 万个左右。本册为音乐舞
蹈卷。

1005

中图法分类：（索书号）J709.712/1
题　　　名：美国的舞蹈
书　　　号：ISBN 7-108-00293-0
责　任　者：［美］特里（Terry，W. M.）著；
　　　　　　田景遥译
出　版　者：三联书店
出版时间：1989.5
出　版　地：北京
页　　　数：242 页
尺　　　寸：19cm
价　　　格：5.60
馆藏地址：北京舞蹈学院图书馆
内容提要：本书上卷讲述美国舞蹈概况，从
古代舞蹈到十九世纪的美国舞蹈历史。中卷讲
述美国舞蹈的改革。介绍了邓肯等九位舞蹈家
的贡献；下卷讲述美国舞蹈的现状，介绍了现
代舞、黑人舞蹈、地区芭蕾舞等。

1006

1007

中图法分类：（索书号）J719.3/12/：1
题　　　名：职业高中幼师专业教材：舞蹈.
　　　　　　上（影印本）
书　　　号：ISBN 7-5311-0349-4
责 任 者：王淑兰、应希成等著
出 版 者：内蒙古教育出版社
出版时间：1989.5
出 版 地：呼和浩特
页　　　数：207 页
尺　　　寸：20cm
价　　　格：2.55
馆藏地址：北京舞蹈学院图书馆
内容提要：本书分为上下册，上册包含四
章，内容包括幼儿教师学习舞蹈的意义和任
务，舞蹈基础知识，舞蹈基本训练，幼儿舞蹈
常用的基本步法、基本舞姿练习、步法组合、
律动、集体舞、歌舞表演。下册包含五章，内
容包括民族民间舞蹈，儿童歌舞的分类和创编，幼儿舞蹈教学实习等。

1008

中图法分类：（索书号）J719.3/12/：2
题　　　名：职业高中幼师专业教材：舞蹈.
　　　　　　下（影印本）
书　　　号：ISBN 7-5311-0349-4
责 任 者：王淑兰等著
出 版 者：内蒙古教育出版社
出版时间：1989.5
出 版 地：呼和浩特
页　　　数：207 页
尺　　　寸：18cm
价　　　格：2.55
馆藏地址：北京舞蹈学院图书馆
内容提要：本书分为上下册，上册包含四
章，内容包括幼儿教师学习舞蹈的意义和任
务，舞蹈基础知识，舞蹈基本训练，幼儿舞蹈
常用的基本步法、基本舞姿练习、步法组合、
律动、集体舞、歌舞表演。下册包含五章，内
容包括民族民间舞蹈，儿童歌舞的分类和创编，幼儿舞蹈教学实习等。

中图法分类：（索书号）J732.9/16
题　　　名：中老年迪斯科集锦
书　　　号：ISBN 7-220-00484-2
责　任　者：郑肇建、吕铁力编
出　版　者：四川人民出版社
出版时间：1989.5
出　版　地：成都
页　　　数：134 页
尺　　　寸：19cm
价　　　格：2.80
馆藏地址：北京舞蹈学院图书馆
内容提要：本书主要汇集了目前全国各地有代表性、较有影响的 5 套健身操。分别是：戚玉芳健身操、陆鸿斌老年健身操、李丽鸣健身迪斯科、王丽洁健身操、夏丽艳韵律舞。

1009

中图法分类：（索书号）J732.8/76
题　　　名：国际标准舞：摩登舞基本教材
　　　　　　（影印本）
责　任　者：王子文编
出　版　者：综合出版社
出版时间：1989.6
出　版　地：台南市
页　　　数：169 页
尺　　　寸：32cm
价　　　格：70.00 TWD280.00
馆藏地址：北京舞蹈学院图书馆
内容提要：本书是国际标准舞的权威书籍。不仅对初学摩登舞的新手大有帮助，对技术精进、期望达到职业参赛水准的舞者和通过考试获得教师资格的学生也均是必读的教科书。

1010

1011

中图法分类：（索书号）J709.2/59ZD
题　　　名：说舞
责　任　者：林怀民
出　版　者：远流出版事业股份有限公司
出版时间：1989.6 新一版
出　版　地：台北市
页　　　数：219 页
尺　　　寸：20cm
价　　　格：32.50 TWD130.00
馆藏地址：北京舞蹈学院图书馆
内容提要：该书收入作者在几年中关于《云门舞集》的几篇专述和为此书而写的专论，记述云门舞蹈团的成长过程，报道几位西方现代舞大师的艺术道路和成就，发表对西方现代舞作品的亲自观感，探索中国现代舞成长过程中涉及的艺术观问题．该书广泛述说了作者的舞蹈艺术观点和奋斗经历，有作者自传的性质，

书中有现代舞演出剧照、人物像 17 张、书后有两篇关于作者的评传，及云门舞蹈作品创作年表。

1012

中图法分类：（索书号）J722.3/7
题　　　名：献给祖国好妈妈：幼儿歌舞专辑
书　　　号：ISBN 7-110-01194-1
责　任　者：薛春霞、李桂娥主编
出　版　者：科学普及出版社
出版时间：1989.6
出　版　地：北京
丛　　　书：幼儿歌舞专辑
页　　　数：126 页
尺　　　寸：19cm
价　　　格：1.70
馆藏地址：北京舞蹈学院图书馆
内容提要：本书选编了 5 个幼儿歌舞节目。通过舞蹈表达了少年儿童对祖国的热爱。

中图法分类：（索书号）J70-05/14
题　　　名：舞蹈教学心理
书　　　号：ISBN 7-80075-004-3
责　任　者：赵国纬著
出　版　社：中国舞蹈出版社
出 版 时 间：1989.7
出　版　地：北京
页　　　数：217 页
尺　　　寸：19cm
价　　　格：3.50
馆 藏 地 址：北京舞蹈学院图书馆
内 容 提 要：本书阐明舞蹈技能训练应遵循的
心理学原则、年龄特征、个性差异和因材施
教、教师心理等一般规律的重要问题。

1013

中图法分类：（索书号）J732.8/66
题　　　名：现代交际舞大全
书　　　号：ISBN 7-5359-0455-6
责　任　者：丽晖编著
出　版　者：广东科技出版社
出 版 时 间：1989.7
出　版　地：广州
页　　　数：491 页
尺　　　寸：20cm
价　　　格：20.00
馆 藏 地 址：北京舞蹈学院图书馆
内 容 提 要：本书搜集了风行世界各地的交际
舞，除了有当今社交舞坛盛行的十项舞，如：
狐步、华尔兹、快步舞、探戈、伦巴、喳喳喳
等之外，还介绍了没列入标准舞行列之内的老
式交际舞。如勃罗斯、曼波、琳黛、普尔卡等
一些曾经风行一时的流行舞，以及在大型舞会
中常常出现的如派对游戏之类的队列舞等。

1014

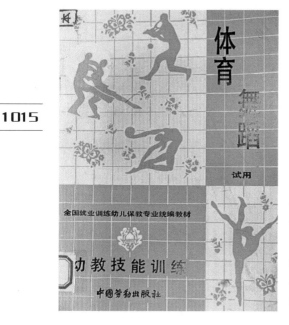

1015

中图法分类：（索书号）J712.23/8

题　　　名：幼教技能训练：体育舞蹈（试用）

书　　　号：ISBN 7-5045-0381-9

责　任　者：劳动培训司组织编写

出　版　者：中国劳动出版社

出版时间：1989.8

出　版　地：北京

页　　　数：89 页

尺　　　寸：26cm

价　　　格：4.50

馆藏地址：北京舞蹈学院图书馆

内容提要：本书内容包括体育的基本动作训练，基本体操的教学与训练，体育游戏的组织和训练，舞蹈的基础知识和基本训练，幼儿舞蹈练习，舞蹈的基本常识等。

1016

中图法分类：（索书号）J71/2

题　　　名：中国舞蹈技巧

书　　　号：ISBN 7-301-00863-5

责　任　者：林长瑛编

出　版　者：北京大学出版社

出版时间：1989.10

出　版　地：北京

页　　　数：298 页

尺　　　寸：20cm

价　　　格：5.95

馆藏地址：北京舞蹈学院图书馆

内容提要：本书不仅从理论上系统地阐述了舞蹈技巧的发展过程及其科学的训练方法，还从运动生理学、运动力学、运动中的吸气、运动中的美学角度对舞蹈技巧动作进行了详细的技术分析。

中图法分类：（索书号）J722.21/26
题　　　名：奉贤县民间舞蹈集成（影印本）
书　　　号：ISBN 7-80515-476-7
责 任 者：马贵民主编
出 版 者：上海社会科学院出版社
出 版 时 间：1989.9
出 版 地：上海
页　　　数：133 页
尺　　　寸：19cm
价　　　格：3.00
馆 藏 地 址：北京舞蹈学院图书馆
内 容 提 要：本书介绍了奉贤县民间舞蹈的舞蹈品种、风格特点、演变发展及各舞种和老艺人的分布情况，叙述了灯会舞类、庙会舞类、祭祀舞类的特点，并记录了"奉贤滚灯"、"蚌灯"、"跳马灯"、"马桶灯"、"夜巡班"、"榔头夹棍"的概述、造型、服饰、道具、动作说明、常用队形、场记和艺人等。

1017

中图法分类：J70/15/：2
题　　　名：舞论续集
书　　　号：ISBN 7-80075-003-5
责 任 者：吴晓邦著
出 版 者：中国舞蹈出版社
出 版 时 间：1989.9
出 版 地：北京
页　　　数：236 页
尺　　　寸：20cm
价　　　格：4.00
馆 藏 地 址：北京舞蹈学院图书馆
内 容 提 要：这是吴晓邦先生出版的第六本舞蹈专著，收集了作者舞蹈理论文章 30 余篇，其中包括理论、理论创造及随笔。

1018

1019

中图法分类：（索书号）J705/35
题　　　名：舞蹈（影印本）
书　　　号：ISBN 7-81018-328-1
责　任　者：宋允清、许静辉主编
出　版　者：河南大学出版社
出版时间：1989.10
出　版　地：郑州
页　　　数：320 页
尺　　　寸：19cm
价　　　格：3.00
馆藏地址：北京舞蹈学院图书馆
内容提要：本书论述了我国常见的舞蹈和普及舞蹈的创编，教学法，动作技术和舞蹈的记录等。较为系统地介绍了专业舞蹈所要知道的通识性问题。

1020

中图法分类：（索书号）J709.2/22：1
题　　　名：中国舞蹈发展史：上（影印本）
书　　　号：ISBN 7-5436-0860-X
责　任　者：王克芬著
出　版　者：上海人民出版社
出版时间：1989.10
出　版　地：上海
页　　　数：169 页
尺　　　寸：20cm
价　　　格：10.75
馆藏地址：北京舞蹈学院图书馆
内容提要：本书主要内容包括：原始舞蹈产生与发展的轨迹，奴隶制时代舞蹈的发展，两周时期舞蹈的发展和变革，舞蹈艺术取得重大发展的汉代，各族乐舞纷呈交流——三国、两晋、南北朝时期舞蹈的发展等。

中图法分类：（索书号）J709.2/22：2
题　　　名：中国舞蹈发展史：下（影印本）
书　　　号：ISBN 7-5436-0860-X
责 任 者：王克芬著
出 版 者：上海人民出版社
出 版 时 间：1989.10
出 版 地：上海
页　　　数：169 页
尺　　　寸：20cm
价　　　格：10.75
馆 藏 地 址：北京舞蹈学院图书馆
内 容 提 要：本书主要内容包括：原始舞蹈产
生与发展的轨迹，奴隶制时代舞蹈的发展，两
周时期舞蹈的发展和变革，舞蹈艺术取得重大
发展的汉代，各族乐舞纷呈交流——三国、两
晋、南北朝时期舞蹈的发展等。

1021

中图法分类：（索书号）J732.9/11
题　　　名：迪斯科舞与健美操（影印本）
书　　　号：ISBN 7-5636-0055-8
责 任 者：王丽先编著
出 版 者：石油大学出版社
出 版 时 间：1989.11
出 版 地：山东省东营市
页　　　数：109 页
尺　　　寸：19cm
价　　　格：1.95
馆 藏 地 址：北京舞蹈学院图书馆
内 容 提 要：本书内容包括：迪斯科舞的基本
知识；迪斯科舞的基本动作；青年迪斯科健美
操；迪斯科双人舞，集体舞；中年迪斯科健美
操；老年迪斯科健美操。

1022

1023

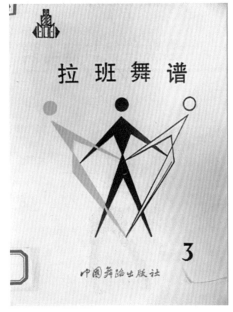

中图法分类：（索书号）J731/1：2
题　　　名：拉班舞谱．2
责　任　者：彭松、冯碧华编著
出　版　者：中国舞蹈家协会，拉班舞谱中国
　　　　　　研究中心筹备组
出版时间：1989.11
出　版　地：北京
页　　　数：158 页
尺　　　寸：26cm
价　　　格：10.00
馆藏地址：北京舞蹈学院图书馆
内容提要：本书用世界上最流行的拉班舞
谱，准确地记录了我国各民族不同风格，韵律
的民族民间舞蹈。

1024

中图法分类：（索书号）J731/1：3
题　　　名：拉班舞谱．3
书　　　号：ISBN 7-80075-005-1
责　任　者：彭松编著
出　版　者：中国舞蹈出版社
出版时间：1989.11
出　版　地：北京
页　　　数：158 页
尺　　　寸：26cm
价　　　格：4.80
馆藏地址：北京舞蹈学院图书馆
内容提要：本书用世界上最流行的拉班舞
谱，记述了我国七个历史朝代的九个舞谱。

中图法分类：（索书号）J722.21/31
题　　　名：上海民间舞蹈
书　　　号：ISBN 7-5074-0215-0
责　任　者：《中国民族民间舞集成·上海卷》
　　　　　　编辑部主编
出　版　者：中国城市经济社会出版社
出版时间：1989.11
出　版　地：北京
页　　　数：278页
尺　　　寸：19cm
价　　　格：5.00
馆藏地址：北京舞蹈学院图书馆
内容提要：本书介绍了上海民族民间舞蹈的
概况和各县民族民间舞蹈分布情况，并用图文
并茂、音舞结合的方式记录了上海各地区民间
舞蹈的技术说明，重点介绍了当地代表性舞蹈
节目的舞曲、基本动作、场记说明、服饰和道
具等，并配有乐谱和插图。

中图法分类：（索书号）J722.3/84
题　　　名：彩色的河流（影印本）
书　　　号：ISBN 7-5307-0524-5
责　任　者：佟承杰、范德金著
出　版　者：新蕾出版社
出版时间：1989.12
出　版　地：上海
丛　　　书：智慧小天使丛书
页　　　数：139页
尺　　　寸：19cm
价　　　格：1.80
馆藏地址：北京舞蹈学院图书馆
内容提要：本书介绍了儿童舞蹈及舞蹈的知
识，收集了五个儿童舞蹈，其中包括有国内外
享有盛誉的《彩兔迎春》、《捉蛐蛐》、《踩浪
花》《欢乐的小鹿》《在队旗下前进》等优秀
作品。

1027

中图法分类：（索书号）J709.712/7
题　　　名：邓肯与叶赛宁（影印本）
书　　　号：ISBN 7-80553-025-4
责　任　者：[美] 麦克维著；刘梦鸳译
出　版　者：上海音乐出版社
出版时间：1989.12
出　版　地：上海
页　　　数：338 页
尺　　　寸：20cm
价　　　格：6.00
馆藏地址：北京舞蹈学院图书馆
内容提要：本书探讨了伊莎多拉·邓肯和叶赛宁的充满传奇色彩的生活，介绍了他们纠缠不清的关系的一些方面和他们彼此在对方生活中所起的作用等。

1028

中图法分类：J70/34
题　　　名：生命之舞
书　　　号：ISBN 7-108-00308-2
责　任　者：[英] 蔼理斯著；徐钟珏，蒋明译
出　版　者：北京生活·读书·新知三联书店出版社
出版时间：1989.12
出　版　地：北京
页　　　数：306 页
尺　　　寸：19cm
价　　　格：6.00
馆藏地址：北京舞蹈学院图书馆
内容提要：本书主要讨论了舞蹈的艺术、思想的艺术、写作的艺术、宗教的艺术、道德的艺术等。此书探讨了艺术的本源是什么。作者说："因为舞蹈是最高贵、最动人、最美丽的艺术，因为它不仅是生命的转变或抽象的结果；它是生命的本身。"

中图法分类：（索书号）J732.9/12

题　　　名：外国大、中、小学生健美舞蹈

书　　　号：ISBN 7-80553-084-X

责　任　者：恒思朱编著

出　版　者：上海音乐出版社

出版时间：1989.12

出　版　地：上海

页　　　数：128 页

尺　　　寸：20cm

价　　　格：4.00

馆藏地址：北京舞蹈学院图书馆

内容提要：本书由三大部分组成：大学生健康舞、中学生健美舞、小学生健美舞。另附有一套成年女子体形健美操。

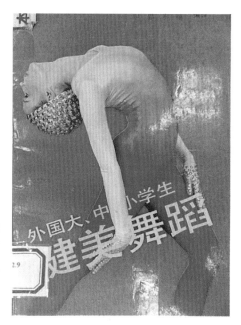

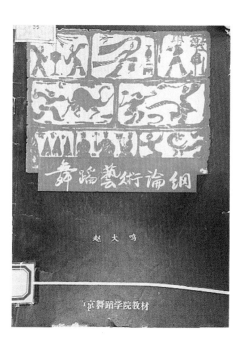

中图法分类：J70/35

题　　　名：舞蹈艺术论纲：北京舞蹈学院教材（内部教材）

责　任　者：赵大鸣著

出　版　者：北京舞蹈学院

出版时间：1989.12

出　版　地：北京

页　　　数：86 页

尺　　　寸：26cm

价　　　格：6.00

馆藏地址：北京舞蹈学院图书馆

内容提要：本书主要讨论了舞蹈艺术的基本规律特征的问题。包括舞蹈的起源与舞蹈艺术、舞蹈艺术的基本特征、舞蹈创作的基本原理、舞蹈的分类、舞蹈理论与舞蹈批评、中国古典舞等。

1029

1030

1031

中图法分类：J70/33
题　　名：舞魂
书　　号：ISBN 7-80505-232-8
责 任 者：黄济世等著
出 版 者：花山文艺出版社
出版时间：1989.12
出 版 地：广州
页　　数：237 页
尺　　寸：18cm
价　　格：4.00
馆藏地址：北京舞蹈学院图书馆
内容提要：本书共收入 33 篇舞蹈文章，以
民间舞蹈的实践为理论基础，从美学的角度介
绍了舞蹈的艺术内涵，并对如何保存和发展民
间舞蹈做了探索和思考。

1032

中图法分类：（索书号）J722.2（22）/1
题　　名：中国民族民间舞蹈集成，河北卷
书　　号：ISBN 7-80075-007-8
责 任 者：《中国民族民间舞蹈集成》编辑
　　　　　部编
出 版 者：中国舞蹈出版社
出版时间：1989.12
出 版 地：北京
页　　数：1163 页
尺　　寸：26cm
价　　格：58.00（特精装：68.00）
馆藏地址：北京舞蹈学院图书馆
内容提要：本书介绍了河北省民族民间舞蹈
的概况和河北省各县民族民间舞蹈分布情况，
并用图文并茂、音舞结合的方式记录了河北省
各地区民间舞蹈的技术说明，包括当地代表性
舞蹈节目的舞曲、基本动作、场记说明、服饰
和道具等，并配有乐谱和插图。

中图法分类：（索书号）J709
　　　　　　（中国科学院图书馆图书 J730.9：
　　　　　　48.804）
题　　　名：世界舞蹈剪影
书　　　号：ISBN 7-115-03877-5
责　任　者：欧建平编著
出　版　者：人民邮电出版社
出 版 时 间：1989.5
出　版　地：北京
丛　　　书：青年人看世界丛书
页　　　数：158 页
尺　　　寸：21cm
价　　　格：1.65
馆 藏 地 址：中国科学院图书馆
内 容 提 要：本书介绍了舞蹈的起源及与物质
生产、精神文明间的关系，并详细介绍了当今
世界上主要舞种的特点，以及一些舞团、舞蹈
名作及舞坛轶事并展望了今后舞蹈的发展趋势。

中图法分类：（索书号）J732.9/2228
题　　　名：迪斯科健身舞
书　　　号：ISBN 7-5375-0190-4
责　任　者：傅德全
出　版　者：河北科学技术出版社
出 版 时 间：1989
出　版　地：石家庄
丛　　　书：大学公共体育与健康系列教材
页　　　数：174 页
尺　　　寸：19cm
价　　　格：2.00
馆 藏 地 址：上海图书馆
主 题 标 目：交际舞—高等学校
内 容 提 要：本书介绍了迪斯科舞的一些基本
动作，并为不同年龄、不同体质的中老年人和
青年人编创了一些舞步组合。

1035

中图法分类：（索书号）J732.8/75
题　　　名：国际社交舞（影印本）
责　任　者：萧渊友、王慧真合编
出　版　者：综合出版社
出　版　时　间：1989
出　版　地：台南市
页　　　数：230页：部分彩图
尺　　　寸：19cm
价　　　格：55.00　TWD220.00.
馆藏地址：北京舞蹈学院图书馆
内容提要：本书主要收集了现代舞蹈编和拉丁舞蹈编。将其舞蹈的初步的步法和舞蹈步伐的动作中使用照片与脚型，精心编排成谁都能容易理解，能够练习的入门书。

1036

中图法分类：（索书号）J732.8/69
题　　　名：华尔兹之技巧
书　　　号：ISBN 957-532-149-9
责　任　者：杨昌雄编译
出　版　者：众文图书股份有限公司
出　版　时　间：1989
出　版　地：台北市
页　　　数：149页
尺　　　寸：20cm
价　　　格：
馆藏地址：北京舞蹈学院图书馆
内容提要：本书介绍了华尔兹舞蹈的跳法，本舞是舞厅舞中最早的、也是生命力非常强的自娱舞形式，亦称圆舞。"华尔兹"一词最初来自古德文Walzer，意思是"滚动"、"旋转"或"滑动"。华尔兹根据速度分化为快慢两种之后，人们把快华尔兹称为维也纳华尔兹，而不冠以"维也纳"三字的即慢华尔兹，它是由维也纳华尔兹演变而来的。作为三步舞的华尔兹，其基本步法为一拍跳一步，每小节三拍跳三步，但也有一小节跳两步或四步的特定舞步。作者在这里着重介绍了跳好"华尔兹"舞的技巧。

中图法分类：（索书号）J722.221.2/3
题　　　名：蒙古族青少年舞蹈（影印本）
书　　　号：ISBN 7-5311-0395-8
责　任　者：高守贤编
出　版　者：内蒙古教育出版社
出版时间：1989.4
出　版　地：呼和浩特
页　　　数：188页
尺　　　寸：19cm
价　　　格：1.55
馆藏地址：北京舞蹈学院图书馆
内容提要：本书叙述了舞蹈基本知识，舞蹈基础训练姿势和要求，蒙古族青少年舞蹈的特点和示例，青少年集体舞类型和示例，安代、秧歌与迪斯科舞简介和跳法，舞蹈记录与识图的方法和要素等。

1037

中图法分类：（索书号）J732.9/20
题　　　名：霹雳舞图解（影印本）
书　　　号：ISBN 7-5303-0125-X
责　任　者：笠井博原著；［日］浩奇编译
出　版　者：北京教育出版社
出版时间：1989.6
出　版　地：北京
页　　　数：84页
尺　　　寸：26cm
价　　　格：2.95
馆藏地址：北京舞蹈学院图书馆
内容提要：霹雳舞的兴起还是20年前的事。1969年，当詹姆斯·波纳温《踏着优美的节奏》出现于舞台时，霹雳正式登场，随即风行全美各地。不过，这种舞时下被称为了"老式霹雳舞"。1969年至1970年间，双人摇摆舞被揉进到霹雳舞中，不仅霹雳中又引进了机器人舞和哑剧舞，至迟在1984年，霹雳舞"跳"出了美国，走向了世界，吸引着越来越多的人。本书以图的形式对跳霹雳舞的预备动作、身体单项训练、基础舞步、技巧舞步、木偶、静态、摇滚等方面的舞姿进行了详细照片式的图解描述。

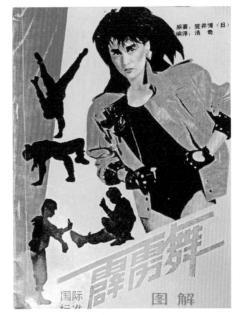

1038

1039

中图法分类：（索书号）J732.9/4
题　　　名：霹雳舞在中国
书　　　号：ISBN 7-80014-310-4
责　任　者：魏超、肖白编
出　版　者：光明日报出版社
出版时间：1989
出　版　地：北京
丛　　　书：社会与人丛书
页　　　数：240 页
尺　　　寸：19cm
价　　　格：2.70
馆藏地址：北京舞蹈学院图书馆
内容提要：本书以宏观和微观相结合的手法展示霹雳舞在大都市引起的震颤以及舞者特有的心态，并译介了霹雳舞的兴起、发展及基本动作、技巧，配有基本动作图示和优美舞姿的彩照。

1040

中图法分类：（索书号）J709.2/22
题　　　名：中国舞蹈发展史（影印本）
书　　　号：ISBN 7-5436-0860-X20
责　任　者：王克芬著
出　版　者：上海人民出版社
出版时间：1989
出　版　地：上海
页　　　数：358 页
尺　　　寸：20cm
价　　　格：10.75
馆藏地址：北京舞蹈学院图书馆
内容提要：本书按原始社会、奴隶时代、两周时期、汉代、三国两晋南北朝时期、唐朝、宋元明清七个阶段，介绍了中国舞蹈发展的历史。

中图法分类：（索书号）J722.2/6865-2
题　　　名：松江民间舞蹈集成，上海市松江
　　　　　　县分卷
责　任　者：张保生，上海市松江县民间文学
　　　　　　艺术集成编辑委员会
出　版　者：松江县民间文学艺术集成编辑委
　　　　　　员会
出版时间：1989.12
出　版　地：上海松江
页　　　数：211页
尺　　　寸：19cm
价　　　格：
馆藏地址：上海图书馆
内容提要：本书是上海郊区松江县的民间舞
蹈集成。江浙民间舞蹈气息浓郁，代表了上海
地方舞蹈的特点。

1041

中图法分类：（索书号）J732.9/3
题　　　名：中老年迪斯科健身舞（影印本）
书　　　号：ISBN 7-213-00376-3
责　任　者：朱湖编著
出　版　者：浙江人民出版社
出版时间：1989
出　版　地：杭州
页　　　数：48页
尺　　　寸：20cm
价　　　格：1.10
馆藏地址：北京舞蹈学院图书馆
内容提要：本书共收有24节，分别是以腰、
肩、头、手臂等部位的舞蹈动作来活动全身，
每节都详解动作及其特点，要求有医疗健身功
能，配有动作图82幅。

1042

1043

中图法分类：（索书号）J722.22/2
题　　　名：从舞蹈王国中走来：云南少数民族舞蹈探奇（影印本）
书　　　号：ISBN 7-5367-0253-1
责　任　者：刘金吾著
出　版　者：云南民族出版社
出版时间：1990.1
出　版　地：昆明
页　　　数：182页
尺　　　寸：19cm
价　　　格：2.50
馆藏地址：北京舞蹈学院图书馆
内容提要：本书内容包括：氐羌舞蹈概论及其彝族舞蹈、白族舞蹈、景颇族舞蹈、哈尼族舞蹈、纳西族舞蹈，氐羌舞蹈的风格特征及其形式与变异，氐羌舞蹈发展概况；百越舞蹈简介及傣族舞蹈、壮族舞蹈，百越舞蹈的风格特征及其形式与变异，百越舞蹈的发展；濮舞蹈简介及佤族舞蹈、苗族芦笙舞、瑶族度戒中的舞蹈；云南少数民族舞蹈的相关研究文章等。

1044

中图法分类：（索书号）J722.9/4
题　　　名：太极健身舞
书　　　号：ISBN 7-5038-0541-2
责　任　者：许大嘉编著
出　版　者：中国林业出版社
出版时间：1990.1
出　版　地：北京
页　　　数：61页
尺　　　寸：19cm
价　　　格：1.30
馆藏地址：北京舞蹈学院图书馆
内容提要：本书共分为二十二节，分中老组、青年组两套。针对身体各部位的体疗，配以喜闻乐见的有着民族特色的广东音乐及民间优秀迪斯科节奏的乐曲对太极健身舞进行了详细的描述。

中图法分类：（索书号）J70-05/4
题　　　名：绿野探踪：岷山羌、藏族舞蹈采
　　　　　　风录
书　　　号：ISBN 7-80553-078-5
责　任　者：蒋亚雄著
出　版　社：上海音乐出版社
出版时间：1990.2
出　版　地：上海
页　　　数：230 页
尺　　　寸：20cm
价　　　格：3.95
馆藏地址：北京舞蹈学院图书馆
内容提要：本书以真情实感记叙岷山羌、藏
族舞蹈文化。作者从民族学、民俗学、史学、
舞蹈学等多种角度叙述了岷山羌、藏族的歌舞
艺术、风土人情和宗教信仰。

1045

中图法分类：（索书号）J732.9/29
题　　　名：霹雳舞入门
书　　　号：ISBN 7-5009-0396-0
责　任　者：武同，武枫编著
出　版　者：人民体育出版社
出版时间：1990.2
出　版　地：北京
页　　　数：134 页
尺　　　寸：19m
价　　　格：2.20
馆藏地址：北京舞蹈学院图书馆
内容提要：本书包括简介、技术、表演与比
赛三章。技术部分介绍热身运动、基本练习、
舞步练习、特技训练、综合舞步等，表演与比
赛部分介绍进行比赛的技术动作和要求。

1046

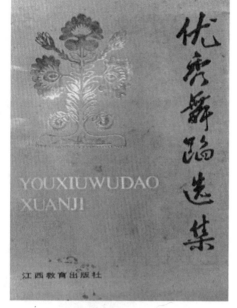

1047

中图法分类：（索书号）J722/1
题　　　名：优秀舞蹈选集（影印本）
书　　　号：ISBN 7-5392-0366-8
责　任　者：刘国治，李则琴主编
出　版　者：江西教育出版社
出版时间：1990.2
出　版　地：南昌
页　　　数：444页
尺　　　寸：20cm
价　　　格：5.40
馆藏地址：北京舞蹈学院图书馆
内容提要：此书是由几个优秀的小歌舞剧组成，其中有歌舞剧；可贵的凝聚力、洗衣歌、花儿与少年、金梭和银梭、乡间小路、观、灯、荷花舞、红绸舞等。表现了在社会主义建设时代的中国民族大家庭的和睦与团结。还有的舞蹈表现了军民鱼水情的动人场面。这是作

者选编了那个时期优秀的歌舞剧。1990年版优秀舞蹈选集，有12个优秀舞蹈，场记图近400幅，舞姿速写图近500幅。

1048

中图法分类：（索书号）J732.8/17：1
题　　　名：当代国际标准交际舞教程．第一集，现代舞（影印本）
书　　　号：ISBN 7-5327-0900-0
责　任　者：杨威、袁水海编著
出　版　者：上海译文出版社
出版时间：1990.3
出　版　地：上海
页　　　数：77页：彩页8
尺　　　寸：26cm
价　　　格：7.50
馆藏地址：北京舞蹈学院图书馆
内容提要：本书系统介绍了当代国际交际舞现代舞的舞姿、舞步、跳法，本书分两集编写，选有国际大赛彩照、舞蹈的服饰、专业词汇中外文对照表。

中图法分类：（索书号）J722.225.7/1
题　　　名：纳西族古代舞蹈和舞谱
书　　　号：ISBN 7-5039-0596-4
责 任 者：杨德鋆等编
出 版 者：文化艺术出版社
出 版 时 间：1990.4
出 版 地：北京
页　　　数：300 页
尺　　　寸：20cm
价　　　格：4.50
馆 藏 地 址：北京舞蹈学院图书馆
内 容 提 要：本书叙述了中国纳西族的古代舞蹈及历史沿革；译注了古代纳西人创作的象形文字（东巴文）舞谱，对舞谱的编制规律、特点、价值，东巴跳神法仪和舞蹈的种类、跳法、风格、音乐、服装、道具以及与乐舞相关的东巴绘画、民间习俗做了介绍。

1049

中图法分类：（索书号）J709.712/4
题　　　名：巴兰钦传
书　　　号：ISBN 7-805-53-19-2-7
责 任 者：[美] 柏纳德·泰 著；蓝凡、魏孟勋 译
出 版 者：上海音乐出版社
出 版 时 间：1990.5
出 版 地：上海
页　　　数：260 页
尺　　　寸：20cm
价　　　格：5.50
馆 藏 地 址：北京舞蹈学院图书馆
内 容 提 要：著名芭蕾舞编导的传记，本书记录了巴兰钦一生的生活和舞蹈经历，包括学舞过程、舞蹈生涯、舞蹈作品和编舞思想等。

1050

1051

中图法分类：（索书号）J791.3/1
题　　　名：舞过群山（第二版）
书　　　号：ISBN 962-422-015-5
责　任　者：曹成渊著
出　版　者：集英馆
出版时间：1990.6
出版地：香港
页　　　数：169 页
尺　　　寸：18cm
价　　　格：30.00 HK28.00
馆藏地址：北京舞蹈学院图书馆
内容提要："我是舞者，如今用文字去把舞蹈世界中的峰岭岗崖指指点点，却免不了有不如一舞的冲动。"这是作者写这本书的初衷。曹诚渊先生创办的"城市当代舞蹈团"成立于1979 年、"广东现代舞团"成立于1992 年他虽然人在香港却身系祖国大陆。他对国内现代舞的发展有着不可磨灭的贡献。他为探索舞蹈艺术做出了杰出的成就。

1052

中图法分类：（索书号）J732.8/33
题　　　名：现代家政百科：舞艺（影印本）
书　　　号：ISBN 7-80037-303-7
责　任　者：黄建伟主编
出　版　者：中国和平出版社
出版时间：1990.6
出版地：北京
页　　　数：140 页
尺　　　寸：19cm
价　　　格：2.50
馆藏地址：北京舞蹈学院图书馆
内容提要：本书叙述了跳友谊舞舞会礼仪、跳舞姿势、伴带技巧、动行程向、图解标志的基本知识，并介绍了八种交谊舞的跳法、动作等内容进行详细的描述。

中图法分类：（索书号）J70-02/12
题　　　名：云南地方艺术研究丛书：云南民
　　　　　　族舞蹈论集
书　　　号：ISBN 7-222-00655-9
责　任　者：云南省民族艺术研究所编
出　版　者：云南人民出版社
出版时间：1990.6
出　版　地：昆明
丛　　　书：云南地方艺术研究丛书
页　　　数：312 页
尺　　　寸：20cm
价　　　格：5.25
馆藏地址：北京舞蹈学院图书馆
内容提要：本书是舞蹈文论的选编集，收集
了有关云南民族舞蹈的民族学、宗教学、美
学、艺术史等方面的 25 篇论文。

1053

中图法分类：（索书号）J722.22/4
题　　　名：新疆民族舞蹈
书　　　号：ISBN 7-5351-0498-3
责　任　者：贾晓玲编著
出　版　者：湖北教育出版社
出版时间：1990.7
出　版　地：武汉
页　　　数：84 页
尺　　　寸：19cm
价　　　格：1.50
馆藏地址：北京舞蹈学院图书馆
内容提要：本书系统地、准确地介绍了新疆
民族舞蹈的基本动作，详细介绍了学习新疆民
族民间舞蹈的方法。

1054

1055

中图法分类：（索书号）J712.25/20
题　　　名：古典芭蕾双人舞
书　　　号：ISBN 7-04-002050-5
责　任　者：张旭著
出　版　者：高等教育出版社
出版时间：1990.7
出　版　地：北京
页　　　数：156页
尺　　　寸：20cm
价　　　格：2.70
馆藏地址：北京舞蹈学院图书馆
内容提要：本书由古典芭蕾舞的地面部分、空中部分和双人舞组合示例三部分组成。阐述了基本动作的做法、注意事项和保护方法，并附有八年制和六年制舞蹈学校古典芭蕾双人舞教学大纲、双人舞剧照和芭蕾舞术语。

1056

中图法分类：（索书号）J712.25/21
题　　　名：斯图加特芭蕾舞校的教学（内部教材）
责　任　者：安妮·乌莲丝著
出　版　者：中国舞蹈家协会上海分会
出版时间：1990.7
出　版　地：上海
页　　　数：108页
尺　　　寸：18cm
价　　　格：0.60
馆藏地址：北京舞蹈学院图书馆
内容提要：本书阐述了芭蕾专业的基本概念、芭蕾教学法、芭蕾技巧，提出了对学生的乐感、练功服、发型、舞鞋、芭蕾舞演员的健康等问题的见解。

中图法分类：（索书号）J722.9/152
题　　　名：霹雳·柔姿·交谊舞·模特儿步
书　　　号：ISBN 7-5388-1218-0
责　任　者：石忠伟，周庆翔 编著
出　版　者：黑龙江科学技术出版社
出版时间：1990.8（1998.3 重印）
出　版　地：哈尔滨
页　　　数：236 页：（全黑白插图）
尺　　　寸：26cm
价　　　格：24.0
馆藏地址：浙江图书馆

内容提要：在新兴的通俗舞蹈蓬勃兴起的情况下，两位年轻的作者，精心的搜集了大量的舞蹈素材，以洗练的文字，丰韵的文采，优美的舞姿图片，生动地记录了每种舞蹈的特征，每种舞步的基本规范。它为广大的舞蹈爱好者，提供了宝贵的学习资料，可通过舞步进行的分解，使你学会交谊舞，迪斯科、霹雳舞；特别是模特步的介绍，更丰富了书的内容。

1057

中图法分类：（索书号）J705/24
题　　　名：人体律动的诗篇：舞蹈
书　　　号：ISBN 7-04-002924-3
责　任　者：汪加千等编著
出　版　者：高等教育出版社
出版时间：1990.8
出　版　地：北京
页　　　数：204 页
尺　　　寸：20cm
价　　　格：8.10
馆藏地址：北京舞蹈学院图书馆

内容提要：本书分上、下两篇，上篇介绍了舞蹈的特性、种类及发展史略；下篇介绍了舞蹈美的构成，舞蹈美审美的共同性和差异性，舞蹈美的欣赏及评论等。

1058

1059

中图法分类：（索书号）J732.8/22
题　　　名：国际标准交谊舞
书　　　号：ISBN 7-5404-0593-7
责　任　者：寒夫、朝晖编著
出　版　者：湖南文艺出版社
出版时间：1990.9
出　版　地：长沙
页　　　数：128页
尺　　　寸：26cm
价　　　格：7.00
馆藏地址：北京舞蹈学院图书馆
内容提要：本书介绍了布鲁斯、慢华尔兹、伦巴、狐步舞、快步舞、探戈等6种国际标准舞步的基本动作。

1060

中图法分类：（索书号）J722.9/7
题　　　名：青春的呼唤：中老年健身舞（影印本）
书　　　号：ISBN 7-5601-0612-9
责　任　者：王翠英编
出　版　者：吉林大学出版社
出版时间：1990.9
出　版　地：长春
页　　　数：66页
尺　　　寸：19cm
价　　　格：1.50
馆藏地址：北京舞蹈学院图书馆
内容提要：本书编写了三套中老年健身操的迪斯科，对迪斯科的每个动作要领的理论进行了说明，书中还附有示范动作插图248幅。

中图法分类:(索书号) J712.24/1
题　　　名:中国古典舞基训
书　　　号:ISBN 7-81019-086-5
责 任 者:郜大琨等著
出 版 者:浙江美术学院出版社
出 版 时 间:1990.9
出 版 地:杭州
页　　　数:142 页
尺　　　寸:26cm
价　　　格:10.50
馆 藏 地 址:北京舞蹈学院图书馆
内 容 提 要:本书包括:基本能力与专业素
质、基本技术技巧两部分。并含身体基本形
态、踢腿的训练、躯干的训练及旋转、翻身、
跳跃训练等 9 章。

1061

中图法分类:(索书号) J722.9/13
题　　　名:大众健身舞
书　　　号:ISBN 7-110-01653-6
责 任 者:李金玲等著
出 版 者:科学普及出版社
出 版 时 间:1990.10
出 版 地:北京
页　　　数:47 页
尺　　　寸:26cm
价　　　格:2.50
馆 藏 地 址:北京舞蹈学院图书馆
内 容 提 要:本书主要介绍了迪斯科舞、国际
交谊舞和健身操的基本姿势、动作,还介绍了
国际交谊舞的吉特巴、布鲁斯、华尔兹、探戈
四套舞,均从基本姿势、基本动作、步法讲行
复杂的动作组合。本书附了 300 多幅照片。并
介绍了一些伴舞的各种拍节的乐曲名称。

1062

1063

中图法分类：（索书号）J70-02/538
题　　　名：首届全国社会舞蹈学理论研讨会
　　　　　　专辑：社会舞蹈论文集
书　　　号：ISBN 7-5339-0309-6
责　任　者：中国社会舞蹈研究会编
出　版　者：浙江文艺出版社
出版时间：1990.10
出　版　地：杭州
页　　　数：322页
尺　　　寸：20cm
价　　　格：4.80
馆藏地址：浙江图书馆
内容提要：《社会舞蹈论文集 》为首届全国
社会舞蹈学理论研讨会论文专辑。本书探讨了
当今舞蹈学在社会中的位置。

1064

中图法分类：（索书号）J722.2（1）/1
题　　　名：中国民族民间舞蹈集成，天津卷
书　　　号：ISBN 7-80075-017-5
责　任　者：《中国民族民间舞蹈集成》编辑
　　　　　　部编
出　版　者：中国舞蹈出版社
出版时间：1990.10
出　版　地：北京
页　　　数：555页
尺　　　寸：26cm
价　　　格：30.00
馆藏地址：北京舞蹈学院图书馆
内容提要：本书采用图文对照、音舞结合的
方法介绍了天津的传统民间舞蹈。详细介绍了
天津地区的舞蹈。

中图法分类：（索书号）J722.2（55）/1
题　　　名：中国民族民间舞蹈集成，浙江卷
书　　　号：ISBN 7-80075-014-0
责　任　者：《中国民族民间舞蹈集成》编辑
　　　　　　部编
出　版　者：中国舞蹈出版社
出版时间：1990.10
出　版　地：北京
页　　　数：1119 页
尺　　　寸：26cm
价　　　格：58.00
馆藏地址：北京舞蹈学院图书馆
内容提要：本书采用图文对照、音舞结合的
方法介绍了浙江省各地区的传统民间舞蹈。把
浙江省以及此地区传统舞蹈的发展脉络进行了
梳理。

中图法分类：（索书号）J732.8/11
题　　　名：国际标准交谊舞指南
书　　　号：ISBN 7-5008-0674-4
责　任　者：［日］笹木阳一著；张爱平，冯
　　　　　　峰 译
出　版　者：中国工人出版社
出版时间：1990.11
出　版　地：北京
页　　　数：153 页
尺　　　寸：19cm
价　　　格：5.50
馆藏地址：北京舞蹈学院图书馆
内容提要：本书是由日本交谊舞学者笹木阳
一著，世界性的群众舞蹈活动，20 世纪 20 年
代由英国皇家舞蹈教师协会规范编排，半个多
世纪来已发展成为有高度艺术性及技巧性的竞
赛项目而风靡世界。国际标准交谊舞分为大类
十个舞种，本指南可以看出日本国际标准交谊舞的流行趋势以及跳法。

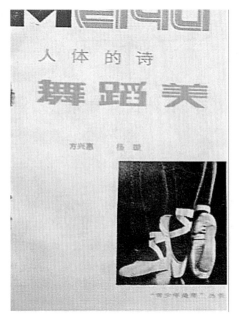

1067

中图法分类：（索书号）J705/32
题　　　名：人体的诗-舞蹈美（影印本）
书　　　号：ISBN 7-221-02079-5
责　任　者：方兴惠、杨璇著
出　版　者：贵州人民出版社
出版时间：1990.11
出版地：贵阳
页　　　数：96 页
尺　　　寸：19cm
价　　　格：1.50
馆藏地址：北京舞蹈学院图书馆
内容提要：以人体为诗的舞蹈，尽管种类繁多，花色纷呈，但都是运用人体的舞姿动作系列，形成雕塑般的流动画面，去作用于观众的视觉，使人在赏心悦目中获得精神上的自我亢奋。凡是称得上美的舞蹈，都是一首首既直观又隽永的诗。本书就是在这方面细致地阐述了

舞蹈本身就是作为艺术美的诗歌。

1068

中图法分类：（索书号）J719.3/15
题　　　名：幼儿舞蹈教学指导
书　　　号：ISBN 7-80553-187-0
责　任　者：黄式茂编著
出　版　者：上海音乐出版社
出版时间：1990.11
出版地：上海
页　　　数：440 页
尺　　　寸：20cm
价　　　格：16.00
馆藏地址：北京舞蹈学院图书馆
内容提要：本书包括幼儿舞蹈的内容和幼儿舞蹈的教学两编。是针对学龄前小朋友学习舞蹈，开发智力，增强美育的好书。

中图法分类：（索书号）J722.21/41
题　　　名：中国民间舞蹈（影印本）
书　　　号：ISBN 7-5338-0714-6；
责　任　者：刘魁立主编，何健安著
出　版　者：浙江教育出版社
出版时间：1990.11
出　版　地：杭州
丛　　　书：中国民间文化丛书
页　　　数：175 页
尺　　　寸：20cm
价　　　格：2.20
馆藏地址：北京舞蹈学院图书馆
内容提要：本书叙述了中国民间舞蹈的风格特征，描述了中国舞蹈中模拟舞蹈、性爱舞蹈、祭祀舞蹈、宗教舞蹈和丧葬舞蹈的缘起演进、审美形态和艺术风格等。

1069

中图法分类：（索书号）J709.712/3
题　　　名：邓肯的最后岁月
书　　　号：ISBN 978-7-5306-0429-8
责　任　者：［美］艾尔玛·邓肯（Duncan，I.），［美］阿伦·罗斯·麦克杜格尔（Macdougall，A.R.）著
出　版　者：百花文艺出版社
出版时间：1990.12
出　版　地：天津
丛　　　书：红帆船译丛
页　　　数：301 页
尺　　　寸：19cm
价　　　格：3.75
馆藏地址：北京舞蹈学院图书馆
内容提要：本书内容接续《邓肯自传》，由邓肯启程到苏联，创办邓肯舞蹈学校，并在那里和叶塞宁邂逅、相爱，一直到最终分手，记叙了邓肯去世前的生活和精神。

1070

1071

中图法分类：（索书号）J705/31

题　　　名：文科知识百万个为什么：舞蹈
　　　　　　（影印本）

书　　　号：ISBN 7-5407-0612-0

责　任　者：吕艺生主编

出　版　者：漓江出版社

出版时间：1990.12

出　版　地：桂林

页　　　数：277 页

尺　　　寸：19cm

价　　　格：3.75

馆藏地址：北京舞蹈学院图书馆

内容提要：本书内容包括"什么是舞蹈"、
"舞蹈和艺术的关系"、"各舞种起源和发展历
史"，"舞蹈家简介"、"舞剧介绍和评论"等。

1072

中图法分类：（索书号）J703/5

题　　　名：舞梦录

书　　　号：ISBN 7-80075-019-1

责　任　者：梁伦著

出　版　者：中国舞蹈出版社

出版时间：1990.12

出　版　地：北京

页　　　数：341 页

尺　　　寸：20cm

价　　　格：6.80

馆藏地址：北京舞蹈学院图书馆

内容提要：本书为梁伦同志艺术生涯的写
照。收集了作者各个时期的文章、创作的舞蹈
作品，此外还收有其他同志评价梁伦同志作品
的文章 6 篇。

中图法分类：（索书号）J701/2
题　　　名：现代西方艺术美学文选：舞蹈美
　　　　　　学卷（影印本）
书　　　号：ISBN 7-5313-0464-3
责　任　者：朱立人等主编
出　版　者：春风文艺出版社 辽宁教育出版社
出版时间：1990.12
出　版　地：沈阳
页　　　数：335 页
尺　　　寸：23cm
价　　　格：4.80
馆藏地址：北京舞蹈学院图书馆
内容提要：本书介绍了当代外国舞蹈美学的
理论，概括了自 20 世纪 20 年代至 80 年代世界
舞蹈美学发展的潮流和趋势。

1073

中图法分类：（索书号）J709.2/49
题　　　名：风华曼舞集
书　　　号：ISBN 962-422-010-7
责　任　者：刘玉华著
出　版　者：集英馆
出版时间：1990
出　版　地：香港
页　　　数：220 页
尺　　　寸：19cm
价　　　格：28.00　HK28.00
馆藏地址：北京舞蹈学院图书馆
内容提要：本书收集了自 1986 年至 1990 年
初大陆、香港、台湾二十九位舞蹈工作者汇聚
香港时的各种言行感怀，概括地反映了三地舞
蹈发展的近况。

1074

1075

中图法分类：（索书号）J732.8/33

题　　　名：国际标准舞 ISTD 指定步型摩登舞 MODERN 考级教程：华尔兹（1）

责　任　者：傅中枢编著

出　版　者：中国舞协舞蹈学校

出版时间：1990

出　版　地：北京

页　　　数：5 册

尺　　　寸：26cm

价　　　格：25.00（套）

馆藏地址：北京舞蹈学院图书馆

内容提要：本书介绍了国际标准舞指定型摩登三级考级教程。内容包括：国际标准舞指定步型规范、国际标准舞技法、五种摩登舞指定型。

1076

中图法分类：（索书号）J732.8/34/：2

题　　　名：国际标准舞 ISTD 指定步型摩登舞 MODERN 考级教程：探戈（2）

责　任　者：傅中枢编著

出　版　者：中国舞协舞蹈学校

出版时间：1990

出　版　地：北京

页　　　数：5 册

尺　　　寸：26cm

价　　　格：25.00（套）

馆藏地址：北京舞蹈学院图书馆

内容提要：本书介绍了国际标准舞指定型摩登三级考级教程。内容包括：国际标准舞指定步型规范、国际标准舞技法、五种摩登舞指定型。

中图法分类：（索书号）J732.8/34/：23
题　　　名：国际标准舞 ISTD 指定步型摩登
　　　　　　舞 MODERN 考级教程弧步（3）
责　任　者：傅中枢编著
出　版　者：中国舞协舞蹈学校
出版时间：1990
出　版　地：北京
页　　　数：5 册
尺　　　寸：26cm
价　　　格：25.00（套）
馆藏地址：北京舞蹈学院图书馆
内容提要：本书介绍了国际标准舞指定型摩
登三级考级教程。内容包括：国际标准舞指定
步型规范、国际标准舞技法、五种摩登舞指
定型。

1077

中图法分类：（索书号）J732.8/34/：4
题　　　名：国际标准舞 ISTD 指定步型摩登
　　　　　　舞 MODERN 考级教程快步（4）
责　任　者：傅中枢编著
出　版　者：中国舞协舞蹈学校
出版时间：1990
出　版　地：北京
页　　　数：5 册
尺　　　寸：26cm
价　　　格：25.00（套）
馆藏地址：北京舞蹈学院图书馆
内容提要：本书介绍了国际标准舞指定型摩
登三级考级教程。内容包括：国际标准舞指定
步型规范、国际标准舞技法、五种摩登舞指
定型。

1078

1079

中图法分类：（索书号）J732.8/34/：5
题　　　名：国际标准舞 ISTD 指定步型摩登
　　　　　　舞 MODERN 考级教程：维也纳
　　　　　　华尔兹（5）
责　任　者：傅中枢编著
出　版　者：中国舞协舞蹈学校
出版时间：1990
出　版　地：北京
页　　　数：5 册
尺　　　寸：26cm
价　　　格：25.00（套）
馆藏地址：北京舞蹈学院图书馆
内容提要：本书介绍了国际标准舞指定型摩
登三级考级教程。内容包括：国际标准舞指定
步型规范、国际标准舞技法、五种摩登舞指
定型。

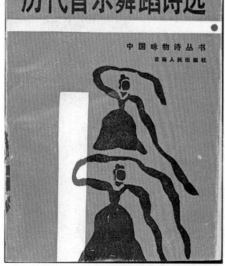

1080

中图法分类：（索书号）J722.7
　　　　　　　　　　　（I222./112.2-2）
题　　　名：历代音乐舞蹈诗选
书　　　号：ISBN 7-222-00208-1
责　任　者：王山峡
出　版　者：云南人民出版社
出版时间：1990
出　版　地：昆明
页　　　数：223 页：照片
丛　　　书：中国咏物诗丛书
尺　　　寸：19cm
价　　　格：2.70
馆藏地址：上海图书馆
主题标目：古典诗歌—中国—选集
内容提要：本书是中国历代音乐舞蹈诗选。
此书介绍了历代运用音乐，舞蹈，诗朗诵三种
艺术形式结合在一起，即有激情雄伟的音乐，
又有生动激昂的舞蹈，还有真挚抒怀的朗诵。以崭新独特的艺术形式生动、形象地向观
众表达不同的情感。通过音乐舞蹈诗朗诵的生动结合，极大地增强了艺术感染力和表
现力。

中图法分类：（索书号）J70-02/8
题　　名：蒙古舞蹈文化
书　　号：ISBN 7-80016-320-2
责 任 者：莫德格玛著
出 版 者：中国妇女出版社
出版时间：1990
出 版 地：北京
页　　数：213 页，[11] 页图版
尺　　寸：26cm
价　　格：25.00
馆 藏 地 址：北京舞蹈学院图书馆
内 容 提 要：本书内容包括蒙古族舞蹈的历史渊源、蒙古民族舞蹈艺术风格变化与延伸、蒙古舞蹈文化的摇篮、蒙古各部族舞蹈文化、我与《盅碗舞》、我与《蒙古舞部位法》都能内容，并附有《蒙古舞部位法》的图片目录、受训练习谱、舞姿分解图和保留独舞舞姿图解和曲谱集。

1081

中图法分类：（索书号）J70-05/8
题　　名：苗族舞蹈与巫文化：苗族舞蹈的文化社会学考察
书　　号：ISBN 7-5412-0089-1
责 任 者：杨鸧国著
出 版 社：贵州民族出版社
出版时间：1990
出 版 地：贵阳
页　　数：190 页，[4] 页图版
尺　　寸：19cm
价　　格：4.00
馆 藏 地 址：北京舞蹈学院图书馆
内 容 提 要：本书介绍了苗族舞蹈系统的一般文化特征，苗族舞蹈系统的主体构成，苗族舞蹈的内容传达，苗族舞蹈与音乐、诗歌、服饰和生活的关系，苗族舞蹈的巫文化，苗族舞蹈的文化史价值，苗族舞蹈程式化的文化基因，苗族舞蹈的美学特色，苗族舞蹈与现代社会的关系等。

1082

1083

中图法分类：（索书号）J732.9/23
题　　　名：霹雳舞·柔姿舞·交谊舞·模特
　　　　　　儿步
书　　　号：ISBN 7-5388-1218-0
责 任 者：石忠伟，周庆翔编著
出 版 者：黑龙江科学技术出版社
出版时间：1990
出 版 地：哈尔滨
页　　　数：236 页
尺　　　寸：26cm
价　　　格：11.80
馆藏地址：北京舞蹈学院图书馆
内容提要：本书以文字、图法的形式，记录
了霹雳舞、柔姿舞、交谊舞等舞蹈的特征、舞
步的规范动作等。

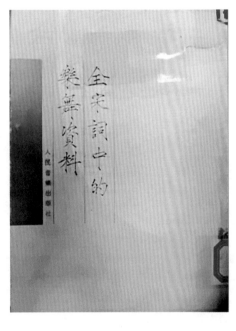

1084

中图法分类：（索书号）J709.244/1
题　　　名：全宋词中的乐舞资料
书　　　号：ISBN 7-103-00685-7
责 任 者：金千秋编
出 版 者：人民音乐出版社
出版时间：1990
出 版 地：北京
页　　　数：236 页
尺　　　寸：20cm
价　　　格：6.70
馆藏地址：北京舞蹈学院图书馆
内容提要：本书是从《全宋词》中摘录出六
百余首有关乐舞的词作，分为宋代的舞蹈、舞
态、舞袖、乐器等六部分。

中图法分类：（索书号）J711.2/4
题　　　名：舞蹈创作艺术
书　　　号：ISBN 7-80075-006-X
责　任　者：〔美〕多丽丝·韩芙莉著
出　版　者：中国舞蹈出版社
出版时间：1990
出　版　地：北京
页　　　数：164 页
尺　　　寸：19cm
价　　　格：4.50
馆藏地址：北京舞蹈学院图书馆
内容提要：本书以作者多年的编舞经验为基础，讨论了舞蹈编导的诸多问题，包括编导理论、编舞技巧等。

1085

中图法分类：（索书号）J70-05/137（20416）
题　　　名：舞蹈教学与研究 1990/1
责　任　者：北京舞蹈学院科研所（该所 1985
　　　　　　-90）
出　版　者：北京舞蹈学院
出版时间：1990
出　版　地：北京
期刊馆藏：1990，no.1（12）
页　　　数：17 页：曲谱
尺　　　寸：26cm
价　　　格：
馆藏地址：上海图书馆
内容提要：1992 年复刊时改名：《北京舞蹈学院学报》半年刊、季刊。现双月刊。

1086

1087

中图法分类：（索书号）J722.2214
　　　　　　　（J722.227.5/5601）
题　　　名：西藏神舞戏剧及面具艺术
书　　　号：ISBN 957-531-027-6（精装）
责 任 者：曲六乙
出 版 者：淑馨出版社
出 版 时 间：1990
出 版 地：台北市
页　　　数：128页；彩照
尺　　　寸：25cm
价　　　格：150.00　NT600
馆藏地址：上海图书馆
内 容 提 要：本图集包括五个部分，分别对神舞、雪顿节、温巴顿——白面具派和蓝面具派、藏剧剧目、面具艺术作了简明介绍。

1088

中图法分类：（索书号）J722.7/21
题　　　名：英歌舞研究：广东省首届英歌
　　　　　　　（普宁）学术研讨会文集（影印
　　　　　　　本）（内部资料）
责 任 者：杨美琦等编辑
出 版 者：广东舞蹈学校　普宁县文化局
出 版 时 间：1990
出 版 地：广州
页　　　数：170页
尺　　　寸：19cm
价　　　格：
馆藏地址：北京舞蹈学院图书馆
内 容 提 要：本书主要收集了关于英歌舞舞蹈艺术、文化史、移民史、民俗学、方言学、戏曲、武术等多学科、多侧面的问题研究。在潮汕地区，有这么一种流传了三千年之久的广场舞蹈，这种广场舞蹈融汇了戏剧、舞蹈、武术等成分；这种广场舞蹈阳刚而恢宏；现在成了人们表达喜庆的一种方式。这种广场舞蹈，就是英歌舞。

中图法分类：（索书号）J722/1/：2
题　　　名：优秀舞蹈选集.下（影印本）
书　　　号：ISBN 7-5392-0366-8
责　任　者：刘国治、李则琴主编
出　版　者：江西教育出版社
出版时间：1990
出　版　地：南昌
页　　　数：444页
尺　　　寸：20cm
价　　　格：5.40
馆藏地址：北京舞蹈学院图书馆
内容提要：此书是由几个优秀的小歌舞剧组成，其中有歌舞剧；"可贵的凝聚力"、"洗衣歌"、"花儿与少年"、"金梭和银梭"、"乡间小路"、"观"、"灯"、"荷花舞"、"红绸舞"等。表现了在社会主义建设时代的中国民族大家庭的和睦与团结。还有的舞蹈表现了军民鱼水情的动人场面。这是作者选编了哪个时期优秀的歌舞剧。1990年版优秀舞蹈选集，有12个优秀舞蹈，场记图近400幅，舞姿速写图近500幅。（此影印本分：上、下本）

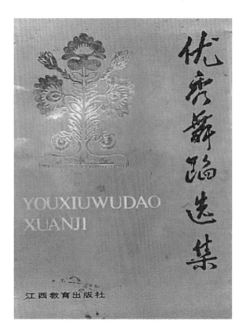

1089

中图法分类：（索书号）J722.3/114
题　　　名：幼儿舞蹈
书　　　号：ISBN 7-5009-0010-4
责　任　者：北京市西城区教育教学研究中心幼儿教研室
出　版　者：人民体育出版社
出版时间：1990
出　版　地：北京
页　　　数：79页
尺　　　寸：19cm
价　　　格：1.60
馆藏地址：浙江图书馆
内容提要：本书是北京市西城区教育教学研究中心幼儿教研室组织有丰富经验的幼儿园教研员编写的。所编舞蹈符合儿童年龄特点，具有深厚的儿童生活气息和儿童情趣。每个舞蹈包括音乐及动作说明。

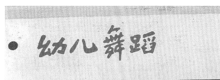

1090

1091

中图法分类：（索书号）J719.3/16
题　　　名：幼儿舞蹈教材
书　　　号：ISBN 7-80075-008-6
责　任　者：顾以庄著
出　版　者：中国舞蹈出版社
出版时间：1990
出　版　地：北京
页　　　数：189 页
尺　　　寸：19cm
价　　　格：3.00
馆藏地址：北京舞蹈学院图书馆
内容提要：本书内容有律动、简单的基本训练、舞步、舞蹈游戏、小组合、舞蹈小品等。大班课分组合练习、即兴表演、地面动作、扶把练习和中间动作。中班课分组合练习、走步训练、节奏训练、地面动作、即兴表演。小班课分舞蹈小品、地面动作、节奏训练和即兴表演。

1092

中图法分类：（索书号）J722.2/3333#1
题　　　名：浙江省民族民间舞蹈集成：宁波卷
责　任　者：浙江宁波市民族民间舞蹈集成编委会
出　版　者：浙江省新闻出版局
出版时间：1990.9
出　版　地：宁波
页　　　数：623 页
尺　　　寸：20cm
价　　　格：160.00
馆藏地址：上海图书馆
内容提要：浙江民间舞蹈气息浓郁，本书代表了浙江宁波地区舞蹈的特点和独特风貌。

中图法分类：(索书号) J70
　　　　　　(J640.9/040)
题　　　名：中国的音乐·舞蹈·戏曲
书　　　号：ISBN 7-80578-179-6
责 任 者：康荣编
出 版 者：山西教育出版社
出版时间：1990
出 版 地：太原
页　　　数：150 页
尺　　　寸：20cm
价　　　格：2.40
馆藏地址：浙江图书馆
内容提要：该书为《可爱的中国丛书》第二
辑，讲述中国的音乐、舞蹈、戏剧历史等。此
书把中国的音乐、舞蹈、戏剧等艺术进行系统
的论述，找到了这些艺术共性的特点。

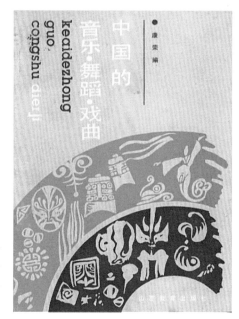

1093

中图法分类：(索书号) J709.2/14
题　　　名：中国古代舞蹈史纲
书　　　号：ISBN 7-81019-084-9
责 任 者：于平主编
出 版 者：浙江美术学院出版社
出版时间：1990
出 版 地：杭州
页　　　数：200 页
尺　　　寸：26cm
价　　　格：10.90
馆藏地址：北京舞蹈学院图书馆
内容提要：本书介绍了中国舞蹈的通史，提
出了乐舞思想史的脉络，对中国舞蹈在其原始
发生及其在近代的碰撞而呈现的文化格局进行
了分析。

1094

1095

中图法分类：（索书号）J722.212/21
题　　　名：中国花鼓灯艺术（影印本）
书　　　号：ISBN 7-212-00333-6
责　任　者：谢克林著
出　版　者：安徽人民出版社
出版时间：1990
出　版　地：合肥
页　　　数：353页
尺　　　寸：23cm
价　　　格：33.00
馆藏地址：北京舞蹈学院图书馆
内容提要：本书作者在搜集和整理大量资料的基础上，力取各家之长，在广阔的、发展的文化背景上，从史论和艺术论的角度，系统地对花鼓灯艺术的起源、发展以及内容和形式等诸方面，进行了新的探索和论述，并从中西文化的对比中提出和阐释了一些重要问题，还对许多著名的花鼓灯艺术家作了新的论述和评价。

1096

中图法分类：（索书号）J732.8/17／：2
题　　　名：当代国际标准交际舞教程．第二集，拉丁舞
书　　　号：ISBN 7-5327-1105-6
责　任　者：杨威、袁水海编著
出　版　者：上海译文出版社
出版时间：1991.1
出　版　地：上海
页　　　数：138页
尺　　　寸：26cm
价　　　格：14.00
馆藏地址：北京舞蹈学院图书馆
内容提要：本书系统介绍了当代国际交际舞拉丁的舞姿、舞步、跳法，本书分两集编写，选有国际大赛彩照、舞蹈的服饰、专业词汇中外文对照表。

中图法分类：（索书号）J705/27

题　　　名：癫狂的秩序：舞蹈艺术纵横谈
　　　　　　（影印本）

书　　　号：ISBN 7-219-01788-X

责 任 者：高友德主编

出 版 者：广西人民出版社

出 版 时 间：1991.1

出 版 地：南宁

页　　　数：176 页

尺　　　寸：20cm

价　　　格：4.25

馆藏地址：北京舞蹈学院图书馆

内 容 提 要：本书以图文并茂的形式介绍了什
么是舞蹈及舞蹈美学，芭蕾舞的成就和代表作
赏析，中国古典舞、东方舞、中国民间舞、现
代舞、流行舞的特征及代表作赏析等。

1097

中图法分类：（索书号）J712.23/7

题　　　名：幼儿舞蹈—动作艺术基础（影印
　　　　　　本）

书　　　号：ISBN 7-80075-016-7

责 任 者：李健等著

出 版 者：中国舞蹈出版社

出 版 时 间：1991.1

出 版 地：北京

页　　　数：178 页

尺　　　寸：19cm

价　　　格：3.50

馆藏地址：北京舞蹈学院图书馆

内 容 提 要：本书根据幼儿的年龄及生理特
点，运用形象化的教育手段，以动作艺术为主
导传授思想，从一个新的角度对幼儿舞蹈教学
进行了尝试，并取得了成功。作者运用了简单
明了的教学方法进行教育活动，使幼儿在娱乐
中学习了舞蹈。

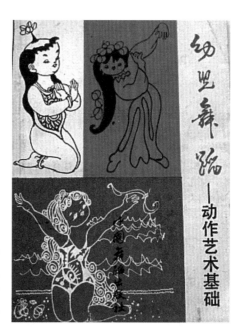

1098

1099

中图法分类：（索书号）J701/1
题　　　名：吴晓邦美学思想论稿
书　　　号：ISBN 7-80075-020-5
责　任　者：雨石著
出　版　社：中国舞蹈出版社
出版时间：1991.2
出版地：北京
页　　　数：179 页
尺　　　寸：19cm
价　　　格：4.00
馆藏地址：北京舞蹈学院图书馆
内容提要：本书系统详尽地介绍了吴晓邦同志的舞蹈美学思想体系，汇集了吴晓邦散见于其著作、文章、讲稿中的美学观点，及其舞蹈艺术实践所体现的美学思想。

1100

中图法分类：（索书号）J722.9/10
题　　　名：音乐舞蹈气功
书　　　号：ISBN 7-80558-91-036
责　任　者：邵云编著
出　版　者：黄河出版社
出版时间：1991.2
出版地：济南
页　　　数：125 页
尺　　　寸：23cm：照片
价　　　格：3.50
馆藏地址：山东省图书馆
内容提要：在音乐中，在气功状态下，自舞自娱，或与人同舞共娱，即可去病健身，又可舞蹈娱乐、交际、修身。此书把音乐、舞蹈、气功有机的结合起来，是一部有特色的寓教于乐的好书。

中图法分类：（索书号）J705/72
题　　　名：认识芭蕾
书　　　号：ISBN 957-9045-35-6
责　任　者：何恭上编著
出　版　者：艺术图书公司
出 版 时 间：1991.3
出　版　地：台北市
页　　　数：136 页
尺　　　寸：20cm
价　　　格：37.50 TWD150.00
馆藏地址：北京舞蹈学院图书馆
内 容 提 要：本书主要内容包括：如何欣赏芭蕾舞，芭蕾舞简史，舞蹈家，编舞，现代舞，由教室到舞台，改变舞蹈史舞星等。

1101

中图法分类：（索书号）J705/73
题　　　名：世界杰出芭蕾舞星
书　　　号：ISBN 957-9045-36-4
责　任　者：何恭上编著
出　版　者：艺术图书公司
出 版 时 间：1991.3
出　版　地：台北市
页　　　数：136 页
尺　　　寸：20cm
价　　　格：37.50　TWD150.00
馆藏地址：北京舞蹈学院图书馆
内 容 提 要：本书收入了玛卡娃、玛利亚·塔琪夫、尼新斯基、芬妮·爱赫勒、玛丽·塔格里妮、米勒·亚格尼斯、戴安娜·亚当斯、乔威儿、玛格特·芳登、纽瑞耶夫等世界杰出的芭蕾舞星的个人传记与艺术成就。

1102

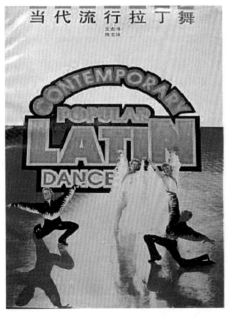

1103

中图法分类：（索书号）J709.242/4
题　　　名：唐代音乐舞蹈杂技诗选释
书　　　号：ISBN 7-103-00661-X
责　任　者：傅正谷选释
出　版　者：人民音乐出版社
出版时间：1991.3
出　版　地：北京
页　　　数：260页
尺　　　寸：20cm
价　　　格：7.00
馆藏地址：北京舞蹈学院图书馆
内容提要：本书选收唐代诗人70余位、200余首诗作，唐代较有价值的以乐舞、杂技为主要内容的诗作基本囊括其中。并写了作者简介和注释。

1104

中图法分类：（索书号）J732.8/14
题　　　名：当代流行拉丁舞
书　　　号：ISBN 7-80553-252-4
责　任　者：王克伟等编著
出　版　者：上海音乐出版社
出版时间：1991.5.1
出　版　地：上海
页　　　数：230页
尺　　　寸：20cm
价　　　格：4.95
馆藏地址：北京舞蹈学院图书馆
内容提要：本书介绍了当代流行"伦巴"、"恰恰恰"、"加依夫"、"桑巴"、"帕索多不莱"等五种拉丁舞的基本要点、基本动作、变化舞步、动作风格和特点进行了详细的说明。

中图法分类：（索书号）J732.9/2
题　　　名：爵士·迪斯科（影印本）
书　　　号：ISBN 7-5351-0733-8
责　任　者：孙爱玲编
出　版　者：湖北教育出版社
出版时间：1991.5
出　版　地：武汉
页　　　数：125 页
尺　　　寸：19cm
价　　　格：2.60
馆藏地址：北京舞蹈学院图书馆
内容提要：本书主要对迪斯科、爵士舞为代表的现代舞的基本动作和舞步进行了详细说明，以基础训练为主，还用基本动作编排了两段组舞。这样既可用于基础训练，又可用于舞台表演。

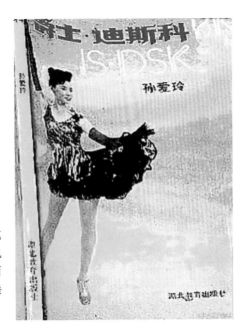

1105

中图法分类：（索书号）J70-05/5
题　　　名：舞蹈生态学导论
书　　　号：ISBN 7-5039-0721-5
责　任　者：资华筠、王宁、资民筠、高春林著
出　版　社：文化艺术出版社
出版时间：1991.5
出　版　地：北京
页　　　数：160 页
尺　　　寸：19cm
价　　　格：2.50
馆藏地址：北京舞蹈学院图书馆
内容提要：舞蹈生态学是一门崭新的艺术边缘学科，它以舞蹈为核心，以舞蹈与环境之间的相互关系、相互作用为研究对象。

1106

1107

中图法分类：（索书号）J709.512/4

题　　名：舞蹈之神：尼仁斯基传

书　　号：ISBN 7-80075-022-1

责　任　者：[苏] 尼仁斯基著

出　版　者：中国舞蹈出版社

出版时间：1991.5

出　版　地：北京

页　　数：382 页

尺　　寸：20cm

价　　格：7.00

馆藏地址：北京舞蹈学院图书馆

内容提要：本书是尼仁斯基的妻子对这位舞蹈史上最伟大的天才的舞蹈家传奇性一生的生动记录。记述疯狂的舞蹈家独特的格性与深邃的人性，及其对人类社会的透彻领悟。他最后以精神病结束了辉煌而悲惨的一生。

1108

中图法分类：（索书号）J609.2/4300

题　　名：音乐舞蹈：苏州市地方志：《文化艺术》卷之五（内部资料）（油印本）

责　任　者：苏州文化局修志办公室

出　版　者：苏州文化局修志办公室

出版时间：1991.1.15

出　版　地：苏州

丛　　书：苏州市地方志《文化艺术》卷；五

页　　数：54 页：照片

尺　　寸：26cm

价　　格：

主题标目：音乐史—苏州 舞蹈史—苏州

馆藏地址：上海图书馆

内容提要：本书是苏州文化局修志办公室编写的苏州市地方志：《文化艺术》卷之五，音乐舞蹈部分。反映了苏州地方音乐舞蹈的艺术特色。

中图法分类：（索书号）J70-05/3
题　　　名：中国神秘文化
书　　　号：ISBN 7-5419-2095-9
责　任　者：费秉勋著
出　版　社：陕西人民教育出版社
出版时间：1991.5
出　版　地：西安
页　　　数：327 页
尺　　　寸：20cm
价　　　格：4.30
馆藏地址：北京舞蹈学院图书馆
内容提要：本书研究了中国易卦占筮等神秘文化，中国舞蹈史及《孔雀东南飞》、《红楼梦》等悲剧文学三个领域的问题。

1109

中图法分类：（索书号）J711.2/16
题　　　名：从罗丹艺术论谈舞蹈创作理念 = The creative concept of dancing from Rodin's art of sculpture（影印本）
书　　　号：ISBN 957-9538-59-X
责　任　者：林贞吟著
出　版　者：中国文化大学出版部
出版时间：1991.6
出　版　地：台北市
页　　　数：95 页
尺　　　寸：26cm
价　　　格：
馆藏地址：北京舞蹈学院图书馆
内容提要：本书以"从罗丹艺术谈论舞蹈创作理念"为出发点，只在于希望将个人对罗丹雕塑所了解的概念，来与舞蹈肢体艺术做一种理念上的融和。将自然奉为艺术之神，坚持执着于追求真理、不妥协的态度，更是将当今从事艺术工作者，理应注重的一个中心理念。

1110

1111

中图法分类：（索书号）J732.8/16
题　　　名：交谊舞技巧与花样（影印本）
书　　　号：ISBN 7-224-01871-6
责　任　者：奚永顺等编著
出　版　者：陕西人民出版社
出版时间：1991.8
出　版　地：西安
页　　　数：88页
尺　　　寸：26cm
价　　　格：3.60
馆藏地址：北京舞蹈学院图书馆
内容提要：本书主要分为四大部分；第一部分简单而明确的解答了有关交谊舞的一些基本概念；第二部分主要介绍了各种娱乐性交谊舞的基本跳法和花步动作，第三部分扼要介绍了国际标准交际舞的基本舞步。第四部分回答了朋友们共同关心的交谊舞与健美、减肥、跳交谊舞所需的气质与风度和对美的体现与追求等问题。

1112

中图法分类：（索书号）J719/1
题　　　名：三年制中等师范学校选修课本：形体教程（影印本）
书　　　号：ISBN 7-5343-1317-1
责　任　者：王文主编，江苏省中等师范学校选修教材编写组
出　版　者：江苏教育出版社
出版时间：1991.8
出　版　地：南京
页　　　数：138页
尺　　　寸：19cm
价　　　格：1.20
馆藏地址：北京舞蹈学院图书馆
内容提要：本书内容包括基本训练、少儿歌舞、舞蹈基本知识、少儿舞蹈教学和创编四部分，其中少儿歌舞是根据小学音乐教材上的部分歌曲编写的。在编写过程中，力求结合小学教学实际，体现中师形体课和小学唱游课的有机结合。

中图法分类：（索书号）J732.8/32
题　　　名：国际标准交谊舞：初级教程
书　　　号：ISBN 7-5613-0145-3
责　任　者：刘峰编著
出　版　者：陕西师范大学出版社
出版时间：1991.9
出　版　地：西安
页　　　数：209 页
尺　　　寸：26cm
价　　　格：6.85
馆藏地址：北京舞蹈学院图书馆
内容提要：本书比较系统地介绍国际标准交谊舞 10 个舞种的基本舞步、花样舞步、动作技术要领及教法。每种舞步至少介绍了一套花样舞步组合动作。还配有舞步动作插图和舞步路线插图。

1113

中图法分类：（索书号）J732.9/17
题　　　名：现代国际标准舞厅舞
书　　　号：ISBN 7-80002-380-X
责　任　者：裴爵三编著
出　版　者：人民日报出版社
出版时间：1991.9
出　版　地：北京
页　　　数：112 页
尺　　　寸：18cm
价　　　格：2.85
馆藏地址：北京舞蹈学院图书馆
内容提要：本书内容包括："标准握抱姿势"、"身体姿态"，"平衡和动步的概述"，"运步与升降的关系"、"技巧术语"、"英国皇家舞蹈教师协会 ISTD 指定舞步"等 10 部分。

1114

1115

中图法分类：J70-02/11
题　　名：中国西部歌舞论（影印本）
书　　号：ISBN 7-225-00455-7
责　任　者：马桂花著
出　版　者：青海人民出版社
出版时间：1991.9
出　版　地：西宁
页　　数：242页，[4]页图版
尺　　寸：20cm
价　　格：3.70
馆藏地址：北京舞蹈学院图书馆
内容提要：本书作者通过对西部舞蹈文化现象的研究，提出未来的舞蹈，将是利用舞蹈的"新疆式发展"的形式美因素和"藏化发展"的唤醒人潜能的因素而构成的一种崭新的新纪元舞蹈。

1116

中图法分类：（索书号）J722.2（64）/1：1
题　　名：湖南民族民间舞蹈集成，湘西土家族苗族自治州资料卷
责　任　者：《中国民族民间舞蹈集成》湖南省卷编辑部编
出　版　者：湖南省卷编辑部湘西地区编写组编
出版时间：1991.10
出　版　地：湖南省湘西地区
页　　数：687页
尺　　寸：26cm
价　　格：
馆藏地址：北京舞蹈学院图书馆
内容提要：本书介绍了湖南省土家苗家自治州民间舞蹈的概况及民族民间舞蹈和艺人分布情况，并用图文并茂、音舞结合的方式记录了湖南省土家苗家自治州土家族民间舞蹈、苗族民间舞蹈、白族民间舞蹈、汉族民间舞蹈的技术说明，包括当地代表性舞蹈节目的舞曲、基本动作、场记说明、服饰和道具等，并配有乐谱和插图。

中图法分类：J70/8
题　　　名：舞蹈学研究（影印本）
书　　　号：ISBN 7-5059-1092-2
责　任　者：胡大德等选编
出　版　者：中国文联出版公司
出版时间：1991.10
出　版　地：北京
页　　　数：432 页
尺　　　寸：19cm
价　　　格：6.00
馆藏地址：北京舞蹈学院图书馆
内容提要：本书荟萃了中国新舞蹈艺术开创者吴晓邦先生的《舞蹈学研究》，以及刀美兰等数十位舞蹈演员、学者围绕这一理论构想展开探讨的专题文章。

中图法分类：（索书号）J709.234/17
题　　　名：汉代乐舞：百戏艺术研究（修订本）
书　　　号：ISBN 7-5010-0579-6
责　任　者：萧亢达编著
出　版　者：文物出版社
出版时间：1991.12
出　版　地：北京
页　　　数：290 页
尺　　　寸：20cm
价　　　格：8.00
馆藏地址：北京舞蹈学院图书馆
内容提要：本书以大量的文献记载和考古发现为依据，考证和论述汉乐舞百戏的渊源、种类、特征，同时还就汉代乐队的编制、舞台美术、表演艺术等问题进行了探讨。汉代在我国历史上是国力强盛、文化发达的时期，也是形成中华文化的奠基时期和纯粹时期。汉代乐舞绚丽多彩，对后世影响深远。而今人对于汉代乐舞的研究也主要局限在乐府、鼓吹乐、相和歌等为数不多的显课题上。随着社会经济的发展，大量的汉代音乐文物随之出土，大量的乐器实物、乐舞壁画、乐舞画像石（砖）等等，这些宝贵的文物与文献记载的粗疏简略形成了巨大的反差，从另一个侧面为我们提供了汉代乐舞文化不为人知的、令人惊诧的另一面，同时也为艺术研究提供了珍贵的第一手实物资料。

1119

中图法分类：（索书号）J705/14
题　　　名：漫话芭蕾（影印本）
书　　　号：ISBN 7-80091-141-1
责　任　者：田润民著
出　版　者：光明日报出版社
出版时间：1991.12
出　版　地：北京
页　　　数：173 页
尺　　　寸：19cm
价　　　格：3.30
馆藏地址：北京舞蹈学院图书馆
内容提要：本书内容包括关于著名芭蕾剧目、人物、舞团的介绍，同时还涉及舞团的管理、人才培养以及芭蕾创作和发展方面的一些问题。

1120

中图法分类：（索书号）J733.4/3
题　　　名：芭蕾舞的舞与画
书　　　号：ISBN 957-9045-38-4
责　任　者：米勒·亚格尼斯原著
出　版　者：艺术图书公司
出版时间：1991 再版
出　版　地：台北市
页　　　数：154 页
尺　　　寸：17×19cm
价　　　格：17.50 TWD70.00
馆藏地址：北京舞蹈学院图书馆
内容提要：本书主要以图画的形式对现代芭蕾舞的起源、当作芭蕾舞的舞星、芭蕾与名画、芭蕾名画欣赏等内容做了详尽的记载。

中图法分类：（索书号）J712.2/5
题　　　名：创造性舞蹈（影印本）
书　　　号：ISBN 957-32-1092-4
责　任　者：李宗芹著
出　版　者：远流出版事业公司
出版时间：1991
出　版　地：台北市
页　　　数：137 页
尺　　　寸：21cm
价　　　格：27.25　TWD109.00
馆藏地址：北京舞蹈学院图书馆
内容提要：本书主要讲述了何谓创造性舞蹈、创造性舞蹈的起源、舞蹈动作的媒介——身体、舞蹈的元素、如何做个引导者、课程的架构与设计、观察与评估等内容。创造性舞蹈就是透过身体动作探索成长的自我。

1121

中图法分类：（索书号）J704/4926
书　　　号：ISBN 978-957-95385-96
题　　　名：从罗丹艺术谈舞蹈创作理论
责　任　者：林贞吟
出　版　者：中国文化大学出版部
出版时间：1991
出　版　地：台北市
页　　　数：95 页
尺　　　寸：26cm
价　　　格：38.25
馆藏地址：上海图书馆
内容提要：本书着重从罗丹艺术谈舞蹈创作理论。在艺者眼中，一切都是美的，因为他锐利的慧眼，注视到一切众生万物之核心；如能抉发其品性，就是透入外形触及其内在的"真"。此"真"，也即是"美"。作者对罗丹的艺术论对舞蹈创作理论做了深入的研究。深刻的阐述了一切艺术都是相通的。

1122

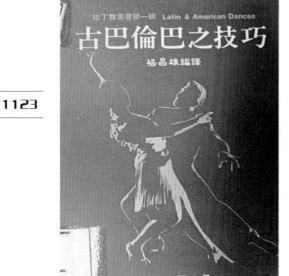

1123

中图法分类：（索书号）J732.8/90

题　　　　名：古巴伦巴之技巧：拉丁舞丛书
　　　　　　　（第一辑）

书　　　　号：ISBN 957-532-123-5

责　任　者：杨昌雄编译

出　版　者：众文图书公司

出版时间：1991

出　版　地：台北市

页　　　　数：108 页

尺　　　　寸：21cm

价　　　　格：42.00　TWD120.00

馆藏地址：北京舞蹈学院图书馆

内容提要：本书在基本步方面，参考国际舞蹈教师协会，华特·略尔得先生所著"拉丁技巧"为主。标准花步是以皇家舞蹈协会的"拉丁花式"为主。流行花式部分是作者近年所收集最漂亮的舞法，经实际教学效果良好者。

1124

中图法分类：（索书号）J709.2/47

题　　　　名：江青的往时往事往思

书　　　　号：ISBN 957-13-0368-2

责　任　者：江青著

出　版　者：时报文化出版企业公司

出版时间：1991

出　版　地：台北市

页　　　　数：355 页

尺　　　　寸：21cm

价　　　　格：80.00　TWD320.00

馆藏地址：北京舞蹈学院图书馆

内容提要：本书主要内容包括：天安门，名字，上海童年旧事，母校，两镜之间，入镜：出镜，江青演出电影年表，西出阳关，难忘的演出，合作，归与"恒"，江青的舞蹈创作年表等。作者是北京舞蹈学校 60 年代毕业生。

中图法分类：（索书号）J722.3/9
题　　　名：世界儿童唱和跳精选
书　　　号：ISBN 7-303-01260-5
责　任　者：陈音等编
出　版　者：北京师范大学出版社
出 版 时 间：1991
出　版　地：北京
页　　　数：322 页
尺　　　寸：26cm
价　　　格：9.80
馆藏地址：北京舞蹈学院图书馆
内 容 提 要：全书精选了各国优秀儿童歌舞 300 多个，分唱和跳两部分。跳的部分除词谱外还有详细的动作说明。

1125

中图法分类：（索书号）J732.8/87
题　　　名：速成社交舞
书　　　号：ISBN 957-517-023-7
责　任　者：江南人译
出　版　者：世一书局
出 版 时 间：1991 修正新版
出　版　地：台北市
页　　　数：227 页
尺　　　寸：21cm
价　　　格：42.00
馆藏地址：北京舞蹈学院图书馆
内 容 提 要：本书介绍了勃鲁斯、华尔兹、曼波、伦巴、古鲁巴、探戈、快步舞、吉巴伦巴、恰恰、森巴舞、扭扭舞、迪斯科等基本步伐。

1126

1127

中图法分类：（索书号）J722.7
　　　　　　　（I222.74/2218）
题　　　名：唐代音乐舞蹈杂技诗选释
书　　　号：ISBN 7-103-00661-X（精装）
责　任　者：傅正谷
出　版　者：人民音乐出版社
出版时间：1991
出　版　地：北京
页　　　数：260 页
尺　　　寸：21cm
价　　　格：7.00
馆藏地址：上海图书馆
内容提要：本书选收唐代诗人 70 余位、200
余首诗作，唐代较有价值的以乐舞、杂技为主
要内容的诗作基本囊括其中。并写了作者简介
和注释。

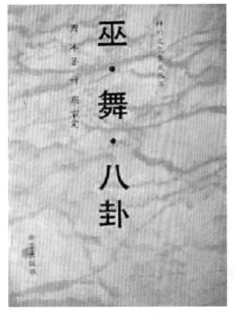

1128

中图法分类：（索书号）J70-05/7
题　　　名：巫·舞·八卦（影印本）
书　　　号：ISBN 7-5011-1362-9
责　任　者：周冰著
出　版　社：新华出版社
出版时间：1991
出　版　地：北京
页　　　数：144 页
尺　　　寸：20cm
价　　　格：2.90
馆藏地址：北京舞蹈学院图书馆
内容提要：本书从舞蹈的角度，介绍巫、
舞、八卦对中国传统文化的影响和作用。内容
包括巫祀中的舞祭，手势、禹步、八卦舞谱，
从舞蹈的角度谈八卦的审美功能等。

中图法分类：（索书号）J709.27/4
题　　　名：舞魂—赵青传
书　　　号：ISBN 7-206-01042-3
责　任　者：述威、苏云著
出　版　者：吉林人民出版社
出版时间：1991
出　版　地：长春
页　　　数：185 页
尺　　　寸：19cm
价　　　格：3.20
馆藏地址：北京舞蹈学院图书馆
内容提要：本书记录了舞蹈家赵青的舞蹈生涯，包括从舞经历、学舞过程、对生活和舞蹈的态度、舞蹈作品和创作思考等。

1129

中图法分类：（索书号）J732.8/91
题　　　名：现代交际舞
书　　　号：ISBN 957-53210-8-1
责　任　者：筱田学著
出　版　者：新潮社文化事业有限公司
出版时间：1991
出　版　地：台北市
页　　　数：191 页
尺　　　寸：21cm
价　　　格：28.00　TWD80.00
馆藏地址：北京舞蹈学院图书馆
内容提要：交际舞是一种时尚，它的魅力是永远也不会褪色的。在我们所举办的各种活动当中，交际舞成为最受欢迎的项目之一，但是正确的交际舞跳法并不普及。交际舞并不困难，只要学会正确的基本舞步即可。本书利用许多连续图片以及男女个别舞步图，让交际舞爱好者以及初学者都能够快乐地学会伦巴、布鲁斯、吉鲁巴、恰恰、华尔兹、探戈、快四步九种交际舞，这就是本书的目的。对于不好意思学交际舞，想在自宅练习的人，本书是非常好的教本，希望各位好好活用。

1130

1131

中图法分类：（索书号）J705/70
题　　　名：现代舞蹈
书　　　号：ISBN 957-672-004-4
责　任　者：庄修田编译
出　版　者：艺术图书公司
出　版　时　间：1991 再版
出　版　地：台北市
页　　　数：156 页
尺　　　寸：19cm
价　　　格：37.50 TWD150.00
馆　藏　地　址：北京舞蹈学院图书馆
内　容　提　要：本书内容包括纽约市芭蕾舞团、皇家芭蕾舞团、伦敦芭蕾舞团、加拿大芭蕾舞团等世界各地知名芭蕾舞团的介绍、演出剧照和舞剧评论赏析等。

1132

中图法分类：（索书号）J719.4/7
题　　　名：中国古典舞身韵
书　　　号：ISBN 7-81019-079-2
责　任　者：李正一等著
出　版　者：浙江美术学院出版社
出　版　时　间：1991
出　版　地：杭州
页　　　数：144 页
尺　　　寸：26cm
价　　　格：11.50
馆　藏　地　址：北京舞蹈学院图书馆
内　容　提　要：本书内容分男班、女班两部分。男班包括中国古典舞身韵基本概念与分析，身韵的基本概念与常用术语，身韵的基本动律元素及基本连接动作，身韵教材的典型动作，组合示例；女班包括中国古典舞身韵的基本理论，身韵训练的内容，头、眼的位置及训练，手臂的位置及训练，躯干的训练，下肢的位置及训练，身韵的课堂形式及内容提示，身韵的理论文章等。

中图法分类：（索书号）J709.2/58NT
题　　　名：中国舞蹈发展史
书　　　号：ISBN 978-7-208-05301-4
责　任　者：王克芬著
出　版　者：南天出版社
出版时间：1991
出　版　地：台北市
页　　　数：372 页
尺　　　寸：21cm
价　　　格：105.00
馆藏地址：北京舞蹈学院图书馆
内容提要：本书内容有：原始舞蹈产生与发展的轨迹、夏商奴隶制时代舞蹈的发展、两周时期舞蹈的发展和变革、舞蹈艺术取得重大发展的汉化等。

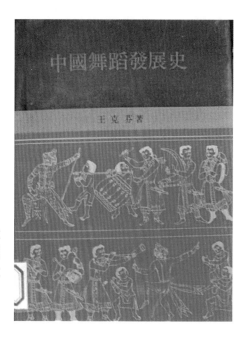

1133

中图法分类：（索书号）J711.2/7
题　　　名：贾作光舞蹈艺术文集
书　　　号：ISBN 7-103-00226-6
责　任　者：闻章、鲁微、关正文编
出　版　者：文化艺术出版社
出版时间：1992.1
出　版　地：北京
页　　　数：461 页
尺　　　寸：20cm
价　　　格：8.90
馆藏地址：北京舞蹈学院图书馆
内容提要：书中包括作者的 61 篇关于舞蹈创编内容的文章和 6 个舞蹈作品场记。多年的艺术实践与讲学，1992 年《舞蹈艺术文集》出版发行。书中提出了舞者必须掌握的"稳、准、敏、洁、轻、柔、健、韵、美、情"十字要素。

1134

1135

中图法分类：（索书号）J709.512/1
题　　　名：苏俄芭蕾舞史（内部资料）
责　任　者：李至善等译
出　版　者：北京舞蹈学院图书馆
出版时间：1992.1
出　版　地：北京
丛　　　书：中外舞蹈文献丛书
页　　　数：292 页
尺　　　寸：20cm
价　　　格：
馆藏地址：北京舞蹈学院图书馆
内容提要：本书是一部苏联和俄罗斯芭蕾史文献。内容包括三部分：《列宁格勒舞蹈学校》介绍了列宁格勒（彼得堡）二百五十年的芭蕾史；《舞蹈从这里诞生》介绍了莫斯科二百年的芭蕾史；《苏联今日芭蕾》介绍了苏联七十年的芭蕾史。

1136

中图法分类：（索书号）J709/1
题　　　名：世界舞蹈史
书　　　号：ISBN 7-80553-293-1
责　任　者：［德］萨克斯（Sachs，C.）著；
　　　　　　郭明达译
出　版　者：上海音乐出版社
出版时间：1992.2
出　版　地：上海
页　　　数：458 页
尺　　　寸：20cm
价　　　格：10.20
馆藏地址：北京舞蹈学院图书馆
内容提要：本书引用大量的第一手史料，从原始社会的舞蹈开始，一直叙述到今天在西方流行的一些很有影响的民间舞，以及人们熟悉的交谊舞，是我国第一部介绍世界舞蹈史的译著。

中图法分类：（索书号）J705/4
题　　　名：现代舞
书　　　号：ISBN 7-80553-316-4
责　任　者：欧建平编译
出　版　者：上海音乐出版社
出版时间：1992.2
出　版　地：上海
页　　　数：390 页
尺　　　寸：20cm
价　　　格：8.70
馆藏地址：北京舞蹈学院图书馆
内容提要：本书介绍了现代舞的产生与发展，25 位名家的论述和 265 条术语。我们更应该懂得："芭蕾舞跳条件，现代舞跳观念"！要跳地道的现代舞，要作真正的现代舞蹈家，首先需要有思想，然后才可能创造出为自己服务的肢体技术来；因此，在西方现代舞的强国，大学生历来是从事现代舞的最佳人选，而大学校园则是发展现代舞的最佳环境！因此，现代舞，乃至整个 20 世纪现代哲学和美学的思想，早已成为建立和发展现代高等舞蹈教育的理论基础。

1137

中图法分类：（索书号）J721/17
题　　　名：中国舞蹈艺术（1942-1992）
书　　　号：ISBN 7-5399-0336-9
责　任　者：刘峻骧主编，中国艺术研究所中华舞史研究编辑部编
出　版　者：江苏文艺出版社
出版时间：1992.3
出　版　地：南京
页　　　数：200 页
尺　　　寸：32cm
价　　　格：198.00
馆藏地址：北京舞蹈学院图书馆
内容提要：舞蹈是古老的艺术，然而舞蹈史论的研究却是很年轻的学科。舞蹈是形象的艺术，以图文并茂的画册展示舞蹈发展的史迹是最佳形式。五千年的舞蹈文明史，凝聚为近半个世纪的中国舞蹈艺术的复兴，这是颇有见地的舞蹈史学观点。刘峻骧主编、《中华舞史研究》编辑部编撰、江苏文艺出版社出版的大型艺术图册《中国舞蹈艺术》，展示了五十年来中国民族民间舞蹈的勃兴，作为独立的剧场艺术的中国舞剧、舞蹈艺术的创立，大批优秀舞蹈表演人才的成长和舞蹈史论研究的开展，堪称千古盛事。以如此精美的画册形式，和以论带史的论述，形象生动地记录了五十年来舞蹈艺术日益繁荣昌盛的景象。这正是本书的精华所在。

1138

1139

中图法分类：（索书号）J712.23/3
题　　　名：儿童舞蹈启蒙（影印本）
书　　　号：ISBN 7-204-01696-3
责　任　者：高守贤，韦元岩编著
出　版　者：内蒙古人民出版社
出 版 时 间：1992.4
出　版　地：呼和浩特
页　　　数：129页：图
尺　　　寸：19cm
价　　　格：2.50
馆 藏 地 址：北京舞蹈学院图书馆
内 容 提 要：本书讲述了儿童舞蹈启蒙训练的
常识，介绍了儿童最初的启蒙训练方法，选编
了几十个儿童舞蹈节目。

1140

中图法分类：（索书号）J705/11
题　　　名：外国著名芭蕾舞剧故事
书　　　号：ISBN 7-104-00149-2
责　任　者：［美］巴兰钦（Balanchine,
　　　　　　　George），［美］梅森（Mason,
　　　　　　　Francis）著
出　版　者：中国戏剧出版社
出 版 时 间：1992.4
出　版　地：北京
页　　　数：412页
尺　　　寸：19cm
价　　　格：6.60
馆 藏 地 址：北京舞蹈学院图书馆
内 容 提 要：本书介绍了54部外国著名芭蕾
舞剧的剧情梗概、创作过程以及舞蹈艺术特
色，其中有现存最早的剧目《落难姑娘》，也
有较新的剧目如《幽魂变奏曲》等。

中图法分类：（索书号）J717.2/2
题　　　名：中国舞蹈服装设计精选
责　任　者：王蕙君编著
出　版　者：富大出版社
出版时间：1992.4
出　版　地：台中市
页　　　数：1册
尺　　　寸：28.5cm
价　　　格：30.0
馆藏地址：北京舞蹈学院图书馆
内容提要：本书是多次获奖的年轻舞蹈服装设计师精心杰作。主要讲述了各个民族舞蹈所用的服装精选，例如白马藏人生活在川甘交界的岷山山谷，衣着夏白冬黑为主、广西三江侗族自治县，妇女喜用蛋清浆过的衣料做服装等内容。作者原是中国铁路文工团服装设计师。王蕙君女士的特殊经历——曾为舞蹈演员、舞蹈教师到现在的服装设计师。她还是1972年毕业于北京舞蹈学院的学生。

中图法分类：（索书号）J722.7/14
题　　　名：潮阳英歌舞
书　　　号：ISBN 7-218-05342-4
责　任　者：隗芾、际云编著
出　版　者：广东人民出版社
出版时间：1992.5
出　版　地：广州
页　　　数：182页：图，照片，
尺　　　寸：24cm
价　　　格：238.00（全三册）
馆藏地址：北京舞蹈学院图书馆
内容提要：本书详细介绍了潮阳英歌舞的概况和队伍现状、潮阳英歌舞的源流和传说、英歌舞理论、英歌舞表演的服饰、道具、乐器和基本动作等。

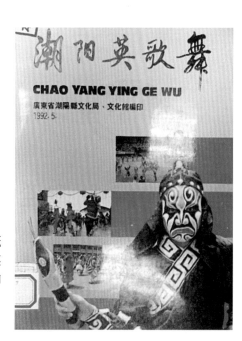

1143

中图法分类：（索书号）J722.225.1/2
题　　　名：桂东瑶舞探秘（影印本）
书　　　号：ISBN 7-5363-1684-4
责　任　者：刘小春等主编
出　版　者：广西民族出版社
出版时间：1992.5
出　版　地：南宁
页　　　数：262 页
尺　　　寸：19cm
价　　　格：6.00
馆藏地址：北京舞蹈学院图书馆
内容提要：本书对桂东地区瑶族舞蹈文化遗产的历史背景、外观形态、思想内涵、审美特征、品位与价值以及整体的风貌进行了研究。

1144

中图法分类：（索书号）J722.21/22
题　　　名：全国首届商河鼓子秧歌研讨会：文集（影印本）（内部资料）
责　任　者：陈学孟等编辑
出　版　者：商河县文学艺术界联合会编
出版时间：1992.5
出　版　地：山东省商河县
页　　　数：134 页
尺　　　寸：26cm
价　　　格：15.00
馆藏地址：北京舞蹈学院图书馆
内容提要：本书收录了 1992 年全国首届商河鼓子秧歌研讨会的论文、谈话记录、领导讲话等 30 余篇，以及贺词、贺画和大会组织工作的有关材料等。内容包括商河鼓子秧歌的渊源流传及发展；鼓子秧歌的流派及特点；秧歌场子的变化规律；个人舞技的内涵；打击乐与表现力；鼓子秧歌的服饰与道具；广场上的鼓子秧歌如何搬上舞台等。

中图法分类：（索书号）J709/14

题　　　名：人类文明编年纪事—音乐和舞蹈分册（影印本）

书　　　号：ISBN 7-5001-0079-5

责　任　者：（德）维尔纳·施泰因（Werner Stein）著；熊少麟等译

出　版　者：中国对外翻译出版公司

出版时间：1992.5

出　版　地：北京

页　　　数：161页（共7册）

尺　　　寸：20cm

价　　　格：58.00（全套）

馆藏地址：北京舞蹈学院图书馆

内容提要：本书分为政治和军事；哲学、宗教和教育；经济和生活；科学和技术；文学和戏剧；美术、建筑和电影；音乐和舞蹈等7册。

1145

中图法分类：（索书号）J732.8/73

题　　　名：社交舞入门

书　　　号：ISBN 957-657-055-7

责　任　者：梁仪编著

出　版　者：台湾珠海出版有限公司

出版时间：1992.5

出　版　地：台北市

页　　　数：249页

尺　　　寸：20cm

价　　　格：63.00 TWD180.00

馆藏地址：北京舞蹈学院图书馆

内容提要：本书对主要的社交舞，都周详地利用解说、照片和平面图来介绍基本步型，而且收集了一批变化步型。读者不仅可以较容易地入门，而且也可以熟习基本步型基础上更上层楼。此外，对于各种舞的特点、要领乃至节拍、音乐，都有画龙点睛的阐述。

1146

1147

中图法分类：（索书号）J722.3/10
题　　名：幼儿律动与舞蹈（影印本）
书　　号：ISBN 7-105-01334-6
责 任 者：杨书明，陈银云著
出 版 者：民族出版社
出版时间：1992.5
出 版 地：北京
页　　数：261 页
尺　　寸：19cm
价　　格：3.50
馆藏地址：北京舞蹈学院图书馆
内容提要：本书包含了 70 个幼儿律动与舞蹈，并附作者在儿童舞蹈教学中积累的经验介绍。此书系统地介绍了儿童舞蹈的教学方法。

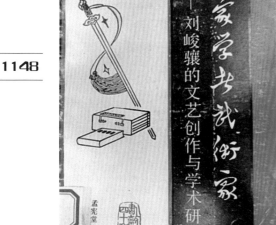

1148

中图法分类：J70/46
题　　名：作家学者武术家：刘峻骧的文艺创作与学术研究（内部资料）
责 任 者：孟宪堂编
出 版 者：图书出版社
出版时间：1992.5
出 版 地：北京
页　　数：473 页，[3] 页图版
尺　　寸：21cm
价　　格：12.00
馆藏地址：北京舞蹈学院图书馆
内容提要：本书包括刘峻骧的代表作《伍豪之剑》和三十年论文选，部分研讨会论文与历年报刊对刘峻骧的评介。刘峻骧老师曾是艺术研究院舞蹈研究所副所长、研究员。他在舞蹈理论、武术理论上有独到观点。

中图法分类：（索书号）J722.3/14
题　　　名：少年儿童民间舞组合集
书　　　号：ISBN 7-5621-0608-8
责　任　者：陈银云编著
出　版　者：西南师范大学出版社
出版时间：1992.6
出　版　地：重庆
页　　　数：195 页
尺　　　寸：20cm
价　　　格：5.30
馆藏地址：北京舞蹈学院图书馆
内容提要：本书介绍了藏族、汉族、蒙古族、维吾尔族、朝鲜族等中国有代表性的民族和地区的舞蹈中适于孩子们练习和表演的民间舞组合。

1149

中图法分类：（索书号）J701/7
题　　　名：舞蹈美
书　　　号：ISBN 7-5351-0832-6
责　任　者：张华主编
出　版　者：湖北教育出版社
出版时间：1992.6
出　版　地：武汉
丛　　　书：中学生美学文库
页　　　数：117 页
尺　　　寸：19cm
价　　　格：3.25
馆藏地址：北京舞蹈学院图书馆
内容提要：本书主要阐述了舞蹈审美、舞蹈如何审美地把握人生以及如何对舞蹈艺术进行审美，全书内容包括：年轻的老祖母、下海去试试、剧场曙光、舞蹈她自己 4 章。

1150

1151

中图法分类：J70/30
题　　名：现代芭蕾：20世纪的弥撒
书　　号：ISBN 7-80553-354-7
责 任 者：黄麒、叶蓉著
出 版 者：上海音乐出版社
出版时间：1992.6
出 版 地：上海
页　　数：284页
尺　　寸：20cm
价　　格：8.30
馆藏地址：北京舞蹈学院图书馆
内容提要：本书介绍了20世纪欧美芭蕾艺术的历史，通过对不同时期、不同风格流派的重要代表作品的介绍，描绘了20世纪芭蕾舞蹈的演变过程。

1152

中图法分类：（索书号）J70-05/15
题　　名：中国古典舞与雅士文化
书　　号：ISBN 7-5383-1687-6
责 任 者：于平著
出 版 社：吉林教育出版社
出版时间：1992.6
出 版 地：长春市
页　　数：290页：彩图
尺　　寸：20cm
价　　格：9.50
馆藏地址：北京舞蹈学院图书馆
内容提要：本书论述了中国古典舞的文化底蕴、礼法意识、生态网络等内容。书中论述了："道家的'自由'品格，是一种超越现实、与自然合一的精神追求；是摆脱有限世界，达到无限终极的审美意识。"揭示了中国古典舞受中国传统文化影响的内在规律。

中图法分类：（索书号）J70-05/16
题　　名：中国民间舞与农耕信仰
书　　号：ISBN 7-5383-1686-8
责 任 者：张 华著
出 版 社：吉林教育出版社
出版时间：1992.6
出 版 地：长春
页　　数：276 页
尺　　寸：20cm
价　　格：9.10
馆藏地址：北京舞蹈学院图书馆
内容提要：本书探讨了以各民族农民舞蹈为主的农耕文化圈中的民间舞与农耕信仰的种种关系。深刻地揭示了中国民间舞与农耕信仰的关系。

1153

中图法分类：（索书号）J722.2（56）/1/：1
题　　名：中国民族民间舞蹈集成，江西卷（上）
书　　号：ISBN 7-5076-0003-3
责 任 者：《中国民族民间舞蹈集成》编辑部编
出 版 者：中国 ISBN 中心
出版时间：1992.6
出 版 地：北京
页　　数：2 册（1505 页）
尺　　寸：26cm
价　　格：125.00（全 2 卷）
馆藏地址：北京舞蹈学院图书馆
内容提要：本书记叙了该省汉族、畲族舞蹈（包括中华苏维埃时期歌舞）的内容、形式、风格特点及历史和现状等。

1154

1155

中图法分类：（索书号）J722.2（56）/1：2
题　　　名：中国民族民间舞蹈集成，江西卷
　　　　　　（下）
书　　　号：ISBN 7-5076-0003-3
责 任 者：《中国民族民间舞蹈集成》编辑
　　　　　　部编
出 版 者：中国 ISBN 中心
出 版 时 间：1992.6
出 版 地：北京
页　　　数：2 册（1505 页）
尺　　　寸：26cm
价　　　格：125.00（全 2 卷）
馆 藏 地 址：北京舞蹈学院图书馆
内 容 提 要：本书记叙了该省汉族、畲族舞蹈
（包括中华苏维埃时期歌舞）的内容、形式、
风格特点及历史和现状等。

1156

中图法分类：（索书号）J721.1/2
题　　　名：古丝路音乐暨敦煌舞谱研究
书　　　号：ISBN 7-80587-090-X
责 任 者：席臻贯著
出 版 者：敦煌文艺出版社
出 版 时 间：1992.7
出 版 地：兰州
页　　　数：240 页
尺　　　寸：26cm
价　　　格：19.25
馆 藏 地 址：北京舞蹈学院图书馆
内 容 提 要：本书共包括研究文章 18 篇，内
容涉及敦煌舞谱交叉研究考察、敦煌曲谱的翻
译和研究、丝绸之路音乐文化流向、日本音乐
与敦煌曲谱的关系等内容。

中图法分类：（索书号）J63/740
题　　名：古艺拾粹
书　　号：ISBN 7-5387-0479-5
责　任　者：隗芾著
出　版　者：时代文艺出版社
出版时间：1992.7
出　版　地：长春
丛　　书：汕头大学人文科学丛书之五
页　　数：289 页
尺　　寸：20cm
价　　格：5.80
馆藏地址：浙江图书馆
内容提要：本书分"乐舞部"和"戏曲部"。收集作者有关乐律史论文十余篇。本书是作者对中国古代的音乐、舞蹈、戏曲等方面进行深入研究的论文集。

1157

中图法分类：（索书号）J721.1/4
题　　名：东巴神系与东巴舞谱
书　　号：ISBN 7-222-00547-1
责　任　者：戈阿干著
出　版　者：云南人民出版社
出版时间：1992.9
出　版　地：昆明
丛　　书：东巴文化丛书
页　　数：203 页
尺　　寸：19cm
价　　格：4.05
馆藏地址：北京舞蹈学院图书馆
内容提要：本书介绍了纳西族的概括和东巴文的由来，叙述了东巴舞谱形貌概览，探讨了东巴舞谱谱源，并分析了东巴舞的现状及其保存前景等。

1158

1159

中图法分类：（索书号）J722.211/12

题　　　名：胶州大秧歌

书　　　号：ISBN 7-5039-1014-3

责 任 者：吕文斌等著

出 版 者：文化艺术出版社

时　　　间：1992.10

出 版 地：北京

页　　　数：209 页

尺　　　寸：18cm

价　　　格：3.80

馆 藏 地 址：北京舞蹈学院图书馆

内 容 提 要：本书叙述了胶州秧歌的历史和特征，介绍了小调秧歌的行当、音乐、服饰、道具、舞蹈动作、常用队形和场记说明，介绍了小戏秧歌中的"安锅"、剧本、演出习俗、曲牌、轶闻以及秧歌班的编制等，并记录了胶州秧歌师承关系、人物、活动范围、安锅等方面的资料。

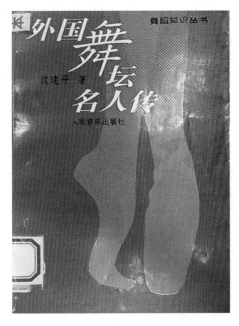

中图法分类：（索书号）J709/6

题　　　名：外国舞坛名人传

书　　　号：ISBN 7-103-00977-5

责 任 者：欧建平著

出 版 者：人民音乐出版社

出 版 时 间：1992.10

出 版 地：北京

丛　　　书：舞蹈知识丛书

页　　　数：279 页

尺　　　寸：20cm

价　　　格：6.40

馆 藏 地 址：北京舞蹈学院图书馆

内 容 提 要：本书记录了 29 位外国舞蹈家的生平事迹和舞蹈生涯。其中书目的内容有：尼金斯卡美国芭蕾之父、巴兰钦二十世纪七十年代最佳"吉赛尔"、玛卡洛娃现代舞之母、邓肯美国现代舞之母等等。

中图法分类：（索书号）J722.2（1）/1
题　　　名：中国民族民间舞蹈集成，北京卷
书　　　号：ISBN 7-5076-0005-X
责　任　者：《中国民族民间舞蹈集成》编辑
　　　　　　部编
出　版　者：中国 ISBN 中心
出 版 时 间：1992.10
出　版　地：北京
页　　　数：1023 页
尺　　　寸：26cm
价　　　格：80.00
馆 藏 地 址：北京舞蹈学院图书馆
内 容 提 要：本书基本概括了北京民间舞蹈的
全貌，并展示其风采特色。是介绍北京地区舞
蹈艺术最为系统的舞蹈集成。

中图法分类：（索书号）J722.2（67）/1/：1
题　　　名：中国民族民间舞蹈集成，广西卷
　　　　　　（上）
书　　　号：ISBN 7-5076-0009-2
责　任　者：《中国民族民间舞蹈集成》编辑
　　　　　　部编
出　版　者：中国 ISBN 中心
出 版 时 间：1992.10
出　版　地：南宁
页　　　数：2 册（1462 页）
尺　　　寸：26cm
价　　　格：120.00（全 2 卷）
馆 藏 地 址：北京舞蹈学院图书馆
内 容 提 要：本书记录了广西地区的：壮族、
汉族、瑶族、苗族、侗族、仫佬族、毛南族、
京族、彝族、水族等少数民族舞蹈。广西壮族
自治区是一个多民族聚集的，有着丰富民族舞
蹈艺术资源的地区。

1163

中图法分类：（索书号）J722.2（67）/1/：2

题　　名：中国民族民间舞蹈集成，广西卷（下）

书　　号：ISBN 7-5076-0009-2

责 任 者：《中国民族民间舞蹈集成》编辑部编

出 版 者：中国 ISBN 中心

出版时间：1992.10

出 版 地：南宁

页　　数：2 册（1462 页）

尺　　寸：26cm

价　　格：120.00（全 2 卷）

馆藏地址：北京舞蹈学院图书馆

内容提要：本书记录了广西地区的：壮族、汉族、瑶族、苗族、侗族、仫佬族、毛南族、京族、彝族、水族等少数民族舞蹈。广西壮族自治区是一个多民族聚集的，有着丰富民族舞蹈艺术资源的地区。

1164

中图法分类：（索书号）J709.2/21

题　　名：20 世纪中国舞蹈（影印本）

书　　号：ISBN 7-5436-0860-X20

责 任 者：王克芬等著

出 版 者：青岛出版社

出版时间：1992.12

出 版 地：山东青岛

丛　　书：中华 20 世纪丛书

页　　数：268 页

尺　　寸：19cm

价　　格：4.70

馆藏地址：北京舞蹈学院图书馆

内容提要：本书分近代与现代舞蹈两部分。全书介绍了五四至新中国成立以后各历史时期的舞蹈发展，并分析了 10 年浩劫中舞蹈艺术的畸形发展的情况。

中图法分类：（索书号）J732.8/8
题　　　名：新潮交谊舞
书　　　号：ISBN 7-5388-1950-9
责 任 者：马德云编著
出 版 者：黑龙江科学技术出版社
出 版 时 间：1992.12
出 版 地：哈尔滨
页　　　数：204 页
尺　　　寸：20cm
价　　　格：5.60
馆 藏 地 址：北京舞蹈学院图书馆
内 容 提 要：本书着重介绍了慢四、中四、快四、吉特巴、伦巴等 9 种 11 套交谊舞的舞姿、步法、节奏等。

1165

中图法分类：（索书号）J82/6843
题　　　名：20 世纪中国戏剧舞台（国家"八五"重点图书）
书　　　号：ISBN 7-5436-0861-8
责 任 者：吴乾浩，谭志湘
出 版 者：青岛出版社
出 版 时 间：1992（1993 印刷）
出 版 地：青岛
丛　　　书：中华 20 世纪丛书
页　　　数：256 页：图片
尺　　　寸：19cm
价　　　格：4.05
主 题 标 目：戏剧—中国~20 世纪
馆 藏 地 址：上海图书馆
内 容 提 要：本书为国家"八五"重点图书，真实记载 20 世纪以来的中国戏曲舞台、包括戏曲剧种、戏曲艺术家、戏曲理论、创作、风格等内容。

1166

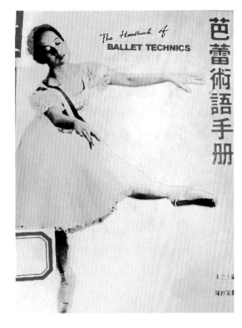

1167

中图法分类：（索书号）J7-61/8
题　　　名：芭蕾术语手册
内部发行
责　任　者：朱立人编；陈婷策划
出　版　者：陈婷艺术开发中心
出 版 时 间：1992
出　版　地：北京
页　　　数：110 页
尺　　　寸：19cm
价　　　格：
馆 藏 地 址：北京舞蹈学院图书馆
内 容 提 要：该词典内容以古典芭蕾常用动作为主，兼收与芭蕾教学训练、舞台演出及职称等有关的条目；每个条目内含本词、语种、近似的汉语读音以及释义四部分。

1168

中图法分类：（索书号）J709.2/10
题　　　名：敦煌舞蹈
书　　　号：ISBN 7-80547-108-8
责　任　者：董锡玖编
出　版　者：新疆美术摄影出版社
出 版 时 间：1992
出　版　地：乌鲁木齐
丛　　　书：敦煌吐鲁番艺术丛书
页　　　数：158 页：19 页图版
尺　　　寸：20cm
价　　　格：9.20
馆 藏 地 址：北京舞蹈学院图书馆
内 容 提 要：本书收录了有关敦煌壁画音乐舞蹈方面的 21 篇国内研究者的论文。是对敦煌壁画中的舞蹈进行深入研究的专著。

中图法分类：（索书号）J712.23/6
题　　　名：儿童歌舞基础知识（影印本）
书　　　号：ISBN 7-5351-0694-3
责　任　者：潘代双编著
出　版　者：湖北教育出版社
出版时间：1992
出　版　地：武汉
页　　　数：114 页
尺　　　寸：19cm
价　　　格：2.15
馆藏地址：北京舞蹈学院图书馆
内容提要：本书讲述了 5～13 岁儿童歌舞的理论知识和技艺。详细介绍了儿童歌舞方面的问题并对儿童舞蹈的基本训练的常用术语，舞蹈动作的图解等都做了概述。

1169

中图法分类：（索书号）J722.21/43
题　　　名：康乐活动丛书：土风舞
书　　　号：ISBN 957-530-370-9
责　任　者：幼狮文化事业公司主编
出　版　者：幼狮文化事业公司印行
出版时间：1992
出　版　地：台北市
丛　　　书：康乐活动丛书
页　　　数：222 页
尺　　　寸：20cm
价　　　格：55.00　　TWD220.00
馆藏地址：北京舞蹈学院图书馆
内容提要：本书主要内容包括：土风舞的基本知识和入门，书中主要收集了舞蹈欧洲篇、美洲篇、亚洲篇、中国篇等舞蹈作品，对这些作品的音乐、舞步、舞姿、动作等内容作了详细的说明。

1170

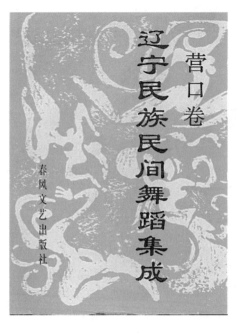

1171

中图法分类：（索书号）J722.2/3370#
题　　名：辽宁民族民间舞蹈集成，营口卷
书　　号：ISBN 7-5313-0757-X
责 任 者：辽宁民族民间舞蹈集成编委会
出 版 者：春风文艺出版社
出版时间：1992
出 版 地：沈阳
页　　数：986：彩照，图片
尺　　寸：26cm
价　　格：30.00
馆藏地址：上海图书馆
内容提要：本书收入了流行于营口市的民族民间舞蹈，内容包括营口市民族民间舞蹈综述、调查表、分布图、辽南高跷秧歌等。

1172

中图法分类：（索书号）J722.221.5
　　　　　　（I247.8/4843）
题　　名：丝路乐舞故事
书　　号：ISBN 7-228-01940-7
责 任 者：赵世骞著
出 版 者：新疆人民出版社
出版时间：1992
出 版 地：乌鲁木齐
页　　数：214 页
尺　　寸：19cm
价　　格：4.35
馆藏地址：上海图书馆
内容提要：本书介绍了一批丝路艺术家，丝路乐舞、乐器和乐曲等。新疆地方性舞蹈。充分感受新疆的地域民俗风情，领略真正的无限热情的舞蹈，感受新疆的地域民俗风情。

中图法分类：（索书号）J792-40/1
题　　　名：舞蹈资料文献集（内部资料）
责　任　者：李至善等编著
出　版　者：北京舞蹈学院
出版时间：1992.1
出　版　地：北京
丛　　　书：中外舞蹈文献丛书
页　　　数：318 页
尺　　　寸：20cm
价　　　格：
馆藏地址：北京舞蹈学院图书馆
内容提要：本文献集根据专业教学对图书资料的需求，搜集了专业学科的有关文献情报，主要包括：北京舞蹈学院简介以及各个学科的介绍等等。

1173

中图法分类：（索书号）J732.8/74
题　　　名：现代交际舞
书　　　号：ISBN 957-657-055-7
责　任　者：杨昌雄编
出　版　者：众文图书股份有限公司
出版时间：1992
出　版　地：台北市
页　　　数：136 页
尺　　　寸：20cm
价　　　格：28.00　TWD80.00
馆藏地址：北京舞蹈学院图书馆
内容提要：舞蹈是人类的本能活动，由人类的历史，可以看出舞蹈是人类生活的一部分；作者除了实地参加各国的舞会之外，并参考十余种舞蹈书籍，发现各地交际舞跳法并不一致，只是基本步法大致雷同，为配合国内现有的水准，将各种舞步做一整理，专供想跳舞而没时间去学，及已经会跳而不知正确跳法的人参考，读者只要熟记本书步法，已经可称得上第一流好手，就是游离各国也通过无阻。这是作者为本书学习现代交际舞舞者的初衷。

1174

1175

中图法分类：（索书号）J732.8/10
题　　　名：怎样跳好交谊舞
书　　　号：ISBN 7-5364-1816-7
责 任 者：吴欢迎、周晓健编著
出 版 者：四川科学技术出版社
出 版 时 间：1992
出 版 地：成都
页　　　数：237页
尺　　　寸：20cm
价　　　格：8.00
馆 藏 地 址：北京舞蹈学院图书馆
内 容 提 要：本书介绍了7个舞种的近百种变化的舞步跳法及舞会的组织与比赛等知识。是学习交谊舞的基础教材。

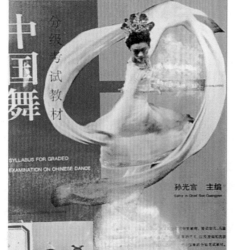

1176

中图法分类：（索书号）J719.3/1：1-2（2）
题　　　名：中国舞分级考试教材（第一、二级儿童）
书　　　号：ISBN 7-80077-581-X
责 任 者：孙光言主编
出 版 者：青少年音像出版社
出 版 时 间：1992
出 版 地：北京
页　　　数：127页
尺　　　寸：26cm
价　　　格：14.50
馆 藏 地 址：北京舞蹈学院图书馆
内 容 提 要：本书内容包括中国舞第一、第二级的教学提示、教学大纲、教材内容索引、教材与教学法、教材伴奏曲等。书末附有《中国舞分级考试教材》考试条例、舞蹈练习服图谱。

中图法分类：（索书号）J719.3/1/：1-2（1）
题　　　名：中国舞分级考试教材伴奏曲（第
　　　　　　一、二级儿童）
书　　　号：ISBN 7-80077-581-X
责　任　者：孙光言主编
出　版　者：开明出版社
出版时间：1993.2
出　版　地：上海
页　　　数：122 页
尺　　　寸：26cm
价　　　格：14.50
馆藏地址：北京舞蹈学院图书馆
内容提要：本书包括中国舞蹈教育第一级伴
奏曲谱 26 个、第二级伴奏曲谱 28 个，以儿童
歌曲、民歌、儿童钢琴曲为主。

1177

中图法分类：（索书号）J721/14：3
题　　　名：中国新文艺大系：1976～1982，
　　　　　　舞蹈集
书　　　号：ISBN 7-5059-1716-1
责　任　者：吴晓邦，游惠海主编
出　版　者：中国文联出版社
出版时间：1992
出　版　地：北京
页　　　数：141 页
尺　　　寸：26cm
价　　　格：31.40
馆藏地址：北京舞蹈学院图书馆
内容提要：本书分舞蹈作品、舞剧作品和芭
蕾作品三部分，介绍了中国部分舞蹈演出作品
的编导人员、作曲者、演出单位、演员、故事
梗概、作品赏析和所获奖项，并配以演出图片
和文字说明。

1178

1179

中图法分类：（索书号）J722.221.2 \ 1 \ （书
　　　　　　　刊保存本库）
题　　　名：安代舞
书　　　号：ISBN 7-5059-1429-4
责 任 者：石小红，高娃编著
出 版 者：中国文联出版公司
出 版 时 间：1993.5
出 版 地：北京
页　　　数：78 页
尺　　　寸：19cm
价　　　格：2.30
馆 藏 地 址：北京图书馆
内 容 提 要：本书详细介绍了安代舞的跳法以
及它的舞蹈动作特点。安代舞被称为蒙古族集
体舞蹈的活化石，是一种在肃北草原广为流传
的原生态舞蹈，具有悠久的历史和渊源。它是
蒙古民族舞蹈艺术殿堂里的一颗明珠，具有鲜
明的民族风格，浓郁的生活气息，现已发展成为蒙古族的集体健身舞。传统安代以唱为
主，伴以舞蹈动作，相传是一种用舞蹈来治病的神秘民间舞蹈，至今已有 400 多年的传
承历史。

1180

中图法分类：（索书号）J722.2（25）/1/：1
题　　　名：中国民族民间舞蹈集成，山西卷
　　　　　　　（上）
书　　　号：ISBN 7-5076-0008-4
责 任 者：《中国民族民间舞蹈集成》编辑
　　　　　　　部编
出 版 者：中国 ISBN 中心
出 版 时 间：1993.5
出 版 地：北京
页　　　数：2 册（1465 页）
尺　　　寸：26cm
价　　　格：110.00（2 册）
馆 藏 地 址：北京舞蹈学院图书馆
内 容 提 要：本书介绍了山西省民族民间舞蹈
的概况和山西省各县民族民间舞蹈分布情况，
并用图文并茂、音舞结合的方式记录了山西省
各地区民间舞蹈的技术说明，包括当地代表性
舞蹈节目的舞曲、基本动作、场记说明、服饰和道具等，并配有乐谱和插图。

中图法分类：（索书号）J722.2（25）/1/：2
题　　　名：中国民族民间舞蹈集成，山西卷（下）
书　　　号：ISBN 7-5076-0008-4
责　任　者：《中国民族民间舞蹈集成》编辑部编
出　版　者：中国 ISBN 中心
出 版 时 间：1993.5
出　版　地：北京
页　　　数：2 册（1465 页）
尺　　　寸：26cm
价　　　格：110.00（2 册）
馆 藏 地 址：北京舞蹈学院图书馆
内 容 提 要：本书介绍了山西省民族民间舞蹈的概况和山西省各县民族民间舞蹈分布情况，并用图文并茂、音舞结合的方式记录了山西省各地区民间舞蹈的技术说明，包括当地代表性舞蹈节目的舞曲、基本动作、场记说明、服饰和道具等，并配有乐谱和插图。

中图法分类：（索书号）J719.3/1/：1（2）
题　　　名：中国舞分级考试教材伴奏曲（启蒙、初级课）
书　　　号：ISBN 7-80077-580-1
责　任　者：孙光言主编
出　版　者：开明出版社
出 版 时 间：1993.6.2
出　版　地：北京
页　　　数：114 页
尺　　　寸：26cm
价　　　格：14.50
馆 藏 地 址：北京舞蹈学院图书馆
内 容 提 要：本书包括中国舞蹈教育启蒙、初级课伴奏曲谱、伴奏曲谱等，以儿童歌曲、民歌、儿童钢琴曲为主。作为普及性的舞蹈教材，它不仅可以为专业舞蹈团体提供候选人，更重要的是提高少年儿童及青年的文化素养和舞蹈艺术的审美能力，是文化部唯一认可的一套舞蹈考级教材。

1183

中图法分类：（索书号）J732.8/11∶1

题　　　名：国际标准交谊舞指南．第一册，现代舞：舞中皇后华尔兹

书　　　号：ISBN 7-224-02696-4

责　任　者：崔淑英、袁一路编著

出　版　者：陕西人民出版社

出 版 时 间：1993.6

出　版　地：西安

页　　　数：39页

尺　　　寸：26cm

价　　　格：5.50

馆 藏 地 址：北京舞蹈学院图书馆

内 容 提 要：本书为第一分册，本书对华丽、优雅，享有"舞中皇后"的美称华尔兹舞的起源、风格特点、男女舞伴握抱姿态、舞步、跳法作了全面详尽的介绍。从舞蹈运行路线到十六组动作，如："旋转锁步"、"开式左急转步"、"纺织步"、"犹豫步"等都分成条目一一叙述。

1184

中图法分类：（索书号）J732.8/11∶2

题　　　名：国际标准交谊舞指南．第二册，现代舞：舞中之王探戈

书　　　号：ISBN 7-224-02695-6

责　任　者：崔淑英、袁一路编著

出　版　者：陕西人民出版社

出 版 时 间：1993.6

出　版　地：西安

页　　　数：38页

尺　　　寸：26cm

价　　　格：5.30

馆 藏 地 址：北京舞蹈学院图书馆

内 容 提 要：本书对探戈舞的起源、风格特点、男女舞伴舞姿、舞步、跳法作了介绍。

中图法分类：(索书号) J732.8/11：3
题　　　名：国际标准交谊舞指南．第三册，
　　　　　　现代舞：狐步舞
书　　　号：ISBN 7-224-02694-8
责　任　者：崔淑英、袁一路编著
出　版　者：陕西人民出版社
出版时间：1993.6
出　版　地：西安
页　　　数：45 页
尺　　　寸：26cm
价　　　格：4.50
馆藏地址：北京舞蹈学院图书馆
内容提要：本书对步态从容、轻盈、飘逸、
形如狐狸跑步的狐步舞的起源、风格特点、男
女舞伴握抱姿态、舞步、跳法作了全面详尽的
介绍。从舞蹈运行路线到十九组动作，如：
"羽步"、"左步浪步"、"徘徊急转步"、"左转
并退滑轴转"等都分成条目一一叙述。

1185

中图法分类：(索书号) J732.8/11：4
题　　　名：国际标准交谊舞指南．第四册，
　　　　　　现代舞：快步舞
书　　　号：ISBN 7-224-02693-X
责　任　者：崔淑英、袁一路编著
出　版　者：陕西人民出版社
出版时间：1993.6
出　版　地：西安
页　　　数：48 页
尺　　　寸：26cm
价　　　格：6.00
馆藏地址：北京舞蹈学院图书馆
内容提要：本书对快步舞的起源、风格特
点、男女舞伴舞姿、舞步、跳法作了详细
介绍。

1186

1187

中图法分类：（索书号）J732.8/11／：5

题　　　名：国际标准交谊舞指南．第五册，
　　　　　　现代舞：维也纳华尔兹

书　　　号：ISBN 7-224-02692-1

责　任　者：崔淑英、袁一路编著

出　版　者：陕西人民出版社

出版时间：1993.6

出　版　地：西安

页　　　数：36页

尺　　　寸：26cm

价　　　格：4.10

馆藏地址：北京舞蹈学院图书馆

内容提要：本书对华尔兹舞的起源、风格特点、男女舞伴舞姿、舞步、跳法作了详细介绍。

1188

中图法分类：（索书号）J732.8/9

题　　　名：学跳国际标准交谊舞

书　　　号：ISBN 7-5009-0818-0

责　任　者：傅中枢编著

出　版　者：人民体育出版社

出版时间：1993.6

出　版　地：北京

页　　　数：128页

尺　　　寸：19cm

价　　　格：4.50

馆藏地址：北京舞蹈学院图书馆

内容提要：本书以图文并茂的形势介绍了国际标准交谊舞的风格和特色、国际标准交谊舞的基本知识、跳好国际标准交谊舞的技法、五种现代舞的步法、五种拉丁舞的步法等主要内容。

中图法分类：（索书号）J719.3/1/：1（1）
题　　　名：中国舞分级考试教材（启蒙、初
　　　　　　级课）
书　　　号：ISBN 7-80077-580-1
责 任 者：孙光言主编
出 版 者：开明出版社
出版时间：1993.6
出 版 地：北京
页　　　数：114 页
尺　　　寸：26cm
价　　　格：14.50
馆藏地址：北京舞蹈学院图书馆
内容提要：本书内容包括中国舞启蒙课、初
级课的教学提示、教学大纲，启蒙课教材内容
索引，启蒙课教材及伴奏曲谱，初级课内容教
材索引，初级课教材及伴奏曲谱。书末附有
《中国舞分级考试教材》考试条例、常用音乐
术语、舞蹈练习服等。

1189

中图法分类：（索书号）J703.4/1
题　　　名：中国艺术形体损伤诊治学
书　　　号：ISBN 7-5364-2725-5
责 任 者：何天祥著
出 版 者：四川科学技术出版社
出版时间：1993.6
出 版 地：成都
页　　　数：266 页
尺　　　寸：26cm
价　　　格：29.00
馆藏地址：北京舞蹈学院图书馆
内容提要：本书论述了艺术形体损伤诊治学
的基础理论和常见部位损伤的诊治方法，系统
地论述了各种职业病的特点及治疗方法。

1190

1191

中图法分类：（索书号）J709.2/46
题　　　名：城市当代舞蹈丛书：情倾芭蕾
书　　　号：ISBN 962-7805-01-7
责　任　者：李承祥著
出　版　者：城市当代舞蹈团
出版时间：1993.7
出　版　地：香港
页　　　数：160 页
尺　　　寸：18cm
价　　　格：50.00 HK45.00
馆藏地址：北京舞蹈学院图书馆
内容提要：本书介绍了芭蕾舞的历史、芭蕾舞团的活动、芭蕾舞者的生活以及芭蕾的有关知识等。是详细了解芭蕾舞的专业著述。

1192

中图法分类：（索书号）J722.3/71
题　　　名：儿童民族舞蹈
书　　　号：ISBN 7-5320-3428-3
责　任　者：郭子徽编著
出　版　者：上海教育出版社
出版时间：1993.7
出　版　地：上海
页　　　数：42 页
尺　　　寸：20cm
价　　　格：11.70
馆藏地址：北京舞蹈学院图书馆
内容提要：本书编写了汉、蒙、维、藏、朝鲜、苗、傣、佤、鄂伦春等 9 个民族的 12 个儿童舞蹈，记录了每个舞蹈的情节内容、基本动作、音乐、场记和动作说明等。

中图法分类：J70/40
题　　　名：中外舞蹈概览
书　　　号：ISBN 7-80547-132-0
责　任　者：胡小杰编著
出　版　者：新疆美术摄影出版社
出版时间：1993.7
出　版　地：乌鲁木齐
页　　　数：304 页
尺　　　寸：20cm
价　　　格：19.80
馆藏地址：北京舞蹈学院图书馆
内容提要：本书比较系统和全面，既有历史沿革的钩稽，又有当代舞蹈的简介；既有汉民族的舞蹈，也有少数民族的舞蹈；既有古典芭蕾的欣赏，又有现代舞的分析；当然，还有广泛流行的社交舞知识。

1193

中图法分类：（索书号）J719.5/15
题　　　名：芭蕾基础教程
书　　　号：ISBN 7-104-00531-5
责　任　者：朱立人编著
出　版　者：中国戏剧出版社
出版时间：1993.8
出　版　地：北京
页　　　数：141 页
尺　　　寸：20cm
价　　　格：5.50
馆藏地址：北京舞蹈学院图书馆
内容提要：本书内容包括专业舞蹈中专一年级或业余少儿班1-2年级的教学大纲所要求的全部动作和组合，从简单到复杂，从把杆练习到中间练习再到脚尖练习，从单一动作到组合动作，逐一介绍了舞蹈专业的几类动作。

1194

1195

中图法分类：（索书号）J722.2（58）/5/：2

题　　　名：台湾山胞（原住民）舞蹈集成：
　　　　　　阿美族、布农族、卑南族

责　任　者：李天民主编/"中华民国"舞蹈
　　　　　　学会学术研究组，台湾原住民舞
　　　　　　蹈编纂委员会，台湾原住民族人
　　　　　　族群舞蹈领导者编纂

出　版　者："中华民国"舞蹈学会

出版时间：1993.8

出　版　地：台北市

页　　　数：1031页：部分彩图

尺　　　寸：31cm

价　　　格：151.00

馆藏地址：北京舞蹈学院图书馆

内容提要：本书介绍了台湾山胞（原住民）
舞蹈的概况和各地区民族住区、民间舞蹈分布
情况，并用图文并茂、音舞结合的方式记录了
卑南族、布农族、阿美族的民族简介和舞蹈技术说明，包括代表性舞蹈节目的舞曲、基
本动作、场记说明、服饰和道具等，并配有乐谱和插图。

1196

中图法分类：（索书号）J732.8\12\中文基
　　　　　　藏\闭架库房

题　　　名：实用交谊舞入门：实践与提高

书　　　号：ISBN 7-80061-698-3

责　任　者：梁志远著

出　版　者：团结出版社

出版时间：1993

出　版　地：北京

页　　　数：93页：照片

尺　　　寸：26cm

价　　　格：4.95

馆藏地址：国家图书馆

内容提要：本书是全国青年国际舞蹈大赛拉
丁组冠军梁志远的专著。他以丰富的拉丁舞蹈
实践经验讲述了怎样提高学习交谊舞的方法。
浅显而实际的教初学者快速掌握跳交谊舞的基
本舞步及动作。使起源于西方的国际性的社交
舞蹈在我国广大交谊舞爱好者中得到提高。

中图法分类：（索书号）J709.2/7
题　　　名：中国乐妓秘史
书　　　号：ISBN 978-75059-179-03，
责　任　者：修 君、鉴 今著
出　版　者：中国文联出版公司
出 版 时 间：1993.9
出　版　地：北京
页　　　数：383 页
尺　　　寸：19cm
价　　　格：7.25
馆 藏 地 址：北京舞蹈学院图书馆
内 容 提 要：本书对夏商周、春秋战国乃至明清等各个朝代的乐妓历史进行了考察和介绍，涉及社会经济、婚俗、家庭、政治、审美等诸多方面。

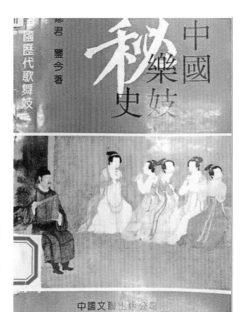

1197

中图法分类：（索书号）J721/16：1
题　　　名：敦煌的手．上卷（书内中文）
　　　　　　（影印本）
责　任　者：李振甫绘
出　版　者：株式会社安定，春日出版部
出 版 时 间：1993.10
出　版　地：日本
页　　　数：共 3 册
尺　　　寸：28cm
价　　　格：
馆 藏 地 址：北京舞蹈学院图书馆
内 容 提 要：本书按时代顺序分类，细致入微地描写了菩萨的手姿。书中的内容为图谱，按照十六国、北魏、西魏、隋、初唐、盛唐、中唐、晚唐、五代、宋、元编排。

1198

1199

中图法分类：（索书号）J721/16：2
题　　　名：敦煌的手．中卷（书内中文）
　　　　　　（影印本）
责　任　者：李振甫绘
出　版　者：株式会社安定，春日出版部
出版时间：1993.10
出　版　地：日本
页　　　数：共3册
尺　　　寸：28cm
价　　　格：
馆藏地址：北京舞蹈学院图书馆
内容提要：本书按时代顺序分类，细致入微地描写了菩萨的手姿。书中的内容为图谱，按照十六国、北魏、西魏、隋、初唐、盛唐、中唐、晚唐、五代、宋、元编排。

1200

中图法分类：（索书号）J722.2（61）/1/：1
题　　　名：中国民族民间舞蹈集成河南卷
　　　　　　（上）
书　　　号：ISBN 7-5076-0022-X
责　任　者：中国民族民间舞蹈集成编辑部编
出　版　者：中国 ISBN 中心
出版时间：1993.10
出　版　地：北京
页　　　数：2册（1322页）
尺　　　寸：26cm
价　　　格：100.00
馆藏地址：北京舞蹈学院图书馆
内容提要：本书介绍了河南省民间舞蹈的概况和各县民族民间舞蹈分布情况，并用图文并茂、音舞结合的方式记录了河南省汉族舞蹈、回族舞蹈的技术说明，包括当地代表性舞蹈节目的舞曲、基本动作、场记说明、服饰和道具等，并配有乐谱和插图。

中图法分类：（索书号）J722.2（61）/1：2
题　　　名：中国民族民间舞蹈集成河南卷
　　　　　　（下）
书　　　号：ISBN 7-5076-0022-X
责　任　者：中国民族民间舞蹈集成编辑部编
出　版　者：中国 ISBN 中心
出　版　时　间：1993.10
出　版　地：北京
页　　　数：2 册（1322 页）
尺　　　寸：26cm
价　　　格：100.00
馆藏地址：北京舞蹈学院图书馆
内容提要：本书介绍了河南省民间舞蹈的概
况和各县民族民间舞蹈分布情况，并用图文并
茂、音舞结合的方式记录了河南省汉族舞蹈、
回族舞蹈的技术说明，包括当地代表性舞蹈节
目的舞曲、基本动作、场记说明、服饰和道具
等，并配有乐谱和插图。

1201

中图法分类：J70-02/1
题　　　名：巴渝舞论
责　任　者：王静主编
出　版　者：重庆出版社
出　版　时　间：1993.11
出　版　地：重庆
页　　　数：172 页
尺　　　寸：20cm
价　　　格：15.00
馆藏地址：北京舞蹈学院图书馆
内容提要：本书是 1992 年"重庆首届巴渝
舞学术研讨会"的论文集，共收录 12 篇文章，
涉及巴渝舞的源流、巴渝舞文化结构和艺术形
态等内容。

1202

1203

中图法分类：（索书号）J709.27/1
题　　　名：当代中国舞蹈
书　　　号：ISBN 7-80092-094-1
责　任　者：吴晓邦主编
出　版　者：当代中国出版社
出版时间：1993.11
出　版　地：北京
页　　　数：608 页
尺　　　寸：20cm
价　　　格：57.00
馆藏地址：北京舞蹈学院图书馆
内容提要：本书主要讲述了开拓和建设时期、"文化大革命"时期、新的发展时期、汉族民间舞蹈、少数民族舞蹈、中国古典舞与古乐舞、中国现代舞、大型歌舞和歌舞剧、部队舞蹈、中国舞剧等内容。

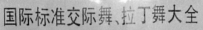

1204

中图法分类：（索书号）J732.8/4
题　　　名：国际标准交际舞、拉丁舞大全
书　　　号：ISBN 7-80075-011-8
责　任　者：王国华、刘梦鍫译
出　版　者：中国舞蹈出版社
出版时间：1993.11
出　版　地：北京
页　　　数：639 页
尺　　　寸：2 0cm
价　　　格：6.80
馆藏地址：北京舞蹈学院图书馆
内容提要：本书共分为三大部分，第一部分介绍了快步舞、华尔兹、狐步舞和探戈的当今最新技巧细节。第二部分介绍了拉丁美洲舞蹈技巧。第三部分为考试大纲。

中图法分类：（索书号）J732.8/39
题　　　名：现代标准交谊舞最新教程（初、
　　　　　　中、高级）
书　　　号：ISBN 7-212-00971-7
责　任　者：王炳嘉编著
出　版　者：安徽人民出版社
出版时间：1993.11
出　版　地：合肥
页　　　数：75 页
尺　　　寸：26cm
价　　　格：6.80
馆藏地址：北京舞蹈学院图书馆
内容提要：现代标准交谊舞规范基础常识、
现代标准舞会及恰恰恰舞规范理论、舞步及流
行组合花样步教程分解、现代标准交谊舞大赛
及裁判规则、现代标准交谊舞大赛的评判及评
分方法。

1205

中图法分类：（索书号）J722.9/2
题　　　名：中老年健身舞教学指导
书　　　号：ISBN 7-80553-450-0
责　任　者：李振文等编
出　版　者：上海音乐出版社
出版时间：1993.11
出　版　地：上海
页　　　数：173 页
尺　　　寸：20cm
价　　　格：6.30
馆藏地址：北京舞蹈学院图书馆
内容提要：本书共分为三章，第一章主要介
绍了长寿舞、充满民间土风味的秧歌、"十六
步"、恰恰恰及迪斯科等舞蹈基本动作和步法，
第二章主要介绍了木兰拳、罗汉拳等内容基本
动作，第三章主要介绍了"鸳鸯双扇"、"海韵
单扇"等舞蹈的基本动作。

1206

1207

中图法分类：（索书号）J732.8/7
题　　　名：90年代流行交谊舞
书　　　号：ISBN 7-80022-764-29
责　任　者：徐尔充，崔世莹编著
出　版　者：金盾出版社
出版时间：1993.12
出　版　地：北京
页　　　数：230页
尺　　　寸：19cm
价　　　格：4.80
馆藏地址：北京舞蹈学院图书馆
内容提要：本书介绍当今交谊舞的基本知
识，几种常见的舞姿以及90年代国内流行的
布鲁斯、慢华尔兹、快步舞、伦巴、探戈等8
种交谊舞的步法，并收入国内几位交谊舞专家
谈交谊舞的文章。

1208

中图法分类：（索书号）J722.2（71）/1：1
题　　　名：中国民族民间舞蹈集成，四川卷
　　　　　　（上）
书　　　号：ISBN 7-5076-0024-6
责　任　者：《中国民族民间舞蹈集成》编辑
　　　　　　部编
出　版　者：中国ISBN中心
出版时间：1993.12
出　版　地：北京
页　　　数：2册（1595页）
尺　　　寸：26cm
价　　　格：122.00（全2卷）
馆藏地址：北京舞蹈学院图书馆
内容提要：本书基本概括了四川民族民间舞
蹈的全貌，并展示其风采特色。对了解四川地
区民族民间舞蹈有着很大的帮助作用。

中图法分类:（索书号）J722.2（71）/1/: 2
题　　　名:中国民族民间舞蹈集成, 四川卷（下）
书　　　号: ISBN 7-5076-0024-6
责 任 者:《中国民族民间舞蹈集成》编辑部编
出 版 者:中国 ISBN 中心
出 版 时 间: 1993.12
出 版 地:北京
页　　　数: 2 册（1595 页）
尺　　　寸: 26cm
价　　　格: 122.00（全 2 卷）
馆 藏 地 址:北京舞蹈学院图书馆
内 容 提 要:本书基本概括了四川民间舞蹈的全貌, 并展示其风采特色。对了解四川地区民族民间舞蹈有着很大的帮助作用。

1209

中图法分类:（索书号）J70-02/9
题　　　名:蒙古部族舞蹈之发展（蒙古文）
书　　　号: ISBN 7-105-01998-0
责 任 者:莫德格玛著
出 版 者:民族出版社
出 版 时 间: 1993.12
出 版 地:北京
页　　　数: 270 页
尺　　　寸: 26cm
价　　　格: 20.00
馆 藏 地 址:北京舞蹈学院图书馆
内 容 提 要: 1993 年 12 月由民族出版社出版发行了蒙古文专著《蒙古部族舞蹈之发展》。1994 年 10 月莫德格玛赴蒙古国考察蒙古部族舞蹈的原貌与现状期间, 在此书的基础上又撰写和充实了《蒙古诸部族舞蹈综合性资料集成》和《蒙古族舞蹈名词术语蒙汉双解词典》。这本书以翔实的蒙古族舞蹈资料, 从历史的角度阐述了蒙古舞蹈的起源、发展的历史脉络。这本书是深入了解蒙古舞蹈的不可多得的金钥匙。

1210

中图法分类：（索书号）J705/67
题　　　名：那一舞的风情
书　　　号：ISBN 962-7805-02-5
责　任　者：刘玉华著
出　版　者：城市当代舞蹈团
出版时间：1993.12
出　版　地：香港
页　　　数：221 页
尺　　　寸：18cm
价　　　格：11.25 HKD45.00
馆藏地址：北京舞蹈学院图书馆
内容提要：香港资深芭蕾舞舞评家刘玉华活跃于香港报刊撰写舞蹈评介与专访文章，曾参与《香港舞蹈历史》（芭蕾部分），其他著作还有《国际舞星闪闪》、《中国芭蕾速写》、《风华曼舞集》、《闲情舞话》及《那一舞的风情》。本书就是通过讲述每场精彩的舞蹈演出，以尽显其独特的魅力，作者试图通过精彩的文字媒介的描述，对《那一舞的风情》给予了热情的评论。

1212

中图法分类：（索书号）J7-43/1
题　　　名：舞蹈
书　　　号：ISBN 7-226-01226-X
责　任　者：张美荣主编
出　版　者：甘肃人民出版社
出版时间：1993.12
出　版　地：兰州
页　　　数：298 页
尺　　　寸：20cm
价　　　格：5.95
馆藏地址：北京舞蹈学院图书馆
内容提要：本书共分为 5 章，内容有：舞蹈理论、舞蹈基本功、舞蹈基本步伐、民间舞蹈、体育舞蹈。

中图法分类：（索书号）J722.2/：2
题　　　名：中国少数民族民间舞蹈选介（续编）
书　　　号：ISBN 7-103-01172-9
责　任　者：马　薇编
出　版　者：人民音乐出版社
出版时间：1993.12
出　版　地：北京
页　　　数：213 页
尺　　　寸：20cm
价　　　格：5.30（9.90）
馆藏地址：北京舞蹈学院图书馆
内容提要：本书与正编对我国西北、西南、中南、东南地区 28 个少数民族较有代表性的民间舞蹈作了概括性的介绍。这是"中国少数民族民间舞蹈选介：续编"。

1213

中图法分类：（索书号）J732.8/28
题　　　名：伴你迷你：交谊舞速成
书　　　号：ISBN 7-81003-764-8
责　任　者：王家礼编著
出　版　者：北京体育学院出版社
出版时间：1993
出　版　地：北京
页　　　数：280 页
尺　　　寸：19cm
价　　　格：10.80
馆藏地址：北京舞蹈学院图书馆
内容提要：本书图文并茂地介绍了学习交谊舞的常识，并对不同舞步、舞姿做了说明。

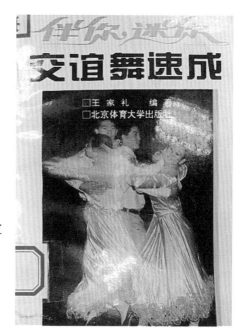

1214

1215

中图法分类：（索书号）J721/12
题　　　名：敦煌舞蹈
书　　　号：ISBN 7-80587-067-5
责　任　者：高金荣著
出　版　者：敦煌文艺出版社
出版时间：1993
出　版　地：兰州
页　　　数：197 页
尺　　　寸：26cm
价　　　格：20.70
馆藏地址：北京舞蹈学院图书馆
内容提要：本书介绍了敦煌壁画舞姿的源流和特点，敦煌舞的风格，从敦煌壁画舞到敦煌舞的产生过程，敦煌舞基本基训教材，敦煌舞基本训练教学大纲，敦煌舞基本动作训练教学大纲等。

1216

中图法分类：（索书号）J722.3/68
题　　　名：儿童节日：舞蹈
书　　　号：ISBN 7-5320-3449-6
责　任　者：郭子徽等编著
出　版　者：上海教育出版社
出版时间：1993
出　版　地：上海
页　　　数：61 页
尺　　　寸：26cm
价　　　格：10.00
馆藏地址：北京舞蹈学院图书馆
内容提要：本书收编了《新年好》、《金色的童年》、《我和祖国同长大》等 12 个儿童舞蹈。

中图法分类：（索书号）J722.211/2
题　　　名：韩城秧歌（影印本）
书　　　号：ISBN 7-80546-678-5
责　任　者：屈海浪等主编
出　版　者：三秦出版社
时　　　间：1993
出　版　地：西安
丛　　　书：陕西地方音乐丛书
页　　　数：261页
尺　　　寸：20cm
价　　　格：7.90
馆藏地址：北京舞蹈学院图书馆
内容提要：本书内容包括：论述、曲调、剧目、舞蹈和附录5部分。韩城秧歌俗称"唱秧歌"，属民间流传的"小对对戏"形式，它与"渭华秧歌"、"洛川秧歌"等均属两三个演员的秧歌小歌舞。

1217

中图法分类：（索书号）J732.8/58
题　　　名：交谊舞新花：北京平四舞指南（影印本）
书　　　号：ISBN 7-5008-1240-X
责　任　者：陈坚刚著
出　版　者：中国工人出版社
出版时间：1993
出　版　地：北京
页　　　数：114页
尺　　　寸：19cm
价　　　格：2.90
馆藏地址：北京舞蹈学院图书馆
内容提要：本书对平四交谊舞进行了系统的介绍，全书共分为八章六十二节，以脚印示意图和形体示意图介绍了平四交谊舞的基本动作和要领。

1218

1219

中图法分类：（索书号）J722.225.8/1
题　　　名：拉祜族民间舞蹈（影印本）
书　　　号：ISBN 7-5367-0632-4
责　任　者：云南省思茅地区行政公署文化
　　　　　　局，中国民族民间舞蹈集成
出　版　者：云南民族出版社
出版时间：1993
出　版　地：昆明
丛　　　书：云南地方艺术集成·志，云南民
　　　　　　族民间舞蹈集成丛书
页　　　数：292 页
尺　　　寸：20cm
价　　　格：8.20
馆藏地址：北京舞蹈学院图书馆
内容提要：本书介绍了拉祜族的芦笙舞、摆
舞、木筒鼓舞等 10 余种舞蹈和民间舞蹈传说
故事、艺人小传、民族节日调查表等。

1220

中图法分类：（索书号）J705/25DL
题　　　名：世界十大芭蕾舞剧欣赏
书　　　号：ISBN 957-9358-18-4
责　任　者：钱世锦著
出　版　者：大吕出版吴氏总经销
出版时间：1993
出　版　地：台北市
页　　　数：232 页
尺　　　寸：21cm
价　　　格：87.50 TWD250.00
馆藏地址：北京舞蹈学院图书馆
内容提要：本书作者钱世锦浸淫芭蕾艺术三
十余年，累积浓厚的芭蕾学问，特撰写十个芭
蕾史上被公认、肯定的芭蕾作品，详述其剧
情、版本演变发展及其在芭蕾发展史上的重要
价值。全书论述的十大芭蕾舞剧，包括家喻户
晓的的《吉赛尔》、《天鹅湖》、《睡美人》、
《胡桃夹子》、《火鸟》、《罗密欧与朱丽
叶》等。

中图法分类：（索书号）J705/84
题　　　名：唐满城舞蹈文集
书　　　号：ISBN 7-104-00262-6
责　任　者：唐满城著
出　版　者：中国戏剧出版社
出版时间：1993
出　版　地：北京
页　　　数：10，349 页
尺　　　寸：23cm
价　　　格：30.00
馆藏地址：北京舞蹈学院图书馆
内容提要：本书内容包括中国古典舞研究、舞剧创作、舞蹈理论与评论、"桃李杯"比赛评论、随感与散记，最后是舞蹈界对唐满城的评论文章。

1221

中图法分类：（索书号）J712/11
题　　　名：舞蹈基础训练
书　　　号：ISBN 7-81033-349-6
责　任　者：肖灵编著
出　版　者：江西高校出版社
出版时间：1993
出　版　地：南昌
页　　　数：175 页
尺　　　寸：26cm
价　　　格：14.50
馆藏地址：北京舞蹈学院图书馆
内容提要：本书包括："舞蹈基本功训练要领"、"基本功训练组合"、"集体舞"、"民族民间舞"等 9 部分。

1222

1223

中图法分类：（索书号）J70-05/9
题　　　名：舞蹈生态学论丛（影印本）
书　　　号：ISBN 7-81004-536-9
责　任　者：资华筠、王宁、资民筠主编
出　版　社：北京广播学院出版社
出版时间：1993
出　版　地：北京
页　　　数：160 页
尺　　　寸：19cm
价　　　格：5.40
馆藏地址：北京舞蹈学院图书馆
内容提要：本文共包含舞蹈生态学主题的论文 23 篇，内容包括对不同层次的舞蹈与生态环境的关系的考察考证，某些生态项或生态因子对舞蹈产生的影响，舞目类群或众多物种同源关系的考证，运用舞蹈生态学原理从事编导与教学的经验和理论，舞蹈的界定和舞蹈学科的总体评论等。

1224

中图法分类：（索书号）J721/16：3
题　　　名：敦煌的手．下卷（书内中文）
　　　　　　（影印本）
责　任　者：李振甫绘
出　版　者：株式会社安定，春日出版部
出版时间：1994.1
出　版　地：日本
页　　　数：3 册
尺　　　寸：28cm
价　　　格：
馆藏地址：北京舞蹈学院图书馆
内容提要：本书按时代顺序分类，细致入微第描写了菩萨的手姿。书中的内容为图谱，按照十六国、北魏、西魏、隋、初唐、盛唐、中唐、晚唐、五代、宋、元编排。

中图法分类：J70/37
题　　　名：生命的舞蹈
书　　　号：ISBN 978-75004-142-47
责　任　者：［英］埃利斯（Ellis, Havelock）著
出　版　者：中国社会科学出版社
出版时间：1994.1
出　版　地：北京
页　　　数：257 页
尺　　　寸：20cm
价　　　格：11.30
馆藏地址：北京舞蹈学院图书馆
内容提要：书名原文：The dance of life。据霍顿·米夫林出版公司 1925 年版译出。本书从人类文化的历史、文化的起源等方面，探讨舞蹈艺术、思维艺术、宗教艺术，道德艺术、思维艺术、写作艺术、宗教艺术、道德艺术、科学、哲学和社会学、优生学等领域人生的艺术。

中图法分类：（索书号）J705/12
题　　　名：芭蕾之梦
书　　　号：ISBN 7-5008-1650-2
责　任　者：肖苏华著
出　版　者：中国工人出版社
出版时间：1994.4
出　版　地：北京
页　　　数：324 页
尺　　　寸：20cm
价　　　格：10.80
馆藏地址：北京舞蹈学院图书馆
内容提要：本书收录了《交响芭蕾初析》、《瓦尔纳联想》、《芭蕾史话漫谈》《20 世纪芭蕾的来龙去脉、基本走向及其基本艺术特征》等 20 余篇文章。记叙了作者的所思、所想、所感、所经过的艺术道路。

1227

中图法分类：（索书号）J792.3/6
题　　　名：北京舞蹈学院校友录（内部资料）
责　任　者：北京舞蹈学院
出　版　者：北京舞蹈学院
出　版　时　间：1994.4
出　版　地：北京
页　　　数：225 页
尺　　　寸：18cm
价　　　格：
馆　藏　地　址：北京舞蹈学院图书馆
内　容　提　要：本书主要内容包括：北京舞蹈学院简介、校友录教职工名单、历届学生名录、留学生及港澳台学生名录。

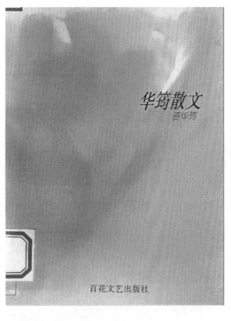

1228

中图法分类：（索书号）J703/7
题　　　名：华筠散文
书　　　号：ISBN 7-5306-1577-7
责　任　者：资华筠著
出　版　者：百花文艺出版社
出　版　时　间：1994.4
出　版　地：天津
页　　　数：177 页
尺　　　寸：20cm
价　　　格：6.00
馆　藏　地　址：北京舞蹈学院图书馆
内　容　提　要：本书是作者多年舞蹈生涯中相关艺评和随感的散文集。作者从事理论研究以来，共出版了 7 部专著和大量有影响的舞评、舞论；4 部散文集以及诗歌、电影剧本等文学作品，合计 200 多万字。其中专著《中国舞蹈》曾获第七届"五个一工程"奖，舞蹈评论《繁华中的忧思》获第四届中国文联评论一等奖，这些成绩均为舞界之唯一。她的散文也颇具影响力，曾被选入《20 世纪经典散文集粹》等多种文集。

中图法分类：（索书号）J703/1
题　　　名：源远流长：《高原演出六年》
　　　　　　续集
书　　　号：ISBN 7-80023-752-4
责　任　者：文化部艺术系统党史资料征集工
　　　　　　作领导小组，延安青年艺术剧
　　　　　　院、联政宣传队史料征集组编
出　版　者：中共党史出版社
出版时间：1994.5
出　版　地：北京
页　　　数：219 页
尺　　　寸：20cm
价　　　格：7.50
馆藏地址：北京舞蹈学院图书馆
内容提要：本书收有文章 20 余篇，其中有
《小小文艺轻骑兵》、《部艺生活杂忆》、《续建
联政宣传队》等。

中图法分类：（索书号）J722.2/6865-3
书　　　号：ISBN 978-7-80628-26-56
责　任　者：费秉勋著
出　版　者：三秦出版社
出版时间：1999.4
出　版　地：西安
丛　　　书：中国社会生活丛书
页　　　数：249 页
尺　　　寸：19cm
价　　　格：9.50
馆藏地址：上海图书馆
内容提要：本书以时间为序，上起原始舞
蹈，下限元明清时期舞蹈，介绍了中国民族舞
蹈的产生、发展及其在各个历史阶段所取得的
成就。

中图法分类：J70/22
题　　名：中国舞蹈意象论
书　　号：ISBN 7-5039-1292-8
责任者：袁禾著
出版者：文化艺术出版社
出版时间：1994.5
出版地：北京
页　　数：300页，[10]页图版
尺　　寸：20cm
价　　格：19.00
馆藏地址：北京舞蹈学院图书馆
内容提要：本书从中国古典美学及意象角度对中国舞蹈艺术作了探索，并从舞蹈意象的物质载体-动作姿态入手，分9章对有关问题进行了逐一论述。

1231

中图法分类：（索书号）J722.2/350.2
题　　名：中国浙江民族民间舞蹈词典
书　　号：ISBN 7-80616-047-7
责任者：梁中主编
出版者：学林出版社
出版时间：1994.10
出版地：上海
页　　数：84页
尺　　寸：20cm
价　　格：15.00
馆藏地址：浙江图书馆
内容提要：本书是浙江省地区的民族民间舞蹈词典，是了解浙江民族，民间舞蹈的工具书。许多词义附有图案。

1232

中图法分类：（索书号）J722.9/5
题　　　名：中老年舞蹈
书　　　号：ISBN 7-5396-1158-8
责　任　者：芮淑敏主编
出　版　者：中国林业出版社
出版时间：1994.5
出　版　地：北京
页　　　数：98页
尺　　　寸：26cm
价　　　格：6.80
馆藏地址：北京舞蹈学院图书馆
内容提要：本书包括中老年集体舞的基本知
识，由集体舞和交谊舞两部分组成。适合中老
年人学习舞蹈的教材。

1233

中图法分类：（索书号）J709/2
题　　　名：世界芭蕾史纲
书　　　号：ISBN 7-104-00665-6
责　任　者：朱立人著
出　版　者：中国戏剧出版社
出版时间：1994.6
出　版　地：北京
丛　　　书：舞学丛书
页　　　数：359页
尺　　　寸：20cm
价　　　格：11.80
馆藏地址：北京舞蹈学院图书馆
内容提要：本书介绍了西方芭蕾舞的历史和
苏联、欧美一些国家芭蕾舞的状况。是研究芭
蕾舞历史的必读教材。

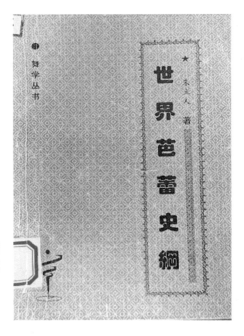

1234

1235

中图法分类：J70/21
题　　　名：舞蹈
书　　　号：ISBN 7-04-004773-X
责　任　者：吕艺生，朱清渊主编
出　版　者：高等教育出版社
出版时间：1994.6
出版地：北京
页　　　数：203页，[10]页图版
尺　　　寸：20cm
价　　　格：6.80
馆藏地址：北京舞蹈学院图书馆
内容提要：此书介绍中国古典舞的形体训练以及汉、藏、蒙、维、朝等少数民族民间舞蹈及俄罗斯、西班牙、波兰等国的代表性舞蹈。

1236

中图法分类：（索书号）J705/1
题　　　名：舞蹈评论教程
书　　　号：ISBN 7-104-00671-0
责　任　者：于平著
出　版　者：中国戏剧出版社
出版时间：1994.6
出版地：北京
页　　　数：460页
尺　　　寸：20cm
价　　　格：12.00（精装20.00）
馆藏地址：北京舞蹈学院图书馆
内容提要：本书是以作者写作的评论来介绍如何写作评论的著作，内容包括：从"断想"、"随感"入手，选择评论对象的"锲口"，抽空发点"小议论"，别忘了"功夫在舞外"，笔墨当随时代，在"反思"中前行，把目光投向"大社会"，重视评论的基本建设，"组台式"舞蹈评论，"年鉴"、"会演"式舞蹈评论，"大型舞剧"舞蹈评论，舞蹈评论要有"自省意识"，舞蹈评论的"历史意识"、"理论形态"，艺术形体、文艺美学与舞蹈评论。

中图法分类：J70/44BW
题　　名：舞蹈写作教程
书　　号：ISBN 7-104-00668-0
责　任　者：于平著
出　版　者：中国戏剧出版社
出版时间：1994.6
出　版　地：北京
页　　数：321 页
尺　　寸：20cm
价　　格：10.80（精装 26.00）
馆藏地址：北京舞蹈学院图书馆
内容提要：本书共八章，包括一般写作原理与舞蹈写作基础、舞蹈创作体会的写作、舞蹈表演体会的写作、舞蹈教学体会的写作、舞蹈人物小传的写作、舞蹈文学台本的写作、一般舞蹈评论的写作、舞蹈史论研究的写作。

1237

中图法分类：（索书号）J70-05/17
题　　名：舞蹈创作心理学
书　　号：ISBN 7-104-00670-2
责　任　者：胡尔岩著
出　版　社：中国戏剧出版社
出版时间：1994.6
出　版　地：北京
丛　　书：舞学丛书
页　　数：308 页
尺　　寸：20cm
价　　格：10.80
馆藏地址：北京舞蹈学院图书馆
内容提要：本书内容包括舞蹈思维、舞蹈题材、舞蹈结构、舞蹈语言、舞蹈表演、舞蹈欣赏等内容，并附有《中国革命之歌》等四个舞剧的评介。

1238

1239

中图法分类：（索书号）J719.3/1/：3-4（1）
题　　　名：中国舞分级考试教材伴奏曲（第三、四级儿童）
书　　　号：ISBN 7-80077-824-X
责　任　者：孙光言主编
出　版　者：开明出版社
出版时间：1994.6
出　版　地：北京
页　　　数：127 页
尺　　　寸：26cm
价　　　格：14.50
馆藏地址：北京舞蹈学院图书馆
内容提要：本书包括中国舞蹈教育第三级伴奏曲谱 29 个、第四级伴奏曲谱 29 个，以儿童歌曲、民歌、儿童钢琴曲为主。

1240

中图法分类：（索书号）J70-02/2
题　　　名：中外舞蹈思想教程（精装）
书　　　号：ISBN 7-104-00666-4
责　任　者：于平著
出　版　者：中国戏剧出版社
出版时间：1994.6
出　版　地：北京
页　　　数：647 页
尺　　　寸：21cm
价　　　格：32.00
馆藏地址：北京舞蹈学院图书馆
内容提要：本书主要内容包括"中国古代的乐舞思想"、"中国现当代的舞蹈思想"、"外国艺术史学家和美学家的舞蹈思想"、"外国舞蹈家的舞蹈思想"，"吴晓邦舞蹈思想综述及舞蹈史观"等。

中图法分类：J70/23
题　　　名：国际舞蹈会议论文集：舞蹈94
　　　　　　北京国际舞蹈院校舞蹈节
书　　　号：ISBN 7-103-01217-2
责　任　者：中国艺术研究所舞蹈研究所国际
　　　　　　会议论文编辑委员会主编
出　版　者：人民音乐出版社
出 版 时 间：1994.7
出　版　地：北京
页　　　数：334 页
尺　　　寸：20cm
价　　　格：10.00（精装 12.00）
馆 藏 地 址：北京舞蹈学院图书馆
内 容 提 要：本书是 1994 年北京国际舞蹈艺
术院校舞蹈节的会议论文集。收录了中外作者
关于舞蹈在现代社会中的地位和作用、民间舞
蹈、舞蹈史与古典舞类、现代舞类、舞蹈教
育、社会舞蹈与旅游文化、舞蹈医学与科学、舞蹈资助与发展等八方面的论文和发言。

1241

中图法分类：J70/43
题　　　名：谈谈舞蹈艺术（影印本）（内部
　　　　　　资料）
责　任　者：北京舞蹈学院编
出　版　者：北京舞蹈学院
出 版 时 间：1994.7
出　版　地：北京
页　　　数：17 页
尺　　　寸：20cm
价　　　格：
馆 藏 地 址：北京舞蹈学院图书馆
内 容 提 要：本书包括什么是舞蹈艺术、舞蹈
艺术的表现手法、舞蹈艺术的产生和发展、舞
蹈的类别和形式等四方面内容。

1242

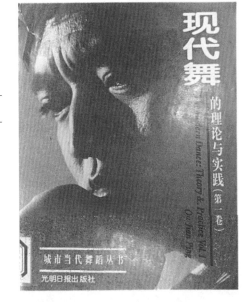

1243

中图法分类：J70/42/：1
题　　　名：现代舞的理论与实践．第一卷
书　　　号：ISBN 7-80091-579-4
责 任 者：欧建平著
出 版 者：光明日报出版社
出 版 时 间：1994.7
出 版 地：北京
页　　　数：438 页
尺　　　寸：20cm
价　　　格：18.00
馆 藏 地 址：北京舞蹈学院图书馆
内 容 提 要：本书共五方面内容，包括现代舞的基本概念和特征，著名舞蹈活动家传记和访谈录，美国现代舞的发展趋势及其对中国文化的借鉴和影响，东西方各国著名舞蹈团及舞剧在中国演出的介绍和评论，最后还介绍了中国

现代舞发展的历史经验和思考。

1244

中图法分类：（索书号）J7-61/1
题　　　名：中国舞蹈词典
书　　　号：ISBN 7-5039-1331-2
责 任 者：中国艺术研究院舞蹈研究所《中国舞蹈词典》编辑部编
出 版 者：文化艺术出版社
出 版 时 间：1994.7
出 版 地：北京
页　　　数：638 页
尺　　　寸：26cm
价　　　格：90.00
馆 藏 地 址：北京舞蹈学院图书馆
内 容 提 要：《中国舞蹈词典》系中国艺术研究院"七五"规划重点科研项目，获首届辞书评奖三等奖。是我国第一部舞蹈专业大型词书，它的出版填补了这一领域的空白，是一项具有开创性的文化工程。本书内容丰富、全

面，各类条目具有通俗性、知识性、艺术性、科学性，全方位地介绍了舞蹈艺术的各方面知识，是一部高质量的工具书。这本书为中国舞蹈事业，做出了重要贡献。

中图法分类：（索书号）J722.2（58）/5/：1
题　　　名：台湾山胞（原住民）舞蹈集成，
　　　　　　泰雅族、赛夏族、鲁凯族
责　任　者：李天民主编
出　版　者："中华民国"舞蹈学会（台湾省
　　　　　　山胞行政局）
出版时间：1994.8
出　版　地：台北市
页　　　数：814页
尺　　　寸：31cm
价　　　格：
馆藏地址：北京舞蹈学院图书馆
内容提要：本书介绍了台湾山胞（原住民）
民族舞蹈的概况和各地区民族住区、民间舞蹈
分布情况，并用图文并茂、音舞结合的方式记
录了泰雅族、赛下族、鲁凯族的民族简介和舞
蹈技术说明，包括代表性舞蹈节目的舞曲、基本动作、场记说明、服饰和道具等，并配
有乐谱和插图。

1245

中图法分类：（索书号）J719.3/6
题　　　名：小学生课外活动教程：舞蹈
书　　　号：ISBN 7-53770-880-0
责　任　者：段炳荣编著
出　版　者：山西科学技术出版社
出版时间：1994.8
出　版　地：太原
页　　　数：50页
尺　　　寸：26cm
价　　　格：3.40
馆藏地址：北京舞蹈学院图书馆
内容提要：本书内容分为两部分，第一部分
介绍了舞蹈的基础知识，包括舞蹈的基本训
练、舞蹈表演知识、民族民间舞蹈简介、舞蹈
常用术语等。第二部分介绍了小学舞蹈教学的
目的、人物和方法。按低、中、高三个阶段安
排了训练的步骤及方法，对每一个技巧动作都
做了分解说明，并配有图解。

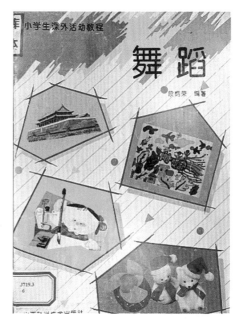

1246

1247

中图法分类：（索书号）J732.8/5
题　　　名：当代交谊舞花样荟萃：国际标准
　　　　　　交谊舞
书　　　号：ISBN 7-5329-0459-8
责　任　者：毕秉森编著
出　版　者：山东文艺出版社 1990（1991 重
　　　　　　印）第 2 版
出　版　时　间：1994.9
出　版　地：济南
页　　　数：105 页
尺　　　寸：26cm
价　　　格：6.60（3.25）
馆藏地址：北京舞蹈学院图书馆
内　容　提　要：本书内容主要包括北京四步舞、
华尔兹、布鲁斯、福克斯、快步舞、伦巴、探
戈七种舞步的基本技巧。

1248

中图法分类：（索书号）J719.5/5
题　　　名：古典芭蕾舞剧变奏选集
书　　　号：ISBN 7-81019-322-8
责　任　者：张旭，王兆林等编著
出　版　者：中国美术学院出版社
出　版　时　间：1994.9
出　版　地：杭州
页　　　数：116 页
尺　　　寸：26cm
价　　　格：10.40
馆藏地址：北京舞蹈学院图书馆
内　容　提　要：本书是北京舞蹈学院根据教学科
研计划，为推动我国芭蕾舞艺术的提高和普及
而组织编写的。作者采用中文说明、法文专业
术语、音乐节奏、舞台图解相结合的方法，把
一些著名古典芭蕾舞剧中的精彩变奏呈现给读
者，本书有较高的学术价值和实用性，为我国芭蕾舞事业填补了一个空白。全书共收集
了 20 部欧洲古典芭蕾舞剧中 90 段男、女变奏，供舞蹈爱好者及舞蹈教学参考。

中图法分类：（索书号）J732.8/49
题　　　名：舞中之王：现代探戈舞
书　　　号：ISBN 7-5404-1272-0
责　任　者：寒夫、朝晖编
出　版　者：湖南文艺出版社
出版时间：1994.9
出　版　地：长沙
页　　　数：159页
尺　　　寸：26cm
价　　　格：5.90
馆藏地址：北京舞蹈学院图书馆
内容提要：本书主要介绍了探戈舞的基本知识，还介绍了舞厅探戈、国际探戈、英国皇家式探戈、西班牙式探戈舞的基本舞步走法等。

1249

中图法分类：（索书号）J722.2（26）/1
题　　　名：中国民族民间舞蹈集成，内蒙古卷
书　　　号：ISBN 7-5076-0048-3
责　任　者：《中国民族民间舞蹈集成》编辑部编
出　版　者：中国 ISBN 中心
出版时间：1994.9
出　版　地：北京
页　　　数：872页
尺　　　寸：26cm
价　　　格：82.00
馆藏地址：北京舞蹈学院图书馆
内容提要：本书介绍了内蒙古自治区民间舞蹈的概况和各县民族民间舞蹈调查表，并用图文并茂、音舞结合的方式记录了内蒙古自治区蒙古族舞蹈、答翰尔族舞蹈、鄂温克族舞蹈、鄂伦春族舞蹈、满族舞蹈、回族舞蹈、俄罗斯族舞蹈、汉族舞蹈的技术说明，包括代表性舞蹈节目的舞曲、基本动作、场记说明、服饰和道具等，并配有乐谱和插图。

1250

1251

中图法分类：（索书号）J722.2（51）/1
题　　　名：中国民族民间舞蹈集成，上海卷
书　　　号：ISBN 7-5076-0037-8
责　任　者：中国民族民间舞蹈集成编辑部编
出　版　者：中国 ISBN 中心
出版时间：1994.10
出　版　地：北京
页　　　数：716 页
尺　　　寸：26cm
价　　　格：78.70
馆藏地址：北京舞蹈学院图书馆
内容提要：本书介绍了上海市民间舞蹈的概况和民族民间舞蹈分布情况，并用图文并茂、音舞结合的方式记录了上海市各地区民间舞蹈的技术说明，包括当地代表性舞蹈节目和四个"五四"新文化运动时期校园舞蹈的舞曲、基本动作、场记说明、服饰和道具等，并配有乐谱和插图。

1252

中图法分类：（索书号）J732.8/30
题　　　名：国际标准舞技法规范，现代舞
书　　　号：ISBN 7-5327-1596-5
责　任　者：杨威、袁水海编著
出　版　者：上海译文出版社
出版时间：1994.11
出　版　地：上海
页　　　数：138 页
尺　　　寸：26cm
价　　　格：15.00
馆藏地址：北京舞蹈学院图书馆
内容提要：本书主要介绍了布鲁斯舞、慢华尔兹舞、伦巴舞、狐步舞、快步舞、探戈舞的技法，正文采写用图的表式，各项技法条目分明，并配以详细说明和脚迹图，以及各种舞步型的前接、后续动作。

中图法分类：（索书号）J792.3/3
题　　　名：浙江省舞蹈家协会：第三次会员
　　　　　　代表大会专辑（内部资料）
责　任　者：浙江省舞蹈家协会编
出　版　者：浙江省舞蹈家协会
出版时间：1994.11
出　版　地：杭州
页　　　数：67页
尺　　　寸：20cm
价　　　格：
馆藏地址：北京舞蹈学院图书馆
内容提要：本书主要介绍了浙江省舞蹈家协
会第三次会员代表大会工作报告，包括浙江省
舞蹈家协会资格审查报告、选举方法、特邀代
表名单以及大会日程等内容。

1253

中图法分类：（索书号）J813-64/4702
题　　　名：20世纪中国戏曲舞台美术图录
书　　　号：ISBN 7-5039-1312-6
责　任　者：袁亮、陈燕晶 编辑
出　版　者：文化艺术出版社
出版时间：1994.6
出　版　地：北京
页　　　数：72页：彩图
尺　　　寸：25cm
价　　　格：79.00
馆藏地址：上海图书馆
主题标目：戏曲—舞台美术—中国　20世纪
　　　　　　—图集

1254

内容提要：英文书名：Album of Chinese traditional operas set designs in 20ᵗʰ century. —汉
英对照 . —附：设计者英文简介。此书展示了20世纪中国戏曲舞台的美术设计场景图片
等大型画册。

1255

中图法分类：（索书号）J722.216/3
题　　名：安塞腰鼓
书　　号：ISBN 7-80101-206-2
责 任 者：张新德主编
出 版 者：中国和平出版社
出版时间：1994
出 版 地：北京
页　　数：180 页
尺　　寸：20cm 彩图
价　　格：8.80
馆藏地址：北京舞蹈学院图书馆
内容提要：本书分析了陕北安塞腰鼓的艺术成因、腰鼓的基本知识、常用鼓点、谈腰鼓改革等 18 章节。

1256

中图法分类：（索书号）J722.225.2/1/：1
题　　名：白族民间舞蹈. 上册（影印本）
书　　号：ISBN 7-5367-0797-4
责 任 者：大理白族自治州文化局，中国民族民间舞蹈集成云南卷编辑部编
出 版 者：云南民族出版社
出版时间：1994
出 版 地：昆明
页　　数：557 页
尺　　寸：20cm
价　　格：26.00（精装：30.00）
馆藏地址：北京舞蹈学院图书馆
内容提要：本书分上下卷介绍了云南省大理白族的民族概况和民族节日、民族分布和民族舞蹈分布情况及艺人简介，并用图文并茂、音舞结合的方式记录了白族的民俗舞蹈、"霸王鞭舞"、"哩格高"、"打呀撒塞"、"斗蹄壳"、"脚恋舞"、"上菜舞"、"依呀妹"、"耍刀"、"长矛舞"、"双头棍舞"、"围棺舞"、"哦拉喂"、"巫舞"、"佛教法式活动舞蹈"、"耍狮"、"耍白鹤"、"鹿鹤同春"、"凤赶麒麟"的技术说明，包括代表性舞蹈节目的舞曲、基本动作、场记说明、服饰和道具等，并配有乐谱和插图。

中图法分类：（索书号）J722. 225. 2/1/：2
题　　　名：白族民间舞蹈. 下册（影印本）
书　　　号：ISBN 7-5367-0797-4
责　任　者：大理白族自治州文化局，中国民族民间舞蹈集成云南卷编辑部编
出　版　者：云南民族出版社
出 版 时 间：1994
出　版　地：昆明
页　　　数：15，557 页
尺　　　寸：20cm
价　　　格：26. 00（精装：30. 00）
馆 藏 地 址：北京舞蹈学院图书馆
内 容 提 要：本书分上下卷介绍了云南省白族的民族概况和民族节日、民族分布和民族舞蹈分布情况及艺人简介，并用图文并茂、音舞结合的方式记录了白族的民俗舞蹈、"霸王鞭舞"、"哩格高"、"打呀撒塞"、"斗蹄壳"、"脚恋舞"、"上菜舞"、"依呀妹"、"耍刀"、"长矛舞"、"双头棍舞"、"围棺舞"、"哦拉喂"、"巫舞"、"佛教法式活动舞蹈"、"耍狮"、"耍白鹤"、"鹿鹤同春"、"风赶麒麟"的技术说明，包括代表性舞蹈节目的舞曲、基本动作、场记说明、服饰和道具等，并配有乐谱和插图。

1257

中图法分类：（索书号）J719. 5/23/：1
题　　　名：丹麦布农维尔学派芭蕾课程教案
书　　　号：ISBN 957-70820-2
责　任　者：IKirsten Ralo. 编；李 巧，沈培译
出　版　者：麦田出版有限公司
出 版 时 间：1994
出　版　地：哥本哈根［丹麦］
页　　　数：223 页
尺　　　寸：28cm
价　　　格：75. 00
馆 藏 地 址：北京舞蹈学院图书馆
内 容 提 要：本书主要讲述了"芭蕾术语"、"在舞台及教室的方向图"、"手臂的位置图"、"预备练习的舞句组合建议"、"组合和变奏的分类"、"星期一课程至星期五课程"等内容。

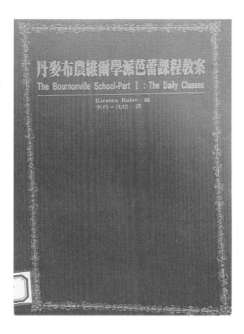

1258

1259

中图法分类：（索书号）J719.5/23/：2
题　　　名：丹麦布农维尔学派芭蕾课程教案
．Ⅱ，钢琴伴奏谱
书　　　号：ISBN 957-70820-2
责　任　者：IKirsten Ralov 编；李巧，沈培译
出　版　者：麦田出版有限公司
出版时间：1994
出　版　地：哥本哈根［丹麦］
页　　　数：105 页
尺　　　寸：28cm
价　　　格：75.00
馆藏地址：北京舞蹈学院图书馆
内容提要：本书主要讲述了星期一至星期六
每天的课程，内容包括：Adagio，Port de Bras，
稍快的 Tendu，Pirouette，Rond de Jambe Saute，
Ballonne，Grand Rond de Jambe 等内容。

1260

中图法分类：（索书号）J701/2HY
题　　　名：当代美学：舞蹈美学
书　　　号：ISBN 957-99260-1-3
责　任　者：朱立人等主编
出　版　者：洪叶文化事业有限公司
出版时间：1994
出　版　地：台北市
页　　　数：377 页
尺　　　寸：21cm
价　　　格：112.00　TWD400.00
馆藏地址：北京舞蹈学院图书馆
内容提要：本书是一部简明扼要地介绍当代
外国舞蹈美学的理论专著选集。全书经过严格
筛选，辑选了世界各国有代表性、权威性的舞
蹈美学论文。概括了自二十年代至八十年代世
界舞蹈美学发展的潮流和趋势，作者有美学
家、舞蹈理论家、编导和演员，这些文章虽立
论不同，但都展示了舞蹈艺术由古典到现代、由外在形式到内在感情，由固定程式到多
元表现形式的发展趋势。并探讨了舞蹈艺术的审美、创造的内部规律。

中图法分类：（索书号）J709.712/9
题　　　名：邓肯女士自传
书　　　号：ISBN 7-80546-767-6
责　任　者：爱莎多娜·邓肯著
出　版　者：三秦出版社
出版时间：1994
出　版　地：西安
页　　　数：291 页
尺　　　寸：20cm
价　　　格：9.80
馆藏地址：北京舞蹈学院图书馆
内容提要：这一本奇特的稿子，是爱莎多娜·邓肯在她惨死之前几个月写成的。1927 年 9 月 14 日她在尼斯（Nice）因汽车肇祸而惨死。详细情形，第二天美国报纸上载得很清楚。邓肯女士想写她的自传，好几年了，直到 1927 年夏季才写成这本稿子。凡是和她通过信的人，一定认识她的文字的特殊风格。她死的时候，稿子还没有排好，因而她没有亲自校对的机会，不过现在出版的，本来是她的原稿。

1261

中图法分类：（索书号）J705/13
题　　　名：人体魔术——舞蹈
书　　　号：ISBN 7-81019-349-X
责　任　者：欧建平著
出　版　者：中国美术学院出版社蓝鲸艺术图书发展公司
出版时间：1994
出　版　地：杭州
页　　　数：183 页
尺　　　寸：19cm
价　　　格：12.00
馆藏地址：北京舞蹈学院图书馆
内容提要：本书内容包括："舞蹈是什么"、"原始舞蹈探讨"、"东西舞蹈史话"、"东西方舞蹈的相对比较"、　"东西方舞蹈定义百家"等。

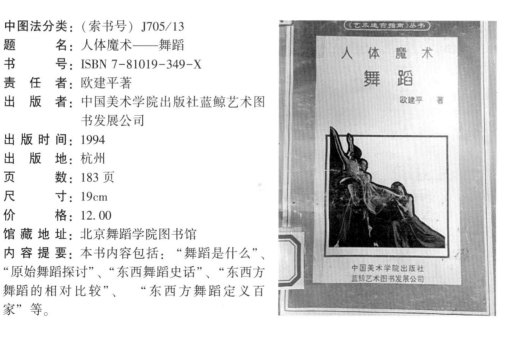

1262

中图法分类：J70/47

题　　　名：社会舞蹈概论

书　　　号：ISBN 7-5039-1274-X

责　任　者：冯碧华主编

出　版　者：文化艺术出版社

出版时间：1994

出　版　地：北京

页　　　数：219页，[8]页图版

尺　　　寸：19.5cm

价　　　格：7.50

馆藏地址：北京舞蹈学院图书馆

内容提要：本书主要内容包括"社会舞蹈与社会舞蹈学"、"社会舞蹈的性质与特征"、"社会舞蹈的地位和功能"、"社会舞蹈的分类"、"社会舞蹈的活动"、"社会舞蹈的创造"、"社会舞蹈事业的建设"、"发展具有中国特色的社会舞蹈事业"等。

1263

中图法分类：J70/38

题　　　名：生命的律动：思想者书系

书　　　号：ISBN 7-5039-1264-2

责　任　者：[美] 约翰·马丁（John Martin）著

出　版　者：文化艺术出版社

出版时间：1994

出　版　地：北京

页　　　数：323页

尺　　　寸：20cm

价　　　格：15.50

馆藏地址：北京舞蹈学院图书馆

内容提要：本书介绍了有关舞蹈的基本理论知识和娱乐性舞蹈、芭蕾、表现派舞蹈的理论与特色、代表人物等。

1264

中图法分类：（索书号）J722.225.5/1
题　　名：佤族景颇族舞蹈
书　　号：ISBN 7-222-01701-1
责　任　者：张亚锦、刘金吾编著
出　版　者：云南人民出版社
出版时间：1994
出　版　地：昆明
丛　　书：云南民族民间舞蹈丛书
页　　数：337 页
尺　　寸：20cm
价　　格：6.95
馆藏地址：北京舞蹈学院图书馆

内容提要：本书分两大部分，分别介绍佤族
和景颇族丰富多彩的民间舞蹈。主要内容包
括："几种有代表性的民间舞蹈"；"对所选教
材内容的分析"；"佤族舞蹈的风格"、"体态
及动律及动律特点"； "民间原有的舞蹈"；
"对所选教材内容的分析"；"景颇族舞蹈基本训练教材"等。每部分先讲述与该族舞蹈
有关的历史发展、社会形态、生产生活状况、风 俗习惯、心理因素、审美意识等；然后
介绍几种有代表性的民间舞蹈，对所选教材内容进行分析，剖析佤族、景颇族民族舞蹈
的风格、体态及动律特点，并详细讲解其舞蹈的基本训练，包括常用脚位、常用手位、
手的基本动作、基本步法、基本技巧、阶段任务及训练步骤等内容。

中图法分类：（索书号）J7-61/41975
题　　名：舞蹈大辞典
书　　号：ISBN 7-104-00669-9
责　任　者：吕艺生主编
出　版　者：中国戏剧出版社
出版时间：1994
出　版　地：北京
丛　　书：舞学丛书
页　　数：396 页
尺　　寸：21cm
价　　格：15.00
馆藏地址：北京舞蹈学院图书馆

内容提要：本书主要包括八大部分，内容分
别是："舞蹈原理"、"中国古代舞蹈及人物"、
"中国民间舞蹈"、 "中国现、当代舞蹈及人
物"、"中国现、当代舞蹈团体"、"芭蕾舞及
现代舞人物"等。

1267

中图法分类：J70/39

题　　　名：舞蹈形态学

责　任　者：于平著

出　版　者：北京舞蹈学院

出版时间：1994

出　版　地：北京

页　　　数：480 页

尺　　　寸：20cm

价　　　格：48.00（精装 58.00）

馆藏地址：北京舞蹈学院图书馆

内容提要：本书先讲述了审美形态学、艺术形态学的理论框架和舞蹈形态学的学科构成，然后分上下编介绍了中国古典舞、中国民俗舞、古典芭蕾及欧美现代舞和世界传统舞蹈的历史文化形态，以及舞蹈艺术创作的材料构成、构成方式、构成类型和构成效应等。

1268

中图法分类：（索书号）J703/4

题　　　名：舞蹈与旋律的结晶：香港独生女陈婷的成材之路

书　　　号：ISBN 7-5304-0923-9

责　任　者：郑维忠著

出　版　者：北京科学技术出版社

出版时间：1994

出　版　地：北京

页　　　数：66 页

尺　　　寸：28cm

价　　　格：26.00

馆藏地址：北京舞蹈学院图书馆

内容提要：本书主要讲述了舞者陈婷在芭蕾舞专业上的学习轶事、成长之路及所取得的成就。

中图法分类：（索书号）J705/78
题　　　名：舞书：陶馥兰话舞（影印本）
书　　　号：ISBN 957-669-530-9
责　任　者：陶馥兰著
出　版　者：万象图书公司
出 版 时 间：1994
出　版　地：台北市
页　　　数：185 页
尺　　　寸：21cm
价　　　格：50.00　TWD200
馆藏地址：北京舞蹈学院图书馆
内　容　提 要：本书主要包括了"浅论舞蹈审美"、"两大舞蹈传统的接触"、"一记轻触也是舞"、"异类舞蹈"、"奇才！蒙克！女性舞蹈·舞蹈女性"、"台湾舞坛的小剧场运动"、"从动作出发"等内容。

中图法分类：（索书号）J705/88
题　　　名：现代芭蕾：20世纪的弥撒
书　　　号：ISBN 957-9358-27-3
责　任　者：黄麒、叶蓉合著
出　版　者：大昌出版吴氏总经销
出 版 时 间：1994
出　版　地：台北市
页　　　数：344 页
尺　　　寸：21cm
价　　　格：105.00　TWD300.00
馆藏地址：北京舞蹈学院图书馆
内　容　提 要：本书从20世纪初至80年代初，位列近九十部代表性作品，作全面且翔实的介绍与描绘。同时透过不同时期、不同风格流派的重要作品介绍，引出20世纪芭蕾演变的主线。展现各国在当代芭蕾领域的实际进展和成就。作者广征博引大量资料，辅之以笔墨之花，以丰富作品的描绘，使"舞"跃然纸上。

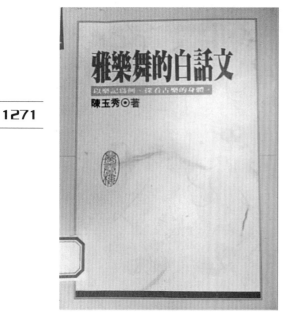

1271

中图法分类：（索书号）J709.2/52
题　　　名：雅乐舞的白话文：以乐记为例，
　　　　　　探看古乐的身体
书　　　号：ISBN 957-739-124-9
责　任　者：陈玉秀著
出　版　者：万卷楼图书公司
出版时间：1994
出　版　地：台北市
页　　　数：193 页
尺　　　寸：21cm
价　　　格：55.00 TWD220.00
馆藏地址：北京舞蹈学院图书馆
内容提要：本书主要内容包括："雅乐舞是
文化的身体"，"简介韩国、日本的雅乐舞"，
"雅乐舞研究的问题"，"雅乐舞的特质"，"雅
乐舞溯源"，"雅乐舞的内涵"，"雅乐舞的历
史传承"，"雅乐舞尚待解决的问题"等。

1272

中图法分类：（索书号）J719.4/4
题　　　名：中国古典舞教学
书　　　号：ISBN 7-81019-310-4
责　任　者：朱清渊著
出　版　者：中国美术学院出版社
出版时间：1994
出　版　地：杭州
页　　　数：324 页
尺　　　寸：26cm
价　　　格：38.00
馆藏地址：北京舞蹈学院图书馆
内容提要：本书包括一、二、三年级教学大
纲及教学安排，毕业考试的柔韧练习、能力练
习、技巧、组合、片段，一、二年级部分教
材，第一届中国古典舞（男班）基本训练课教
学讲座，书后附有四十四首钢琴伴奏曲的
曲谱。

中图法分类：（索书号）J70-02/3
题　　　名：中国民间舞蹈文集（内部资料）
责　任　者：主编胡克
编　　　者：中国舞蹈家协会
出　版　者：中国舞蹈家协会
出版时间：1994
出　版　地：北京
页　　　数：212页，[4]叶图版
尺　　　寸：19cm
价　　　格：3.50
馆藏地址：北京舞蹈学院图书馆
内容提要：本书是1994年"中国舞三峡之夏"舞蹈理论座谈会的选集，包括专题发言、书面发言和有关论文29篇，涉及社会主义市场经济形势下民间舞蹈的价值、作用和发展等内容。

1273

中图法分类：（索书号）J722.21/38
题　　　名：中国民族民间舞蹈集成云南卷丛书：兰坪民间舞蹈（影印本）
书　　　号：ISBN 7-5367-0754-1
责　任　者：云南省怒江州兰坪白族普米族自治县文化局
出　版　者：云南民族出版社
出版时间：1994
出　版　地：昆明
页　　　数：249页
尺　　　寸：20cm
价　　　格：7.80
馆藏地址：北京舞蹈学院图书馆
内容提要：本书介绍了云南省怒江州兰坪白族普米族自治县民族民间舞蹈的概况及民族民间舞蹈和艺人分布情况，并用图文并茂、音舞结合的方式记录了白族舞蹈、普米族舞蹈、傈僳族舞蹈、怒族舞蹈、彝族舞蹈和汉族舞蹈的历史文化背景资料和技术说明，包括代表性舞蹈节目的舞曲、基本动作、场记说明、服饰和道具等。

1274

1275

中图法分类：（索书号）J719.3/1/：3-4（2）
题　　　名：中国舞分级考试教材伴奏曲：第
　　　　　　三、四级（儿童）
书　　　号：ISBN 7-80077-825-8
责　任　者：孙光言主编
出　版　者：开明出版社
出版时间：1994
出　版　地：北京
页　　　数：149 页
尺　　　寸：26cm
价　　　格：14.50
馆藏地址：北京舞蹈学院图书馆
内容提要：本书包括中国舞蹈教育第三级伴
奏曲谱 29 个、第四级伴奏曲谱 29 个，以儿童
歌曲、民歌、儿童钢琴曲为主。

1276

中图法分类：（索书号）J721.1
　　　　　　95 \ J721.1 \ 3 \ 书刊保存本库
　　　　　　\ 书刊保存本（3013097831）
题　　　名：中国汉代画像舞姿
书　　　号：ISBN 978-7-80553-378-0
责　任　者：刘恩伯、孙景琛著
出　版　者：上海音乐出版社
出版时间：1994.9
出　版　地：上海
页　　　数：147 页
尺　　　寸：20cm
价　　　格：8.00
馆藏地址：北京图书馆
内容提要：书中选用的乐舞画像主要为拓
本，少数画像中舞蹈形象不十分清楚的，就附
白描图。本书主要是向舞蹈工作者提供古代舞
蹈形象资料。内容："中国汉代画像舞姿画像
石"、"古典舞蹈中国两汉时代图录"、"古典舞蹈画像石中国两汉时代图录画像砖"、
"古典舞蹈中国两汉时代图录"、"古典舞蹈画像砖" 等资料。

中图法分类：（索书号）J732.8/18
题　　名：OK. 舞会舞：当代流行舞蹈实用
　　　　　教材
书　　号：ISBN 7-103-01223-7
责　任　者：陈　冲等编著
出　版　者：人民音乐出版社
出版时间：1995.1
出　版　地：北京
页　　数：149 页
尺　　寸：20cm
价　　格：6.90
馆藏地址：北京舞蹈学院图书馆
内容提要：本书主要介绍了社会交谊舞和健
身操基本动作和舞步。扼要介绍了各种社会舞
蹈的源流、概貌等内容，以普及舞蹈知识。

1277

中图法分类：（索书号）J705/16
题　　名：舞心集
书　　号：ISBN 7-5399-0785-1
责　任　者：殷亚昭著
出　版　者：江苏文艺出版社
出版时间：1995.1
出　版　地：南京
页　　数：268 页
尺　　寸：18cm
价　　格：9.80
馆藏地址：北京舞蹈学院图书馆
内容提要：本书是作者关于舞蹈艺术的论文
选集，内容包括："舞蹈理论"、"舞蹈评论"、
"舞蹈人物评介"等。

1278

1279

中图法分类：（索书号）J722.3 \ 8 \ 中文基藏 \ 闭架库房

题　　　名：儿童舞蹈教程

书　　　号：ISBN 7-5006-1997-9

责　任　者：张先敏著

出　版　者：中国青年出版社

出版时间：1995

出　版　地：北京

页　　　数：196 页：插图

尺　　　寸：19cm

价　　　格：9.50

馆藏地址：国家图书馆

内容提要：本书是一部儿童喜闻乐见的学习舞蹈的教科书，儿童舞蹈是表现儿童生活的舞蹈。它是对儿童进行德、智、体、美综合教育的重要手段。本教程的特点是边歌边舞，形象直观，并配以插图，易于被儿童理解和接受。在教授舞蹈的同时对儿童的美好心灵养成有着非常重要的作用，在寓教于乐的过程中促进儿童身心的健康发展。

1280

中图法分类：（索书号）J705/100/：2

题　　　名：史论系习作集，第二集（内部资料）

责　任　者：北京舞蹈学院舞蹈学系编

出　版　者：北京舞蹈学院

出版时间：1995.4

出　版　地：北京

页　　　数：58 页

尺　　　寸：20cm

价　　　格：

馆藏地址：北京舞蹈学院图书馆

内容提要：本书主要包括了："鸡肋—关于中国舞蹈现状的思考"、"先衡的天平—舞蹈竞赛中的危机"、"前途未卜—浅谈歌舞剧在中国的发展"、"生命的舞蹈—鲜族舞蹈初探"等内容。

中图法分类：（索书号）J732.8/23
题　　　名：舞厅交谊舞入门
书　　　号：ISBN 7-80553-512-4
责　任　者：顾也文编
出　版　者：上海音乐出版社
出版时间：1995.6
出　版　地：上海
页　　　数：150页
尺　　　寸：19cm
价　　　格：8.00
馆藏地址：北京舞蹈学院图书馆
内容提要：本书剖析了跳好舞步交谊舞的奥秘并奉献了诀窍，本书阐述了交谊舞的源流、舞姿、运步、技法等各种问题，而且理论联系实际，由浅入深，详尽介绍布鲁斯、慢华尔兹、伦巴、狐步舞、快步舞、探戈六大舞种。

1281

中图法分类：（索书号）J722.2/4
题　　　名：楚雄市民族民间舞蹈（影印本）
书　　　号：ISBN 7-5367-1054-2
责　任　者：云南省楚雄市文化局，云南省楚雄市民族事务委员会编
出　版　者：云南民族出版社
出版时间：1995.7
出　版　地：昆明
页　　　数：173页
尺　　　寸：20cm
价　　　格：8.50
馆藏地址：北京舞蹈学院图书馆
内容提要：本书将现在流传着和史料中曾记载过的民间舞蹈系统、全面地收集并加以科学的整理，包括了彝族舞蹈、苗族舞蹈和汉族舞蹈等内容。

1282

1283

中图法分类：（索书号）J733.42/4
题　　　名：柴可夫斯基·芭蕾音乐
书　　　号：ISBN 957-8996-66-7
责　任　者：[英] J. 沃拉克（John Warrack）
　　　　　　著；苦僧译
出　版　者：世界文物出版社
出版时间：1995.9
出　版　地：台北市
页　　　数：136 页
尺　　　寸：19cm
价　　　格：76.5.00 TWD180.0
馆藏地址：北京舞蹈学院图书馆
内容提要：本书详尽分析了柴可夫斯基不朽
的三大芭蕾音乐《天鹅湖》、《睡美人》、《胡
桃夹子》。作者 John Warrack 曾担任《周日电
讯报》的音乐评论员，以及里兹音乐节的理
事。他在新版的葛罗夫字典中，担任斯拉夫和
浪漫派音乐的文章编辑。著有韦伯和柴可夫斯基的重要研究。

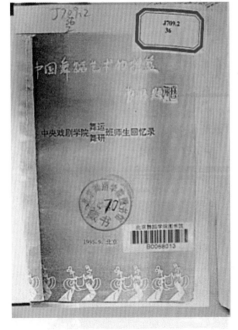

1284

中图法分类：（索书号）J709.2/36
题　　　名：中国舞蹈艺术的摇篮：中央戏剧
　　　　　　学院舞运、舞研班师生回忆录
　　　　　　（影印本）（内部资料）
责　任　者：中央戏剧学院编
出　版　者：中央戏剧学院
出版时间：1995.9
出　版　地：北京
页　　　数：226 页
尺　　　寸：20cm
价　　　格：12.00
馆藏地址：北京舞蹈学院图书馆
内容提要：本书是 1951 年舞蹈运动干部训
练班、崔承喜舞蹈研究班两个班师生的回忆录
选集。上篇："中央戏剧学院舞蹈系舞蹈运动
干部培训班"；下篇："中央戏剧学院崔承喜舞
蹈研究班"。

中图法分类：（索书号）J701/8／：1
题　　　名：当代西方舞蹈美学．（第一卷）
书　　　号：ISBN 7-80091-744-4
责 任 者：［美］杰伊·弗里曼（Jay Free-man）著；欧建平等译
出 版 者：光明日报出版社
出 版 时 间：1995.10
出 版 地：北京
页　　　数：402 页
尺　　　寸：20cm
价　　　格：32.00
馆 藏 地 址：北京舞蹈学院图书馆
内 容 提 要：本书共分上下两卷，内容包括："舞者与观众-审美距离说" 和 "舞者与其他审美对象" 等。这是一部由美国美学家、人类学硕士杰伊·弗里曼的两部美学专著。上卷：作者阐述了日常生活与审美王国、舞台形象与演员自我、自然体态与审美姿态、高难技巧与艺术表现力以及化装、音乐、效果、灯光、服装、时间、空间、悲剧等等。下卷为作者语：意在使那些于舞蹈等诸门类艺术之美学领域中并非偶然性的读者有所收益。以一种近乎散淡的句式和语气展开了一个更为广泛的艺术世界。

1285

中图法分类：（索书号）J709.1/2
题　　　名：国际舞星闪闪
书　　　号：ISBN 962-8285-02-5
责 任 者：刘玉华著
出 版 者：罗斯芭蕾舞团
出 版 时 间：1995.10
出 版 地：香港
页　　　数：170 页
尺　　　寸：21cm
价　　　格：85.00　HKD 75.00
馆 藏 地 址：北京舞蹈学院图书馆
内 容 提 要：本书收录了 1990 年至 1998 年间曾到过香港的舞蹈艺术家的专访及特写文章，介绍了西方国家主要芭蕾舞流派的特点、著名芭蕾舞团和现代舞团的兴衰或新近活动、著名编舞家的风格特征等。

1286

1287

中图法分类：（索书号）J703/2
题　　名：摇篮情 军旅爱—延安、东北、中南部队艺术学校纪念文集
书　　号：ISBN 7-80015-348-7
责 任 者：李 伟主编
出 版 者：长征出版社
出版时间：1995.10
出 版 地：北京
页　　数：400 页
尺　　寸：20cm
价　　格：17.50
馆藏地址：北京舞蹈学院图书馆
内容提要：本书是一部文艺史料性的纪念文集，记录了从抗日战争到建国初期，历届部队艺术学校的创建历程和教学成果，汇编了关于延安、东北、中南部队艺术学校的部分回忆录和纪念性文章，分编为延安部艺篇、东北部艺篇、中南部艺篇。

1288

中图法分类：（索书号）J719.3/10
题　　名：舞蹈：中等职业学校幼儿教育专业实验教材
书　　号：ISBN 7-04-005291-1
责 任 者：董立言、刘振远主编
出 版 者：高等教育出版社
出版时间：1995.12
出 版 地：北京
页　　数：320 页
尺　　寸：26cm
价　　格：15.50
馆藏地址：北京舞蹈学院图书馆
内容提要：本书内容包括"舞蹈基础理论知识"、"舞蹈基本训练"、"幼儿舞蹈"、"民族民间舞蹈"、"幼儿舞蹈的创编"等，并附有"关于活动课教学安排的建议"。

中图法分类：（索书号）J732.8/38
题　　　名：现代交谊舞精粹集锦：国际标准
　　　　　　舞与中国式舞厅舞
书　　　号：ISBN 7-5329-1264-7
责　任　者：毕秉森等著
出　版　者：山东文艺出版社
出 版 时 间：1995.12
出　版　地：济南
页　　　数：119 页
尺　　　寸：26cm
价　　　格：10.10
馆 藏 地 址：北京舞蹈学院图书馆
内 容 提 要：本书主要收集了国际标准舞与中
国式舞厅舞、华尔兹、探戈、狐步舞、快步
舞、中国式华尔兹三步与维也纳华尔兹、伦
巴、恰、恰、恰、桑巴等舞步基本步法和
技巧。

1289

中图法分类：（索书号）J719.3/11
题　　　名：幼儿园歌舞教材（影印本）
责　任　者：中国舞蹈家协会湖南分会编
出　版　者：中国舞蹈家协会湖南分会
出 版 时 间：1995.12
出　版　地：长沙
页　　　数：97 页
尺　　　寸：19cm
价　　　格：
馆 藏 地 址：北京舞蹈学院图书馆
内 容 提 要：本书内容包括幼儿常用舞蹈动作
名称，幼儿律动的曲谱和动作，幼儿歌舞的歌
谱和动作说明，音乐游戏音乐、游戏说明和动
作说明，幼儿童话歌舞剧《洗洗澡》，浅谈幼
儿歌舞教学，幼儿化妆、服装及道具的应
用等。

1290

1291

中国
民族民间舞蹈
集成
安徽卷（上）

中国民族民间舞蹈集成编辑部编

中图法分类：（索书号）J722.2（54）/1：1
题　　　名：中国民族民间舞蹈集成，安徽卷
　　　　　　（上）
书　　　号：ISBN 7-5076-0074-2
责 任 者：《中国民族民间舞蹈集成》编辑
　　　　　　部编
出 版 者：中国 ISBN 中心
出 版 时 间：1995.12
出 版 地：北京
页　　　数：2 册（1334 页）
尺　　　寸：26cm
价　　　格：212.80（全 2 卷）
馆 藏 地 址：北京舞蹈学院图书馆
内 容 提 要：本书介绍了安徽省民间舞蹈的概
况和各县民族民间舞蹈分布情况，并用图文并
茂、音舞结合的方式记录了安徽省各地区民间
舞蹈的技术说明，包括当地代表性舞蹈节目的
舞曲、基本动作、场记说明、服饰和道具等，并配有乐谱和插图。

1292

中国
民族民间舞蹈
集成
安徽卷（下）

中国民族民间舞蹈集成编辑部编

中图法分类：（索书号）J722.2（54）/1：2
题　　　名：中国民族民间舞蹈集成，安徽卷
　　　　　　（下）
书　　　号：ISBN 7-5076-0074-2
责 任 者：《中国民族民间舞蹈集成》编辑
　　　　　　部编
出 版 者：中国 ISBN 中心
出 版 时 间：1995.12
出 版 地：北京
页　　　数：2 册（1334 页）
尺　　　寸：26cm
价　　　格：212.80（全 2 卷）
馆 藏 地 址：北京舞蹈学院图书馆
内 容 提 要：本书介绍了安徽省民间舞蹈的概
况和各县民族民间舞蹈分布情况，并用图文并
茂、音舞结合的方式记录了安徽省各地区民间
舞蹈的技术说明，包括当地代表性舞蹈节目的
舞曲、基本动作、场记说明、服饰和道具等，并配有乐谱和插图。

中图法分类：（索书号）J722.2（63）/1：1
题　　　名：中国民族民间舞蹈集成，湖北卷
　　　　　　（上）
书　　　号：ISBN 7-5076-0072-6
责　任　者：中国民族民间舞蹈集成编辑部编
出　版　者：中国 ISBN 中心
出版时间：1995.12
出　版　地：北京
页　　　数：2 册（1309 页）
尺　　　寸：26cm
价　　　格：214.20（全 2 卷）
馆藏地址：北京舞蹈学院图书馆
内容提要：本书介绍了湖北省民间舞蹈的概
况和各县民族民间舞蹈分布情况，并用图文并
茂、音舞结合的方式记录了湖北省各地区民间
舞蹈的技术说明，包括当地代表性舞蹈节目的
舞曲、基本动作、场记说明、服饰和道具等，
并配有乐谱和插图。

1293

中图法分类：（索书号）J722.2（63）/1：2
题　　　名：中国民族民间舞蹈集成，湖北卷
　　　　　　（下）
书　　　号：ISBN 7-5076-0072-6
责　任　者：中国民族民间舞蹈集成编辑部编
出　版　者：中国 ISBN 中心
出版时间：1995.12
出　版　地：北京
页　　　数：2 册（1309 页）
尺　　　寸：26cm
价　　　格：214.20（全 2 卷）
馆藏地址：北京舞蹈学院图书馆
内容提要：本书介绍了湖北省民间舞蹈的概
况和各县民族民间舞蹈分布情况，并用图文并
茂、音舞结合的方式记录了湖北省各地区民间
舞蹈的技术说明，包括当地代表性舞蹈节目的
舞曲、基本动作、场记说明、服饰和道具等，
并配有乐谱和插图。

1294

1295

中图法分类：（索书号）J722.2（64）/1
题　　　名：中国民族民间舞蹈集成，湖南卷
书　　　号：ISBN 7-80075-021-3
责　任　者：中国民族民间舞蹈集成编辑部编
出　版　者：中国舞蹈出版社
出版时间：1995.12
出　版　地：北京
页　　　数：687，732，373 页
尺　　　寸：26cm
价　　　格：116.00
馆藏地址：北京舞蹈学院图书馆
内容提要：本书介绍了湖南省民间舞蹈的概
况和各县民族民间舞蹈分布情况，并用图文并
茂、音舞结合的方式记录了湖北省各地区民间
舞蹈的技术说明，包括当地代表性舞蹈节目的
舞曲、基本动作、场记说明、服饰和道具等，
并配有乐谱和插图。

1296

中图法分类：（索书号）J722.2（53）/1/：1
题　　　名：中国民族民间舞蹈集成．江苏卷
（第一分册）
书　　　号：ISBN 7-5076-0073-4
责　任　者：《中国民族民间舞蹈集成》（江苏
卷）编辑室编
出　版　者：《中国民族民间舞蹈集成》（江苏
卷）编辑室编
出版时间：1995.12
出　版　地：南京
页　　　数：82 页
尺　　　寸：26cm
价　　　格：176.20
馆藏地址：北京舞蹈学院图书馆
内容提要：本书是最早的中国民族民间舞蹈
集成．江苏卷的形成本。记述了江苏省民间舞蹈的形成、发展以及舞蹈在本省的分布情
况，并用图文并茂、音舞结合的方式记录了江苏省各地区民间舞蹈的技术说明，包括当
地代表性舞蹈节目的舞曲、基本动作、场记说明、服饰和道具等，并配有乐谱和插图。

中图法分类:（索书号）J7-61/3BW
题　　　名: 芭蕾术语手册（内部资料）
责　任　者: 朱立人译编
出　版　者: 北京舞蹈学院
出 版 时 间: 1995
出　版　地: 北京
页　　　数: 109 页
尺　　　寸: 19cm
价　　　格: 6.50
馆 藏 地 址: 北京舞蹈学院图书馆
内 容 提 要: 本书介绍了"古典芭蕾常用动作"，"兼收与芭蕾教学训练"、"舞台演出及职称有关的一些条目"，可以作为介绍古典芭蕾名词和动作做法的工具书。

1297

中图法分类:（索书号）J7-61/8
题　　　名: 芭蕾术语手册（内部使用）（内部资料）
责　任　者: 朱立人译编
出　版　者: 北京舞蹈学院
出 版 时 间: 1995
出　版　地: 北京
页　　　数: 109 页
尺　　　寸: 19cm
价　　　格:
馆 藏 地 址: 北京舞蹈学院图书馆
内 容 提 要: 该词典内容以古典芭蕾常用动作为主，兼收与芭蕾教学训练、舞台演出及职称等有关的条目；每个条目内含本词、语种、近似的汉语读音以及释义四部分。

1298

1299

中图法分类：（索书号）J731/3
题　　　名：创造才是生命：[图集]
书　　　号：ISBN 7-80007-122-7
责　任　者：[日] 清水正夫著
出　版　者：中国摄影出版社
出版时间：1995
出版地：北京
页　　　数：80 页
尺　　　寸：21cm
价　　　格：30.00（精装：40.00）
馆藏地址：北京舞蹈学院图书馆
内容提要：本书以图文并茂的形式生动地描绘了松山芭蕾舞团的成长过程，记述了它为中日两国人民的友谊所做的不懈努力及其功绩。

1300

中图法分类：（索书号）J709.27/10
题　　　名：当代中华舞坛名家传略
书　　　号：ISBN 7-80092-094-1
责　任　者：中国舞蹈家协会编
出　版　者：中国摄影出版社
出版时间：1995
出版地：北京
页　　　数：256 页
尺　　　寸：30cm
价　　　格：198.00
馆藏地址：北京舞蹈学院图书馆
内容提要：本书收入了中国舞蹈家协会历届主席、副主席及 100 位从 1940 年 12 月 31 日以前出生的中国舞蹈家的传略。集中展示了当代中华舞坛名家传略。

中图法分类：（索书号）J722.3/3
题　　　名：儿童舞蹈24则
书　　　号：ISBN 7-80553-579-5
责　任　者：郦海英、田鸿生编著
出　版　者：上海音乐出版社
出版时间：1995
出　版　地：上海
页　　　数：86页
尺　　　寸：19cm
价　　　格：4.60
馆藏地址：北京舞蹈学院图书馆
内容提要：本书介绍了"幼儿芭蕾动作组合"、"双簧舞"等24则儿童舞蹈的舞蹈音乐和动作说明。

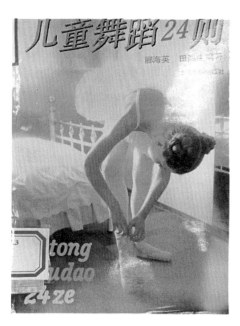

1301

中图法分类：（索书号）J70-05/12
题　　　名：佛教与中国舞蹈
书　　　号：ISBN 7-201-02190-7
责　任　者：王克芬、金立勤、霍德华著
出　版　社：天津人民出版社
出版时间：1995
出　版　地：天津
丛　　　书：佛教艺术丛书
页　　　数：142页，[4]页图版
尺　　　寸：19cm
价　　　格：12.00
馆藏地址：北京舞蹈学院图书馆
内容提要：本书内容包括佛教与中国古代舞蹈，石窟、佛寺中遗存的舞蹈形象，藏传佛教舞蹈、南传佛教舞蹈、其他民族和地区的佛教舞蹈等。

1302

1303

中图法分类：（索书号）J732.8/93
题　　　名：交际舞
书　　　号：ISBN 957-8663-65-X
责　任　者：新潮社文化事业有限公司编著
出　版　者：新潮社文化事业有限公司
出 版 时 间：1995
出　版　地：台北市
页　　　数：126 页
尺　　　寸：21cm
价　　　格：42.00 TWD120.0
馆 藏 地 址：北京舞蹈学院图书馆
内 容 提 要：本书由名家编写，将现代的舞蹈
以图解方式表达出来，此书是相当实用且易学
的舞蹈专业知识入门书。

1304

中图法分类：（索书号）J722.9/8
题　　　名：马华健美操
书　　　号：ISBN 7-5318-0307-0
责　任　者：马华著
出　版　者：黑龙江美术出版社
出 版 时 间：1995
出　版　地：哈尔滨
页　　　数：96 页
尺　　　寸：24cm
价　　　格：13.80
馆 藏 地 址：北京舞蹈学院图书馆
内 容 提 要：本书主要内容包括四章，第一
章："追求高质量的生活"，第二章："健美操
的基本知识"、第三章："马华健美操的动作图
解"，第四章："走出练健美操的误区"。

中图法分类：（索书号）J732.8/92
题　　　名：社交舞步图解：人人会跳的最新
　　　　　　舞步自习法
书　　　号：ISBN 957-36-0386-1
责 任 者：娄子中编著
出 版 者：国家出版社
出 版 时 间：1995
出 版 地：台北市
丛　　　书：现代生活丛书
页　　　数：272 页
尺　　　寸：21cm
价　　　格：70.00　TWD200.0
馆藏地址：北京舞蹈学院图书馆
内 容 提 要：本书以国际舞蹈协会所规定的国
际社交舞课为主，并特别使用新的心像投影法
来解说各种正确的舞姿。（注：此书有不同
版本。）

1305

中图法分类：（索书号）J732.8/92
题　　　名：社交舞步图解：人人会跳的最新
　　　　　　舞步自习法（精装）
书　　　号：ISBN 957-36-0386-1
责 任 者：娄子中编著
出 版 者：国家出版社
出 版 时 间：1995
出 版 地：台北市
页　　　数：272 页
尺　　　寸：21cm
价　　　格：85.2　TWD200.0
馆藏地址：北京舞蹈学院图书馆
内 容 提 要：本书以国际舞蹈协会所规定的国
际社交舞课为主，并特别使用是新的心像投影
法来解说各种正确的舞姿。

1306

1307

中图法分类：（索书号）J703.4/3
题　　　名：舞蹈保健手册
书　　　号：ISBN 7-103-01266-0
责　任　者：王维刚著
出　版　者：人民音乐出版社
出版时间：1995
出　版　地：北京
页　　　数：177 页
尺　　　寸：20cm
价　　　格：9.40
馆藏地址：北京舞蹈学院图书馆
内容提要：本书结合我国民族舞、芭蕾舞和其他形体演员训练的内容及常见损伤，进行了舞蹈医学的论证，并指出了舞蹈训练中的科学方法、不科学做法，易造成的损伤的预防和治疗方法等，包括脊柱与骨盆、髋关节与大腿、膝与小腿、足踝部、肩、肘、手腕等各部位的疗法。

1308

中图法分类：（索书号）J705/74
题　　　名：舞蹈欣赏
书　　　号：ISBN 957-14-2346-7
责　任　者：平珩主编
出　版　者：三民出版社
出版时间：1995
出　版　地：台北市
页　　　数：303 页
尺　　　寸：23cm
价　　　格：105.00　TWD300.00
馆藏地址：北京舞蹈学院图书馆
内容提要：本书内容："人与舞蹈"；"芭蕾的产生"；"现代舞蹈的产生与演变"；"后现代舞蹈的产生与风貌"；"中国舞蹈发展的过程"；"台湾的民间舞蹈"；"台湾舞蹈史大陆舞蹈发展的过程"；"亚洲的舞蹈"。

中图法分类：（索书号）J709.2/2
题　　　名：西藏舞蹈通史
书　　　号：ISBN 7-5404-1435-9
责　任　者：阿旺克村编著
出　版　者：湖南文艺出版社
出版时间：1995
出　版　地：长沙
页　　　数：174 页
尺　　　寸：20cm
价　　　格：9.80
馆藏地址：北京舞蹈学院图书馆
内容提要：本书介绍了西藏民间舞蹈发生和发展的过程，分为西藏远古舞蹈的萌芽与开创、西藏中古近代舞蹈的发展与繁荣、西藏当代舞蹈的兴旺交流等三个时期。

1309

中图法分类：（索书号）J732.8/56
题　　　名：新编现代国际交谊舞大全
书　　　号：ISBN 7-80100-109-5
责　任　者：郭明达等编著
出　版　者：中华工商联合出版社
出版时间：1995
出　版　地：北京
页　　　数：220 页
尺　　　寸：20cm
价　　　格：9.00
馆藏地址：北京舞蹈学院图书馆
内容提要：本书分做理论和技术两大部分，前部分从各个侧面考察交际舞的来龙去脉，及其社会作用和教育价值。后半部分包括四种英国国际准舞的基本舞步进行阐述。

1310

1311

中图法分类：（索书号）J722.8
　　　　　　　（G831.3/3941）
题　　　　名：艺术体操体育舞蹈健美提要绘图
书　　　　号：ISBN 978-75633-205-5
责　任　者：梁栓平、刁在箴、谢清主编
出　版　者：广西师范大学出版社
出版时间：1995
出　版　地：南宁
丛　　　　书：全国高等院校体育教育专业专科
　　　　　　　试用教材
页　　　　数：269 页：图表
尺　　　　寸：21cm
价　　　　格：6.70
馆藏地址：上海图书馆
主题标目：艺术体操—教材　健身运动—教材
　　　　　　舞蹈—教材　体育—绘图—教材
内容提要：本书为"全国普通高等学校体育
专业课程系列教材"之一。全书共分舞蹈和体育舞蹈两篇，内容包括：舞蹈教学，舞蹈
基本动作与形体练习，民族民间集体舞，时尚健身舞，体育舞蹈基本技术等。本书内容
丰富，讲解通俗易懂，具有很强的可读性。

1312

中图法分类：（索书号）J705/44
题　　　　名：优美动人的中国舞蹈
书　　　　号：ISBN 7-80507-280-9
责　任　者：林叶青著
出　版　者：辽宁古籍出版社
出版时间：1995
出　版　地：沈阳
页　　　　数：138 页
尺　　　　寸：19cm
价　　　　格：43.00
馆藏地址：北京舞蹈学院图书馆
内容提要：本书介绍了中国民族舞蹈产生、
发展及其在各个历史阶段所取得的成就。

中图法分类：（索书号）J709.2/24
题　　　名：中国优秀传统文化三字经，音乐
　　　　　　舞蹈篇
书　　　号：ISBN 7-80116-009-6
责　任　者：王军著
出　版　者：学习出版社
出 版 时 间：1995
出　版　地：北京
页　　　数：172 页
尺　　　寸：19cm
价　　　格：7.10
馆 藏 地 址：北京舞蹈学院图书馆
内 容 提 要：本书摘录了三字经中有关音乐舞蹈的片段，分析了中国古代各个时期的音乐舞蹈文化。

1313

中图法分类：（索书号）J722.214
　　　　　　（G852.9/6832）
题　　　名：中华民俗体育：舞龙；理论篇·
　　　　　　实际篇·研究篇
责　任　者：吴富德
出　版　者：大立出版社
出 版 时 间：1995
出　版　地：台北市
页　　　数：332 页：图照
尺　　　寸：21cm
价　　　格：6.70
馆 藏 地 址：上海图书馆
主 题 标 目：民族形式体育—中国
内 容 提 要：本书介绍了中华民族传统的民俗舞龙。龙是中华民族的精神图腾。中华民族在自己的文化中对于舞龙有着深厚的历史情结。此书着重叙述了舞龙的理论、实际以及细致研究。

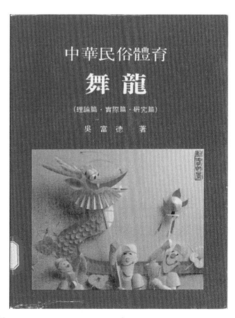

1314

1315

中图法分类：（索书号）J7-61/2
题　　　名：中外舞蹈术语汇编
书　　　号：ISBN 7-81001-260-6
责　任　者：李至善主编
出　版　者：中央民族大学出版社
出版时间：1995
出　版　地：北京
页　　　数：28，350 页
尺　　　寸：21cm
价　　　格：14.00
馆藏地址：北京舞蹈学院图书馆
内容提要：本书收集了中外舞蹈术语、分为中国古典术语、身韵术语、芭蕾术语、性格舞术语、中国民间舞术语、舞厅舞术语。

1316

中图法分类：（索书号）J719.5/18
题　　　名：古典芭蕾基础（影印本）
责　任　者：瓦冈诺娃著，朱立人译
出　版　者：北京舞蹈学院
出版时间：1995
出　版　地：北京
页　　　数：222 页
尺　　　寸：20cm
价　　　格：15.00
馆藏地址：北京舞蹈学院图书馆
内容提要：本书内容包括古典芭蕾的基本概念，踢腿的做法和训练，脚画圆圈的做法和训练，手臂的位置和扶把练习，连接动作和辅助动作，跳跃的做法和训练等。

中图法分类：（索书号）J705/41
题　　　名：舞蹈艺术欣赏：黛尔勃西荷拉遐想
书　　　号：ISBN 7-5440-0799-5
责　任　者：资华筠著
出　版　者：山西教育出版社
出版时间：1996.1
出　版　地：太原
丛　　　书：美育丛书：其他艺术系列
页　　　数：142 页
尺　　　寸：19cm
价　　　格：5.70
馆藏地址：北京舞蹈学院图书馆
内容提要：本书内容包括舞蹈艺术的本质特征、起源、分类、精品赏析及知识性掌故等。本书引人入胜，它以提问、对话、交流的活泼生动的形式，把舞蹈这门艺术作了淋漓尽致的剖析。内容包括：叩击黛尔荷西勃拉世界的大门、我们的祖先是怎样跳舞的等。

1317

中图法分类：（索书号）J70-05/27
题　　　名：中国舞蹈审美
书　　　号：ISBN 978-957-549-707-1
责　任　者：萧君玲著
出　版　社：文史哲出版社
出版时间：1996.3.1
出　版　地：台北市
页　　　数：32, 171 页
尺　　　寸：22cm
价　　　格：172.00 TWD300.0
馆藏地址：北京舞蹈学院图书馆
内容提要：本书内容包括：中国舞蹈审美意境与内涵，中国舞蹈的身体表现，中国舞蹈审美意象等。

1318

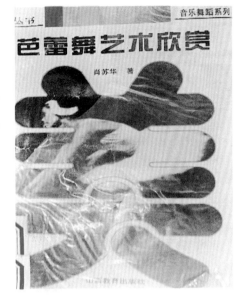

1319

中图法分类：（索书号）J705/30
题　　　名：芭蕾舞艺术欣赏
书　　　号：ISBN 7-5440-0800-2
责　任　者：肖苏华著
出　版　者：山西教育出版社
出版时间：1996.3
出　版　地：太原
丛　　　书：美育丛书：音乐舞蹈系列
页　　　数：254页
尺　　　寸：18cm
价　　　格：8.20
馆藏地址：北京舞蹈学院图书馆
内容提要：本书以主要篇幅对芭蕾舞中的传世名作，从剧情、人物刻画、舞蹈特征和艺术价值，作了细致的引人入胜的介绍和赏析。

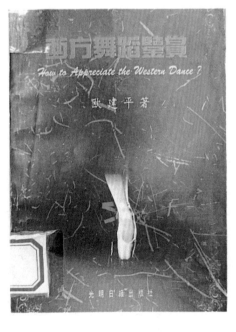

1320

中图法分类：（索书号）J705/38
题　　　名：西方舞蹈鉴赏
书　　　号：ISBN 7-80091-809-2
责　任　者：欧建平著
出　版　者：光明日报出版社
出版时间：1996.4
出　版　地：北京
页　　　数：240页
尺　　　寸：19cm
价　　　格：0.17
馆藏地址：北京舞蹈学院图书馆
内容提要：本书内容包括"芭蕾舞史"、"芭蕾舞脚尖鞋"、"芭蕾舞美学"、"芭蕾舞欣赏方法"、"现代舞概念辨析"、"现代舞代表人物邓肯"、"现代舞的起源及发展"、"现代舞的欣赏方法"等。

中图法分类：（索书号）J709.27/12：1
题　　　名：一代舞蹈大师—纪念吴晓邦文集
责　任　者：贾作光主编
出　版　者：舞蹈杂志社
出版时间：1996.5
出　版　地：北京
页　　　数：351，[4] 页图版
尺　　　寸：21cm
价　　　格：30.00
馆藏地址：北京舞蹈学院图书馆
内容提要：本书是1995年"吴晓邦舞蹈艺术思想研讨会"后的论文集，内容分为研讨会上的发言与论文，约请专家学者撰写的文章，吴晓邦早期文著、创作台本和演出节目单以及对他的评论文章等。

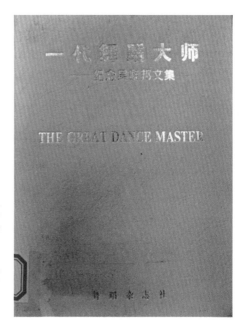

1321

中图法分类：（索书号）J722.2（35）/1
题　　　名：中国民族民间舞蹈集成，黑龙江卷
书　　　号：ISBN 7-5076-0098-X
责　任　者：《中国民族民间舞蹈集成》编辑部编
出　版　者：中国 ISBN 中心
出版时间：1996.6
出　版　地：北京
页　　　数：528 页
尺　　　寸：26cm
价　　　格：91.00
馆藏地址：北京舞蹈学院图书馆
内容提要：本书介绍了黑龙江省民族民间舞蹈的概况和各县民族民间舞蹈分布情况，并用图文并茂、音舞结合的方式记录了黑龙江省汉族舞蹈、满族舞蹈、朝鲜族舞蹈、蒙古族舞蹈、答翰尔族舞蹈、鄂伦春族舞蹈、赫哲族舞蹈、鄂温克族舞蹈、柯尔克孜族舞蹈的技术说明，包括代表性舞蹈节目的舞曲、基本动作、场记说明、服饰和道具等，并配有乐谱和插图。

1322

1323

中图法分类：（索书号）J722.2（43）/1
题　　名：中国民族民间舞蹈集成，宁夏卷
书　　号：ISBN 7-5076-0086-6
责 任 者：《中国民族民间舞蹈集成》编辑部编
出 版 者：中国 ISBN 中心
出版时间：1996.6
出 版 地：北京
页　　数：614 页
尺　　寸：26cm
价　　格：104.00
馆藏地址：北京舞蹈学院图书馆
内容提要：本书介绍了宁夏回族自治区民间舞蹈的概况和民族民间舞蹈分布情况，并用图文并茂、音舞结合的方式记录了宁夏回族舞蹈、汉族舞蹈、满族舞蹈的技术说明，包括代表性舞蹈节目的舞曲、基本动作、场记说明、

服饰和道具等，并配有乐谱和插图。

1324

中图法分类：（索书号）J719.4/10：1
题　　名：中国舞蹈武功教材．（上）
书　　号：ISBN 7-104-00783-0
责 任 者：郑维忠著
出 版 者：中国戏剧出版社
出版时间：1996.8
出 版 地：北京
页　　数：90 页
尺　　寸：28cm
价　　格：32.80
馆藏地址：北京舞蹈学院图书馆
内容提要：本书介绍了舞蹈武功的理论知识，以及舞蹈院校女班教材、教学法的实际操作，并且叙述了中国舞蹈武功中极具生活情趣的术语、教师课堂俚语等。

中图法分类：（索书号）J719.4/10／：2
题　　　名：中国舞蹈武功教材．（下）
书　　　号：ISBN 7-104-00783-0
责　任　者：郑维忠主编；邸尔著
出　版　者：中国戏剧出版社
出版时间：1996.8
出　版　地：北京
页　　　数：80页
尺　　　寸：28cm
价　　　格：32.80
馆藏地址：北京舞蹈学院图书馆
内容提要：本书介绍了舞蹈武功的"滚毛类"、"扑虎类"、"翻身类"、"案头类"、"叠肩类"等武功小技巧，和"助力动作"、"小翻类"、"提类"、"前扑类"、"踺子挂翻类"、"踩子挂翻类"、"踺小翻挂类"、"双人技巧"等武功大技巧。

1325

中图法分类：（索书号）J722.3/11
题　　　名：儿童民族舞蹈组合选，一
书　　　号：ISBN 7-80553-005-X
责　任　者：朱蘋著
出　版　者：上海音乐出版社
出版时间：1996.9
出　版　地：上海
页　　　数：119页
尺　　　寸：19cm
价　　　格：2.20
馆藏地址：北京舞蹈学院图书馆
内容提要：本书记录了黎族、朝鲜族、苗族、鄂温克族、彝族、傣族、维吾尔族、藏族、蒙古族、汉族各民族中有代表性的儿童舞蹈的基本动作、音乐和跳法等。

1326

1327

中图法分类：（索书号）J722.3/11／：2
题　　　名：儿童民族舞蹈组合选，二
书　　　号：ISBN 7-80553-005-X
责　任　者：朱蘋著
出　版　者：上海音乐出版社
出版时间：1996.9
出　版　地：上海
页　　　数：86页
尺　　　寸：19cm
价　　　格：3.70
馆藏地址：北京舞蹈学院图书馆
内容提要：本书记录了高山族、哈萨克族、瑶族、畲族、布依族、彝族、鄂伦春族、土家族、壮族、俄罗斯族、满族、达斡尔族各民族中有代表性的儿童舞蹈的基本动作、音乐和跳法等。

1328

中图法分类：（索书号）J722.211/7
题　　　名：民族大秧歌
书　　　号：ISBN 7-5082-0324-0
责　任　者：刘翠玉、李久龄编
出　版　者：金盾出版社
时　　　间：1996.11
出　版　地：北京
页　　　数：21，24页
尺　　　寸：26cm
价　　　格：8.00
馆藏地址：北京舞蹈学院图书馆
内容提要：本书介绍了民族大秧歌的基本动律，步法训练，拿扇方法，手巾花的舞法，扇花秧歌，手绸花秧歌，手巾花秧歌，还介绍了一组女子秧歌舞的花样动作。所有舞蹈动作均配有示教图和讲解文字。

中图法分类：（索书号）J705/36
题　　　名：现代舞欣赏法
书　　　号：ISBN 7-80553-610-4
责　任　者：欧建平著
出　版　者：上海音乐出版社
出版时间：1996.11
出　版　地：上海
页　　　数：12，472 页
尺　　　寸：20cm
价　　　格：35.00
馆藏地址：北京舞蹈学院图书馆
内容提要：本书内容包括现代舞的历史渊源
及发展历史，现代舞大师们的生平和成就，现
代舞经典作品和当代编舞家成名佳作的赏析
等。每部赏析都包括了"历史资料"、"作品描
述"、"作品分析"三部分。

1329

中图法分类：J70/18
题　　　名：中国学术名著提要，艺术卷
书　　　号：ISBN 7-30901-528-2
责　任　者：周谷城主编；蒋孔阳著
出　版　者：复旦大学出版社
出版时间：1996.11
出　版　地：上海
页　　　数：12，1035 页
尺　　　寸：20cm
价　　　格：48.00
馆藏地址：北京舞蹈学院图书馆
内容提要：本书收录先秦至 1949 年以前我
国历代艺术类名著三百五十八部（篇），分为
音乐、戏曲、书法、绘画建筑园林等五篇。对
收录典籍的作者、版本、著述缘由、著作性
质、章节篇目、内容大意、影响及研究情况
等，均作了详尽的介绍。可供音乐、戏曲、书

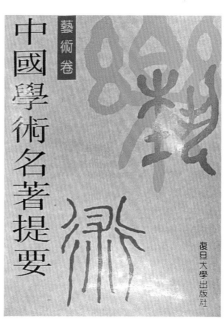

1330

法、绘画、建筑等艺术研究工作者和艺术爱好者参考。在本书音乐篇中的"文献通考"
"乐律全书"都涉及当时明朝的舞蹈舞谱，如"零星小舞谱""六代小舞谱""小舞乡舞
谱"等。对于从事舞蹈的专业人员有参考价值。

1331

中图法分类：（索书号）J722.2（57）/1
题　　名：中国民族民间舞蹈集成，福建卷
书　　号：ISBN 7-5076-0105-6
责 任 者：《中国民族民间舞蹈集成》编辑部编
出 版 者：中国 ISBN 中心
出版时间：1996.12
出 版 地：北京
页　　数：928 页
尺　　寸：26cm
价　　格：151.00
馆藏地址：北京舞蹈学院图书馆
内容提要：本书介绍了福建省民间舞蹈的概况和各县民族民间舞蹈分布情况，并用图文并茂、音舞结合的方式记录了福建省汉族舞蹈、畲族舞蹈、中华苏维埃时期歌舞的技术说明，包括代表性舞蹈节目的舞曲、基本动作、场记说明、服饰和道具等，并配有乐谱和插图。

1332

中图法分类：（索书号）J722.2（65）/1
题　　名：中国民族民间舞蹈集成，广东卷
书　　号：ISBN 7-5076-0106-4
责 任 者：《中国民族民间舞蹈集成》编辑部编
出 版 者：中国 ISBN 中心
出版时间：1996.12
出 版 地：北京
页　　数：653 页
尺　　寸：26cm
价　　格：109.60.
馆藏地址：北京舞蹈学院图书馆
内容提要：本书介绍了广东省民族民间舞蹈的概况及民族民间舞蹈的分布情况，并用图文并茂、音舞结合的方式记录了广东省汉族舞蹈、瑶族舞蹈、壮族舞蹈、中华苏维埃时期舞蹈的技术说明，包括代表性舞剧的舞曲、基本动作、场记说明、服饰和道具等，并配有乐谱和插图。

中图法分类：（索书号）J701/13
题　　　名：当代美学：舞蹈美学鉴赏
书　　　号：ISBN 957-99206-5-6
责　任　者：欧建平著
出　版　社：洪叶文化事业有限公司
出版时间：1996
出　版　地：台北市
页　　　数：232 页
尺　　　寸：21cm
价　　　格：70.00　TWD200.00
馆藏地址：北京舞蹈学院图书馆
内容提要：本书内容包括"芭蕾舞史"、"芭蕾舞脚尖鞋"、"芭蕾舞美学"、"芭蕾欣赏的门道"、"现代舞的概念辨析"、"邓肯与现代舞"、"现代舞的来龙去脉"、"现代舞的发展"，"现代舞欣赏的方法等"。

中图法分类：（索书号）J732.8/40
题　　　名：当代舞厅舞
书　　　号：ISBN 7-5404-1501-0
责　任　者：定知编著
出　版　者：湖南文艺出版社
出版时间：1996
出　版　地：长沙
页　　　数：84 页
尺　　　寸：26cm
价　　　格：7.95
馆藏地址：北京舞蹈学院图书馆
内容提要：本书对当代舞厅中流行的布鲁斯、华尔兹、维也纳华尔兹、伦巴、恰恰恰、吉特巴、迪斯科七种舞步加以讲述和评价。

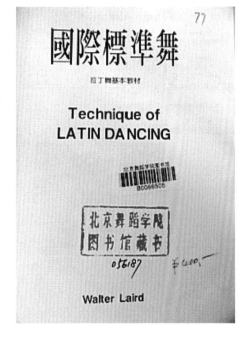

1335

中图法分类：（索书号）J732.8/77
题　　　名：国际标准舞拉丁舞基本教材（中文版）
责 任 者：王子文编
出 版 者：综合出版社
出 版 时 间：1996
出 版 地：台北市
页　　　数：185 页
尺　　　寸：32cm
价　　　格：100.00　TWD400.00
馆 藏 地 址：北京舞蹈学院图书馆
内 容 提 要：本书主要介绍了拉丁舞冠军：Rank Golden 奖得主，在这本书中展现了他多方面的才华，在书中以清晰、明确及合乎逻辑式的表达，对拉丁舞的准则及技巧进行了详细的描述。本书是国际标准舞的权威书籍。不仅对初学摩登舞、拉丁舞的新手大有帮助，对技术精进、期望达到职业参赛水准的舞者和通过考试获得教师资格的学生也均是必读的教科书。

1336

中图法分类：（索书号）J722.8/0287
题　　　名：交际舞现代舞速成
书　　　号：ISBN 7-80592-527-5
责 任 者：廖敏
出 版 者：广州出版社
出 版 时 间：1996.9
出 版 地：广州
页　　　数：369 页：图片
尺　　　寸：19cm
价　　　格：15cm
馆 藏 地 址：上海图书馆
内 容 提 要：本书内容包括：怎样跳"交际舞"、"拉丁舞"、"流行舞"、"迪斯科舞"，尤其着重介绍了"霹雳舞"的跳法。

中图法分类：（索书号）J70-05/11
题　　　名：民族音乐与舞蹈（影印本）
书　　　号：ISBN 7-5007-2983-9
责　任　者：方露娜、刘理编
出　版　者：中国少年儿童出版社
出版时间：1996
出　版　地：北京
页　　　数：116 页
尺　　　寸：19cm
价　　　格：5.00 79.80（共十九册）
馆藏地址：北京舞蹈学院图书馆
内容提要：本书内容包括"名人撷英"、"名曲荟萃"、"民乐览胜"、"音乐漫话"、"舞蹈漫话"、"丰富多彩的民族民间舞蹈"、"舞蹈明珠"、"舞蹈画卷"等。

1337

中图法分类：（索书号）J709.242/3
题　　　名：唐诗与舞蹈
书　　　号：ISBN 7-5407-1710-6
责　任　者：张明非著
出　版　者：漓江出版社
出版时间：1996
出　版　地：桂林
丛　　　书：唐诗与中国文化丛书
页　　　数：103 页
尺　　　寸：20cm
价　　　格：5.50
馆藏地址：北京舞蹈学院图书馆
内容提要：本书主要讲述了"唐代舞蹈空前繁荣的原因"、"唐代舞蹈的高度发达"、"唐代的文化特征"、"异彩纷呈的唐代著名舞蹈"、"唐代诗人与舞蹈"、"唐代诗人笔下的乐伎生活"、"唐代乐舞诗的价值"、"唐代乐舞诗的艺术成就"等内容。

1338

1339

中图法分类：（索书号）J722.8/312
题　　名：体育舞蹈：当代国际标准交谊舞
书　　号：ISBN 7-219-01908-4
责任者：江粤丰 编著
出版者：广西人民出版社
出版时间：1996
出版地：南宁
页　　数：76页：图片
尺　　寸：26cm
价　　格：4.10
馆藏地址：上海图书馆
内容提要：国际标准交谊舞，又称体育舞蹈，原起于英国伦敦，1924年由英国发起欧美舞蹈阶人士，在广泛研究传统宫廷舞，交谊舞及拉美国家的各式土风舞的基础上对此进行了规范和美化加工，于1925年正式颁布了华尔兹、探戈、狐步、快步四种舞的步伐，总称摩登舞。并将此种舞蹈首先在西欧推广并进行了比赛，继而又推广到世界各国，受到了许多国家的欢迎和喜爱。此书着重介绍了当代国际标准交谊舞的跳法。

1340

中图法分类：（索书号）J722.8/1187
题　　名：体育舞蹈：国际标准交际舞
书　　号：ISBN 7-5636-0747-1
责任者：王锋 主编
出版者：石油大学出版社
出版时间：1996.1
出版地：山东东营
页　　数：321页：图片
尺　　寸：19cm
价　　格：
馆藏地址：上海图书馆
内容提要：国际标准交际舞作为一项高贵优雅的运动，不但可以调适现代人忙碌的生活，舒展身心，并且有良好的社交功能。由于她实质上代表一个国家或地区的文化和经济水平，世界各国各地区竞相提倡，风行日盛，我国自一九八六年正式引进后，随着这几年的大力推广，发展迅速。本书深入浅出地介绍了此舞蹈的流行以及跳法。

中图法分类：（索书号）J709/4
题　　　名：西方舞蹈文化史
书　　　号：ISBN 7-300-02095-X
责　任　者：[美] 瓦尔特·索雷尔（Walter
　　　　　　Sorell）著；欧建平译
出　版　者：中国人民大学出版社
出版时间：1996
出　版　地：北京
页　　　数：704 页
尺　　　寸：20cm
价　　　格：48.00
馆藏地址：北京舞蹈学院图书馆
内容提要：本书介绍了舞蹈的发展史，上至
舞蹈的起源、下至 20 世纪 80 年代纽约市芭蕾
舞团的新作和百老汇歌舞剧的代表作，将舞蹈
放在各个时代的文化、社会和政治背景中加以
考察和论述，将舞蹈家与同时代的思想家、科
学家和艺术家联系起来加以研究和比较，使舞蹈成为与整个人类的进步、科学的发展、
诸门类艺术的兴衰同步的文化现象；使舞蹈家成为陶冶人类情操的艺术家和促进文化发
展的推动力。

1341

中图法分类：（索书号）J732.8/1237
题　　　名：现代国际流行交谊舞入门
书　　　号：ISBN 7-80100-283-0
责　任　者：丁良欣
出　版　者：中华工商联合出版社
出版时间：1996
出　版　地：北京
页　　　数：339 页
尺　　　寸：19cm
价　　　格：11.00
馆藏地址：上海图书馆
内容提要：交谊舞也称舞厅舞，它作为国标
舞的简化，要求不是很严格，适合在大众中开
展。包括慢三（华尔兹）、快三（维也纳华尔
兹）、慢四（布鲁斯）、快四（蹦四、吉特
巴）、探戈、伦巴、恰恰等。此书简要介绍了
交谊舞的跳法以及基本概况。

1342

1343

中图法分类：（索书号）J732.8/15
题　　　名：现代交际舞范本
书　　　号：ISBN 7-5048-2708-8
责　任　者：刘德胜，冬梅编著
出　版　者：农村读物出版社
出版时间：1996
出　版　地：北京
页　　　数：247 页
尺　　　寸：20cm
价　　　格：16.8
馆藏地址：北京舞蹈学院图书馆
内容提要：本书主要介绍慢华尔兹、快华尔兹、布鲁斯、伦巴、狐步舞等十几种当代国际流行的各种交际舞的标准规范。

1344

中图法分类：（索书号）J732.2/13
题　　　名：休闲育乐小品：土风舞大全
书　　　号：ISBN 957-552-460-8
责　任　者：东京京都土风舞蹈联盟编；杨宏儒译
出　版　者：益群出版社
出版时间：1996
出　版　地：台北市
页　　　数：349 页
尺　　　寸：15cm
价　　　格：35.00　TWD100.00
馆藏地址：北京舞蹈学院图书馆
内容提要：土风舞是结合众人，共同享受舞蹈乐趣的运动。随着轻快的音乐，大家一起踩着轻松的舞步，在欢乐的气氛中，不仅消除了彼此间的隔阂，同时，也达到活动筋骨，促进健康的效果。本书汇集多达一百二十余支适合各年龄层及不同场合的土风舞。而每支舞的每个舞步，除有详尽的说明外，于必要时并附上绘图解析，务求使读者能清楚地明了各式跳法，以尽情享受土风舞的乐趣。

中图法分类：（索书号）J705/40
题　　　名：怎样欣赏芭蕾（影印本）（内部
　　　　　　读物）
责　任　者：杨少莆著
出　版　者：中央芭蕾舞团
出版时间：1996
出　版　地：北京
页　　　数：24 页
尺　　　寸：26cm
价　　　格：
馆藏地址：北京舞蹈学院图书馆
内容提要：本书内容包括中央芭蕾舞团简
介、芭蕾舞史话、芭蕾舞艺术结构分析、芭蕾
舞赏析方法、著名芭蕾舞剧简介等。

1345

中图法分类：（索书号）J722.221.9/4
题　　　名：中国朝鲜族舞蹈论稿（影印本）
书　　　号：ISBN 7-5634-0891-6
责　任　者：崔凤锡著
出　版　者：延边大学出版社
出版时间：1996
出　版　地：延吉
页　　　数：267 页
尺　　　寸：20cm
价　　　格：10.20
馆藏地址：北京舞蹈学院图书馆
内容提要：本书是朝鲜族舞蹈研究者崔凤锡
已发表的许多探索文章，遴选民族舞蹈理论部
分，结集定名的，《论稿》的 34 篇文章，都是
在舞蹈美学研究向着纵深发展的必然趋势中，
开拓了目前还很少有人问津的朝鲜族舞蹈的新
领域，在这里是"独树一帜"的。它是朝鲜族
舞蹈学的探索集，是具有民族特色、特殊风格
的舞蹈美学理论。

1346

1347

中图法分类：（索书号）J722.2（42）/1
题　　　名：中国民族民间舞蹈集成，甘肃卷
书　　　号：ISBN 7-5076-0096-3（精装）
责　任　者：《中国民族民间舞蹈集成》编辑
　　　　　　部编
出　版　者：中国 ISBN 中心
出版时间：1996
出　版　地：北京
页　　　数：476 页
尺　　　寸：26cm
价　　　格：83.20
馆藏地址：北京舞蹈学院图书馆
内容提要：本书介绍了甘肃省民间舞蹈的概
况和各县民族民间舞蹈分布情况，并用图文并
茂、音舞结合的方式记录了甘肃省汉族舞蹈、
回族舞蹈、藏族舞蹈、东乡族舞蹈、土族舞
蹈、裕固族舞蹈、保安族舞蹈、哈萨克族舞蹈
的技术说明，包括代表性舞蹈节目的舞曲、基本动作、场记说明、服饰和道具等，并配
有乐谱和插图。

1348

中图法分类：（索书号）J709.2/50
题　　　名：中国舞蹈史
书　　　号：ISBN 957-668-359-9
责　任　者：王克芬、苏祖谦著
出　版　者：文津出版社
出版时间：1996
出　版　地：北京
丛　　　书：中国文化史丛书 33
页　　　数：397 页
尺　　　寸：21cm
价　　　格：122.50
馆藏地址：北京舞蹈学院图书馆
内容提要：本书介绍了从远古的传说时期到
清代我国的舞蹈通史。叙述了各个时代的舞蹈
文化现象和发展趋势，涉及了有代表性的舞蹈
作品、舞蹈人物、舞蹈事件、舞蹈习俗和舞蹈
理论、舞蹈图谱等，并对戏曲舞蹈做了专门的
叙述。

中图法分类：（索书号）J719.3/1/：5（1）

题　　　名：中国舞分级考试教材（第五级
　　　　　　少年课1）

书　　　号：ISBN 7-5072-0843-5

责　任　者：孙光言主编

出　版　者：今日中国出版社

出版时间：1996

出　版　地：北京

页　　　数：78页

尺　　　寸：26cm

价　　　格：15.00

馆藏地址：北京舞蹈学院图书馆

内容提要：本书内容包括中国舞第五级（少
年课1）的教学提示、教学大纲、教材内容索
引、教材与教学法、伴奏曲谱、舞蹈词汇表。
书末附有《中国舞分级考试教材》考试条例、
舞蹈练习服图谱。

1349

中图法分类：（索书号）J719.3/1/：6（2）

题　　　名：中国舞分级考试教材伴奏曲（第
　　　　　　六级 少年课2）

书　　　号：ISBN 7-5072-0843-5

责　任　者：孙光言主编

出　版　者：今日中国出版社

出版时间：1996

出　版　地：北京

页　　　数：82页

尺　　　寸：26cm

价　　　格：15.00

馆藏地址：北京舞蹈学院图书馆

内容提要：本书包括中国舞蹈教育第六级
（少年课）伴奏曲谱25个，包括基训、身韵和
民间舞。基训以青少年歌曲、钢琴曲、舞蹈和
舞剧音乐为主；身韵以中国古典音乐、民歌为
主；民间舞采用我国各民族和地方风格的
音乐。

1350

1351

中图法分类：（索书号）J719.3/1/：5（2）
题　　　名：中国舞分级考试教材（第五级
　　　　　　少年课2）
书　　　号：ISBN 7-5072-0843-5
责　任　者：孙光言主编
出　版　者：今日中国出版社
出版时间：1996
出　版　地：北京
页　　　数：54页
尺　　　寸：26cm
价　　　格：15.00
馆藏地址：北京舞蹈学院图书馆
内容提要：本书内容包括中国舞第五级，
（少年课2）的教学提示、教学大纲、教材内
容索引、教材与教学法、伴奏曲谱、舞蹈词汇
表。书末附有《中国舞分级考试教材》考试条
例、舞蹈练习服图谱。

1352

中图法分类：（索书号）J719.3/1/：6（1）
题　　　名：中国舞分级考试教材（第六级
　　　　　　少年课1）
书　　　号：ISBN 7-5072-0843-5
责　任　者：孙光言主编
出　版　者：今日中国出版社
出版时间：1996
出　版　地：北京
页　　　数：53页
尺　　　寸：26cm
价　　　格：15.00
馆藏地址：北京舞蹈学院图书馆
内容提要：本书内容包括中国舞第六级，
（少年课1）的教学提示、教学大纲、教材内
容索引、教材与教学法、伴奏曲谱、舞蹈词汇
表。书末附有《中国舞分级考试教材》考试条
例、舞蹈练习服图谱。在第六级少年的课程中能够使孩子边歌边舞，增加了他们的兴
趣，高级课程中凝结了中国各民族舞蹈特色的精华，对各类民族舞蹈的基本要点都进行
了精确的拆解和重新排列，在古典舞的身韵练习中更能使学员在由浅入深、潜移默化中
逐步领悟到气息、韵律等表现手段在舞蹈运用中的重要性。

中图法分类：（索书号）J723/1
题　　　名：中国舞剧
书　　　号：ISBN 7-5052-0257-X
责　任　者：翟子霞主编
出　版　者：中国世界语出版社
出版时间：1996
出　版　地：北京
页　　　数：538 页
尺　　　寸：28cm
价　　　格：480.00
馆藏地址：北京舞蹈学院图书馆
内容提要：本画册选入我国有影响的舞剧一百部，其中有十三个少数民族的舞剧近三十部，具有汉族古代和民间舞蹈传统的舞剧五十余部，具有中国风格的芭蕾舞剧十余部。

1353

中图法分类：（索书号）J70-02/13
题　　　名：中国西南：少数民族舞蹈文化
书　　　号：ISBN 7-222-01963-4
责　任　者：刘金吾著
出　版　者：云南人民出版社
出版时间：1996
出　版　地：昆明
页　　　数：199 页
尺　　　寸：20cm
价　　　格：9.00
馆藏地址：北京舞蹈学院图书馆
内容提要：本书内容包括中国西南少数民族舞蹈概况、中国西南少数民族舞蹈的特征、中国西南少数民族舞蹈的风格极其形成与变异，中国西南少数民族舞蹈的保存与发展等。

1354

1355

中图法分类：（索书号）J721/9
题　　　名：著名舞蹈家崔美善
书　　　号：ISBN 7-80105-510-1
责　任　者：蒋士枚编撰
出　版　者：国际文化出版公司
出版时间：1996
出　版　地：北京
页　　　数：80 页
尺　　　寸：29cm
价　　　格：260.00
馆藏地址：北京舞蹈学院图书馆
内容提要：本书为著名舞蹈家崔美善的画册，内容包括了崔美善小传、舞蹈大家——崔美善、舞台丰采、永恒忆念、海外芳踪、人生回眸、中外报刊评论崔美善表演艺术的文章摘编等。

1356

中图法分类：（索书号）J732.8/37
题　　　名：图解国际标准舞
书　　　号：ISBN 7-80082-789-5
责　任　者：苗坤编著
出　版　者：华龄出版社
出版时间：1997.1
出　版　地：北京
页　　　数：142 页
尺　　　寸：20cm
价　　　格：14.50
馆藏地址：北京舞蹈学院图书馆
内容提要：本书主要包括二大部分，现代舞部分和拉丁舞部分，分别对其舞蹈的基本作动和基本舞步以图文并茂的形式进行了比较详尽的记载。

中图法分类：（索书号）J709.2/19
题　　　名：中国古代音乐舞蹈史话
书　　　号：ISBN 7-5347-2036-2
责　任　者：张以慰著；肖东发审定
出　版　者：大象出版社
出版时间：1997.4
出　版　地：郑州
页　　　数：198 页
尺　　　寸：19cm
价　　　格：7.25
馆藏地址：北京舞蹈学院图书馆
内容提要：本书摘取了中国音乐舞蹈史上的片段，描述了中国古代音乐舞蹈现象。本书从音乐舞蹈的源头开始寻觅，起于母系氏族社会时期的图腾崇拜，迄于明代理论家朱载堉，其间还讲述了历史上一些与音乐有关的人物、事件，如孔子学琴、屈原《九歌》、《胡笳十八拍》等。

1357

中图法分类：（索书号）J709.249/2
题　　　名：舞蹈基础理论教材：清代舞蹈的传承与变异（内部教材）
责　任　者：王克芬、刘青弋著
出　版　者：北京舞蹈学院
出版时间：1997.5
出　版　地：北京
页　　　数：259 页
尺　　　寸：19cm
价　　　格：
馆藏地址：北京舞蹈学院图书馆
内容提要：本书论述了清代各民族各类舞蹈发展的历史面貌，内容包括汉族民间舞蹈的兴盛、少数民族舞蹈的传衍、清宫乐舞的流变、戏曲舞蹈的成就等。

1358

1359

中图法分类：（索书号）J70-02/15
题　　　名：民间舞蹈
书　　　号：ISBN 7-5350-1327-9
责　任　者：张守镇著
出　版　者：海燕出版社
出　版时间：1997.5
出　版　地：郑州
丛　　　书：中原民俗丛书
页　　　数：324 页：彩照
尺　　　寸：20cm
价　　　格：17.00
馆藏地址：北京舞蹈学院图书馆
内容提要：本书对流传在河南境内的五十余种代表性舞蹈做了介绍，内容涉及舞蹈的流变、风格特色、演出时间、服装的制作、道具的使用、乐器及其演奏乐曲、舞蹈造型及表现内容等。

1360

中图法分类：（索书号）J705/45
题　　　名：新世纪高等师范院校教材：艺术鉴赏，音乐舞蹈
书　　　号：ISBN 7-5617-1712-1
责　任　者：于培杰、张荣明编著
出　版　者：华东师范大学出版社
出　版时间：1997.6
出　版　地：上海
页　　　数：309 页
尺　　　寸：20cm
价　　　格：9.50
馆藏地址：北京舞蹈学院图书馆
内容提要：本书内容包括艺术欣赏的主客条件、心理规律、客观效果，音乐的基本原理及部分中外音乐作品赏析，舞蹈的基本原理及部分中外舞蹈作品赏析。

中图法分类：（索书号）J722.21/34/：1
题　　　名：中国民间舞艺术：中国民间舞教
育专业毕业生论文集
书　　　号：ISBN 7-80647-311-4
责　任　者：北京舞蹈学院中国民间舞系编
出　版　者：山东友谊出版社
出版时间：1997.6
出　版　地：济南
页　　　数：667页
尺　　　寸：20cm
价　　　格：18.00
馆藏地址：北京舞蹈学院图书馆
内容提要：本书分为"实体论"、"文化
论"、"教育论"、"比较学"、"训练法"、"教
学法"、"教材观"、"创作法"、"表演论"、
"借鉴观"等部分，收入北京舞蹈学院中国民
间舞系的学生的毕业论文集中。

1361

中图法分类：（索书号）J705/42
题　　　名：足尖上的梦幻：中外芭蕾精品
欣赏
书　　　号：ISBN 7-5324-3047-2
责　任　者：朱立人、魏中编著
出　版　者：少年儿童出版社
出版时间：1997.7
出　版　地：上海
丛　　　书：艺术长廊丛书
页　　　数：150页
尺　　　寸：19cm
价　　　格：8.70
馆藏地址：北京舞蹈学院图书馆
内容提要：本书介绍了《关不住的女儿》等
二十多部中外芭蕾舞史上的作品，对这些芭蕾
舞作品的时代背景、主题、艺术特点以及著名
芭蕾舞进行了赏析。

1362

1363

中图法分类：（索书号）J709.712/5
题　　　名：伊莎多拉·邓肯
书　　　号：ISBN 7-207-03756-2
责　任　者：安安编著
出　版　者：黑龙江人民出版社
出版时间：1997.8
出　版　地：哈尔滨
丛　　　书：世界风流名媛系列之二
页　　　数：365 页
尺　　　寸：20cm
价　　　格：16.00
馆藏地址：北京舞蹈学院图书馆
内容提要：本书记录了邓肯从童年到死亡的整个人生过程，包括她的学舞经历、舞蹈生涯、舞蹈创作、舞蹈教学以及生活和爱情等。

1364

中图法分类：（索书号）J709.2/18
题　　　名：朝鲜族舞蹈史
书　　　号：ISBN 7-103-01511-2
责　任　者：朴永光著
出　版　者：人民音乐出版社
出版时间：1997.10
出　版　地：北京
页　　　数：255 页
尺　　　寸：20cm
价　　　格：22.50
馆藏地址：北京舞蹈学院图书馆
内容提要：本书介绍了朝鲜民族舞蹈的历史，论述了朝鲜乐舞的历史嬗变过程，侧重分析了朝鲜乐舞的功能与形态变化。

中图法分类：（索书号）J711.3/11
题　　　名：舞蹈编导教学参考资料（内部资料）
责　任　者：于 平选编
出　版　者：北京舞蹈学院
出版时间：1997.10
出　版　地：北京
页　　　数：264 页
尺　　　寸：20cm
价　　　格：38.00
馆藏地址：北京舞蹈学院图书馆
内容提要：本书分为上中下三编；上编侧重实践性，介绍了舞蹈编导的经验以及这些经验背后的深层规律和基本知识；中编侧重理论性，介绍了一些著名编舞者的理论总结；下编是作者论述"舞蹈编导"的文章汇集。

1365

中图法分类：（索书号）J722.2（34）/1
题　　　名：中国民族民间舞蹈集成，吉林卷
书　　　号：ISBN 7-5076-0099-8（精装）
责　任　者：《中国民族民间舞蹈集成》编辑部编
出　版　者：中国 ISBN 中心
出版时间：1997.10
出　版　地：北京
页　　　数：620 页
尺　　　寸：26cm
价　　　格：105.00
馆藏地址：北京舞蹈学院图书馆
内容提要：本书介绍了吉林省民族民间舞蹈的概况和各县民族民间舞蹈分布情况，并用图文并茂、音舞结合的方式记录了吉林省汉族舞蹈、满足舞蹈、朝鲜族舞蹈和蒙古族舞蹈的技术说明，包括"代表性舞蹈节目的舞曲"、"基本动作"、"场记说明"、"服饰和道具"等，并配有乐谱和插图。

1366

1367

中图法分类：（索书号）J732.8/43
题　　　名：体育舞蹈
书　　　号：ISBN 7-5622-1781-5
责　任　者：刁在箴主编
出　版　者：华中师范大学出版社
出版时间：1997.11
出版地：武汉
页　　　数：154 页
尺　　　寸：20cm
价　　　格：8.00
馆藏地址：北京舞蹈学院图书馆
内容提要：本书从体育与舞蹈的关系入手，主要介绍了体育舞蹈的概论、教学、创编以及各类基本动作和常用的组合练习，以舞蹈作为手段，突出了体育的特点。

1368

中图法分类：（索书号）J732.8/44
题　　　名：体育舞蹈
书　　　号：ISBN 7-81051-104-1
责　任　者：张清澍等编著
出　版　者：北京体育大学出版社
出版时间：1997.11
出版地：北京
页　　　数：223 页
尺　　　寸：21cm
价　　　格：7.00
馆藏地址：北京舞蹈学院图书馆
内容提要：本书共分为两大部分十章，理论部分比较系统、全面地介绍了体育舞蹈的理论与技术的基础知识和竞赛常识，技术部分主要对摩登舞、拉丁舞的基本动作和舞步等内容进行了比较详细的描述。

中图法分类：（索书号）J722.211/8
题　　　名：伴你迷你：秧歌舞速成
书　　　号：ISBN 7-81051-121-1
责　任　者：梁力生编著
出　版　者：北京体育大学出版社
时　　　间：1997
出　版　地：北京
页　　　数：152 页
尺　　　寸：26cm
价　　　格：8.00
馆藏地址：北京舞蹈学院图书馆
内容提要：本书介绍了中国秧歌的历史和源流，秧歌在现代社会中的作用，秧歌常见的化妆、服饰、道具，秧歌常用动作说明，秧歌舞中扇、绢的动作和技巧，东北、陕北、河北、山东等地秧歌的动作，秧歌的队形图案，并附有秧歌音乐选介等。

1369

中图法分类：（索书号）J792.3/7
题　　　名：北京舞蹈学院志：1954—1992
　　　　　　（内部资料）
责　任　者：北京舞蹈学院院志编委会
出　版　者：北京舞蹈学院
出版时间：1997
出　版　地：北京
丛　　　书：北京高等学校校志丛书
页　　　数：399 页
尺　　　寸：26.5×19.5cm
价　　　格：
馆藏地址：北京舞蹈学院图书馆
内容提要：本书包括十五大部分，主要讲述了北京舞蹈学院从 1954-1992 年创校历程。

1370

1371

中图法分类：（索书号）J722.9/10
题　　　名：大众迪斯科健身舞
书　　　号：ISBN 7-5613-1610-0
责 任 者：刘 峰主编
出 版 者：陕西师范大学出版社
出 版 时 间：1997
出 版 地：西安
页　　　数：127 页
尺　　　寸：26cm
价　　　格：8.00
馆 藏 地 址：北京舞蹈学院图书馆
内 容 提 要：本书主要包括三大部分；第一部
分为"大众迪斯科的基本舞步"、第二部分为
"大众迪斯科基本套路组合规律"。第三部分为
"大众迪斯科的常见套路"等。

1372

中图法分类：（索书号）J722.8/4947#1
题　　　名：当代交谊舞花样 100 种 第一册
书　　　号：ISBN 7-81051-119-X
责 任 者：杨艺编著
出 版 者：北京体育大学出版社
出 版 时 间：1997
出 版 地：北京
页　　　数：286 页：图
尺　　　寸：20cm
价　　　格：15.60
馆 藏 地 址：上海图书馆
内 容 提 要：当代交谊舞花样 100 种，第一
册：华尔兹、蝴蝶布鲁斯、随心吉特帕等动作
进行比较详细的介绍，上册收集了 50 种舞蹈
作品，并对作品的基本舞步动作进行了比较详
细的介绍。

中图法分类：（索书号）J732.8/46
题　　　名： 当代交谊舞花样 100 种 第二册
书　　　号： ISBN 7-81051-117-3
责 任 者： 杨艺编著
出 版 者： 北京体育大学出版社
出 版 时 间： 1997
出 版 地： 北京
页　　　数： 293 页
尺　　　寸： 20cm
价　　　格： 15.40
馆 藏 地 址： 北京舞蹈学院图书馆
内 容 提 要： 伦巴舞基本步；伦巴舞花样；探
戈舞基本步；探戈舞花样动作进行比较详细的
介绍，下册收集了 50 种舞蹈作品，并对作品
的基本舞步、动作进行进行了比较详细的
介绍。

1373

中图法分类：（索书号）J7-61/9
题　　　名： 当代美学：舞蹈名词
书　　　号： ISBN 957-99206-1-3
责 任 者： "国立" 编译馆编订
出 版 者： 洪叶文化出版公司
出 版 时 间： 1997
出 版 地： 台北市
页　　　数： 536 页
尺　　　寸： 21cm
价　　　格： 140.00　TWD400.00
馆 藏 地 址： 北京舞蹈学院图书馆
内 容 提 要： 本书是一本具有文献性的工具
书，兼具学术性与可读性，提供给专业研究者
参考及一般人士阅读。本书内容共分为七大类
别：中国舞蹈、芭蕾舞、现代舞、世界舞蹈、
舞蹈与科学、舞蹈与人文、舞蹈与戏剧，共收
录名词 10567 则。

1374

1375

中图法分类：（索书号）J701/12

题　　　名：当代美学：舞蹈审美说

书　　　号：ISBN 957-8424-14-0

责　任　者：James Michael Friedman 著，欧建平译

出　版　社：洪叶文化事业有限公司

出版时间：1997

出　版　地：台北市

页　　　数：402 页

尺　　　寸：21cm

价　　　格：122.50 TWD350.00

馆藏地址：北京舞蹈学院图书馆

内容提要：本书包括了两部当代舞蹈美学专著，是作者由其自身大量的观舞印象和美学理论中所提炼出来的精华总结出来的，也是一种将舞者与艺术作品及其他各类艺术门类并列排比，并加以解析的独特尝试。

1376

中图法分类：（索书号）J70-02/16

题　　　名：滇舞论坛：云南省首届少数民族舞蹈理论研讨会论文集

书　　　号：ISBN 7-222-02193-0

责　任　者：云南省文学艺术界联合会，云南省舞蹈家协会编

出　版　者：云南人民出版社

出版时间：1997

出　版　地：昆明

页　　　数：346 页 ［1］叶图版

尺　　　寸：21cm

价　　　格：14.50

馆藏地址：北京舞蹈学院图书馆

内容提要：本书是舞蹈理论家、舞蹈教育家、一级舞蹈编导云南师范大学刘金吾教授主编的云南首届少数民族舞蹈理论研讨会论文集《滇舞论坛》。书中编撰的舞蹈论文主要论述了云南少数民族舞蹈的研究论文。

中图法分类：（索书号）J719.5/17

题　　　名：古典芭蕾教学法讲义（影印本）
　　　　　　（内部教材）

责　任　者：瓦·鲁米扬采娃主讲；朱立人译
　　　　　　并整理

出　版　者：广州天捷芭蕾艺术学校

出版时间：1997

出　版　地：广州

页　　　数：83 页

尺　　　寸：26cm

价　　　格：60.00

馆藏地址：北京舞蹈学院图书馆

内容提要：本书刊印的是 1-4 年级的芭蕾讲
课内容，由朱立人同志根据课堂现场录音进行
整理。有一些地方主讲人当时只作了动作示
范，而并未进行口头讲解，我们只好标明"示
范"，请参加研讨班的学员结合课堂笔记予以
回忆。

1377

中图法分类：（索书号）J732.8/2234#6

题　　　名：国际标准交谊舞指南，拉丁舞.
　　　　　　第六册，仑巴

书　　　号：ISBN 7-224-04185-8

责　任　者：崔淑英

出　版　者：陕西人民出版社

出版时间：1997

出　版　地：西安

丛　　　书：中老年健身丛书

页　　　数：67 页：图照

尺　　　寸：26cm

价　　　格：9.50

主题标目：交谊舞——舞蹈动作 拉丁舞—舞
　　　　　　蹈动作

馆藏地址：上海图书馆

内容提要：本书详细介绍了拉丁舞中的仑巴
的跳法。是国际标准交谊舞中最富有节奏感的
舞蹈。跳起来很有韵律感。

1378

1379

中 图 法 分 类：（索书号）J732.8/2234#7
题　　　名：国际标准交谊舞指南，拉丁舞．
　　　　　　第七册，恰恰恰
书　　　号：ISBN 7-224-04186-6
责 任 者：崔淑英
出 版 者：陕西人民出版社
出 版 时 间：1997
出 版 地：西安
丛　　　书：中老年健身丛书
页　　　数：78 页：图照
尺　　　寸：26cm
价　　　格：10.05
主 题 标 目：交谊舞——舞蹈动作 拉丁舞—舞
　　　　　　蹈动作
馆 藏 地 址：上海图书馆
内 容 提 要：本书详细介绍了拉丁舞中的恰恰
恰舞的跳法。此系列国际标准交谊舞指南集中了交谊舞中最具代表性的舞蹈教材。

1380

中 图 法 分 类：（索书号）J732.8/2234#8
　　　　　　　　J732.8/2234#8-1
题　　　名：国际标准交谊舞指南，拉丁舞．
　　　　　　第八册，桑巴
书　　　号：ISBN 7-224-04184-X
责 任 者：崔淑英
出 版 者：陕西人民出版社
出 版 时 间：1997
出 版 地：西安
丛　　　书：中老年健身丛书
页　　　数：74 页：图照
尺　　　寸：26cm
价　　　格：10.00
主 题 标 目：交际舞——舞蹈动作 拉丁舞—舞
　　　　　　蹈动作
馆 藏 地 址：上海图书馆
内 容 提 要：本书详细介绍了拉丁舞中的桑巴舞的跳法。此系列国际标准交谊舞指南集
中了交谊舞中最具代表性的舞蹈教材。

中图法分类：（索书号）J732.8/2234#9

题　　　名：国际标准交谊舞指南，拉丁舞．
　　　　　　第九册，帕索多布里

书　　　号：ISBN 7-224-04187-4

责　任　者：崔淑英

出　版　者：陕西人民出版社

出版时间：1997

出　版　地：西安

丛　　　书：中老年健身丛书

页　　　数：75页：图照

尺　　　寸：26cm

价　　　格：10.00

主题标目：交际舞——舞蹈动作 拉丁舞—舞
　　　　　　蹈动作

馆藏地址：上海图书馆

内容提要：本书详细介绍了拉丁舞中的帕索
多布里舞的跳法。此系列国际标准交谊舞指南
集中了交谊舞中最具代表性的舞蹈教材。

1381

中图法分类：（索书号）J732.8/2234#10

题　　　名：国际标准交谊舞指南，拉丁舞．
　　　　　　第十册，伽依夫

书　　　号：ISBN 7-224-04183-1

责　任　者：崔淑英

出　版　者：陕西人民出版社

出版时间：1997

出　版　地：西安

丛　　　书：中老年健身丛书

页　　　数：72页：图照

尺　　　寸：26cm

价　　　格：10.00

主题标目：交际舞—舞蹈动作 拉丁舞—舞蹈
　　　　　　动作

馆藏地址：上海图书馆

内容提要：本书详细介绍了拉丁舞中的伽依
夫舞的跳法。此系列国际标准交谊舞指南集中了交谊舞中最具代表性的舞蹈教材。

1382

1383

中图法分类：（索书号）J732.8/1162-1
题　　　名：国际流行社交舞十日通
书　　　号：ISBN 7-80600-263-4
责　任　者：王国华编著
出　版　者：京华出版社
出版时间：1997
出　版　地：北京
丛　　　书：全民健身项目指导用书
页　　　数：153页：图
尺　　　寸：19cm
价　　　格：6.20
主题标目：交际舞—世界—通俗读物
馆藏地址：上海图书馆
内容提要：本书向读者介绍的是世界流行的
几种国际流行社交舞。"第一日课程 基本原则
和方法"，"第二日课程 华尔兹"，"第三日课
程 社交狐步舞（慢节奏舞）"，"第四日课程 社交快步舞（快节奏舞）"，"第五日课程
探戈"，"第六日课程 伦巴"，"第七日课程 桑巴"，"第八日课程 恰恰恰与曼波"，"第
九日课程 斗牛舞"，"第十日课程 牛仔舞与摇滚舞"。

1384

中图法分类：（索书号）J722.7
　　　　　　　（J425/2224）
题　　　名：黄河水长流：大型舞蹈诗剧
责　任　者：侯伍杰，山西省委宣传部
出　版　者：山西人民出版社
出版时间：1997
出　版　地：太原
页　　　数：49页：照
尺　　　寸：29x29cm
价　　　格：120.00
主题标目：舞台摄影—中国
馆藏地址：上海图书馆
内容提要：舞蹈诗剧《黄河水长流》是山西
省歌舞剧院于1995年推出的一部新作品。虽有苦涩却饱含着大欢欣，涂抹梦幻却基于
真实的土地。其中民族情感积淀之深厚，艺术想象之瑰丽，实在可歌可叹。在特定的艺
术氛围里，塑造饱含情感力度的形象，是它在艺术风格上引人瞩目的成功之处。本书着
重介绍的是一部具备极高文学价值的舞蹈诗剧。它结合舞蹈、戏剧、绘画、音乐等艺术
形式，利用舞台独特的情感气质，展现出了黄河儿女永恒的文化魅力。

中图法分类：（索书号）J732.8/45
题　　　名：交谊舞的精粹：北京平四舞花样
　　　　　　100 种．第一册
书　　　号：ISBN 7-81051-117-3
责　任　者：杨艺编著
出　版　者：北京体育大学出版社
出 版 时 间：1997
出　版　地：北京
页　　　数：293 页
尺　　　寸：20cm
价　　　格：15.80
馆 藏 地 址：北京舞蹈学院图书馆
内 容 提 要：本书针对北京平四舞的基本舞
步、动作进行了比较详细的介绍，第一册收集
了 100 种舞蹈动作作品，并对动作作品的基本
舞步、动作进行了比较详细的介绍。

1385

中图法分类：（索书号）J722.211/9
题　　　名：胶州秧歌（内部教材）
责　任　者：北京舞蹈学院资料室
出　版　者：北京舞蹈学院资料室
时　　　间：1997
出　版　地：北京
页　　　数：1 册
尺　　　寸：32cm
价　　　格：8.00
馆 藏 地 址：北京舞蹈学院图书馆
内 容 提 要：这份（内部资料）记述了民间艺
人走访、调查胶州秧歌的情况。遵照根据国务
院、文化部挖掘民间民族文化遗产的指示，他
们通过访问胶州秧歌盛行的部分地区，学习胶
州秧歌的舞蹈动作，使这一民间艺术之花，开
得更加艳丽夺目。这本调查资料记叙了胶州秧
歌的音乐总谱，并记录了胶州秧歌的舞蹈动作
和舞蹈场记。秧歌的舞蹈位置图。

1386

1387

中图法分类：（索书号）J709.2/4
题　　名：解放军舞蹈史
书　　号：ISBN 7-5065-3468-1
责 任 者：高椿生编著
出 版 者：解放军出版社
出版时间：1997
出 版 地：北京
页　　数：291 页
尺　　寸：20cm
价　　格：25.00
馆藏地址：北京舞蹈学院图书馆
内容提要：本书介绍了从 1927 至 1996 年间，战争时期解放军的舞蹈活动和新中国成立后解放军部队舞蹈的发展和成就。此书作者曾是解放军艺术学院舞蹈系主任。长期从事解放军部队文艺的舞蹈工作。

1388

中图法分类：（索书号）J709.712
　　　　　　（K837.125.76/7422-1）
题　　名：美国舞蹈家邓肯：1877-1927
书　　号：ISBN 978-78061-565-20
责 任 者：艾振民
出 版 者：海天出版社
出版时间：1997
出 版 地：深圳
丛　　书：世界名人传记丛书：表演艺术家卷
页　　数：112 页
尺　　寸：19cm
价　　格：50.0
馆藏地址：上海图书馆
内容提要：安吉拉·伊莎多拉·邓肯于 1877 年生于美国加利福尼亚州的旧金山。她是家里四个兄弟姐妹中最小的一个。她三岁大时，父母就离异了。伊莎多拉和她的两个哥哥、一个姐姐由母亲玛丽一个人抚养。当时家里很穷，伊莎多拉给当地的孩子们教授舞蹈课补贴家用，她开始教课的时候只有五岁。她的母亲玛丽．邓肯自己教他们几个孩子音乐、舞蹈、戏剧以及文学。小伊莎多拉认为母亲教的这些就是她需要的所有的教育。她很长时间都没去上学。她说去学校上学妨碍了她跳舞以及对艺术的理解。

中图法分类：（索书号）J709.27/13
题　　　名：艺海文丛·资华筠随笔：人世
　　　　　　婆娑
书　　　号：ISBN 7-5363-3262-9
责　任　者：资华筠著
出　版　者：广西民族出版社
出版时间：1997
出　版　地：南宁
丛　　　书：艺海文丛
页　　　数：222 页，[4] 页图版
尺　　　寸：20cm
价　　　格：14.60
馆藏地址：北京舞蹈学院图书馆
内容提要：本书内容主要讲述了"假如 2000
年我只有 18 岁"、"第二起跑线——蓦然回首
学术生涯"、"上学"与"上任"、"舞畴"与
"人畴"、昂头"化缘"、"教学相长、诤友难
当"、"女士优先"等内容。表现了作者一个舞蹈教育家的风范。

1389

中图法分类：（索书号）J709.2/1672
题　　　名：生命的节律—中国舞蹈
书　　　号：ISBN 7-5441-0714-0
责　任　者：司马侃
出　版　者：沈阳出版社
出版时间：1997
出　版　地：沈阳
丛　　　书：中国文化史丛书
页　　　数：105 页
尺　　　寸：19cm
价　　　格：4.85
馆藏地址：上海图书馆
内容提要：本书内容包括：舞蹈的源起与中
国舞蹈的萌芽，秦汉和魏晋南北朝的舞蹈，隋
唐舞蹈，两宋一直到元明清舞蹈。又从宫廷、
民间、宗教、民族等多角度阐释了舞蹈的延伸
与变异。

1390

1391

中图法分类：（索书号）J709.2/33
题　　　名：丝绸之路乐舞大观
书　　　号：ISBN 7-80547-537-7
责　任　者：赵世骞著
出　版　者：新疆美术摄影出版社
出　版　时　间：1997
出　版　地：乌鲁木齐
页　　　数：245 页
尺　　　寸：21cm
价　　　格：14.80
馆　藏　地　址：北京舞蹈学院图书馆
内　容　提　要：本书主要论述新疆古代和现代 10
多个少数民族的音乐舞蹈艺术的概貌，包括它
的渊源、乐舞结构、兴衰变迁等情况。

1392

中图法分类：（索书号）J709.313/3
题　　　名：舞痴——来自日本的李惠美
书　　　号：ISBN 957-02-0414-1
责　任　者：高三村著
出　版　者：高雄县立文化中心
出　版　时　间：1997
出　版　地：台北市
页　　　数：132 页
尺　　　寸：21cm
价　　　格：114.00，TWD300.00
馆　藏　地　址：北京舞蹈学院图书馆
内　容　提　要：本书记录了李惠美的舞蹈生涯和
舞蹈成就以及生活经历、教学活动等。

中图法分类：J70/11HY
题　　　名：舞蹈概论
书　　　号：ISBN 957-99206-3-X
责　任　者：［美］约翰·马丁著；欧建平译
出　版　者：洪叶文化出版公司
出版时间：1997
出　版　地：台北市
页　　　数：351 页
尺　　　寸：21cm
价　　　格：112.00 TWD380.00
馆藏地址：北京舞蹈学院图书馆
内容提要：本书介绍了有关舞蹈的基本理论
知识和娱乐性舞蹈、芭蕾、表现派舞蹈的理论
与特色、代表人物等。

1393

中图法分类：（索书号）J706/3
题　　　名：舞蹈解剖学教程
书　　　号：ISBN 7-81019-551-4
责　任　者：刘群杰，高云著
出　版　者：中国美术学院出版社
出版时间：1997
出　版　地：杭州
页　　　数：174 页
尺　　　寸：26cm
价　　　格：30.00
馆藏地址：北京舞蹈学院图书馆
内容提要：本书在一般人体解剖学基础上，
结合舞蹈专业的特点，研究了人体形态结构、
生长发育规律和人体运动规律，分析了参与舞
蹈基础动作的肌肉等躯体部位及其工作性质，
并介绍了舞蹈活动中的自我保健、舞蹈运动创
伤等。

1394

1395

中图法分类：（索书号）J701/4
题　　　名：舞蹈美学
书　　　号：ISBN 7-5060-0875-0
责　任　者：欧建平著
出　版　者：东方出版社
出版时间：1997
出　版　地：北京
丛　　　书：东方袖珍美学丛书
页　　　数：288 页
尺　　　寸：19cm
价　　　格：13.20
馆藏地址：北京舞蹈学院图书馆
内容提要：本书内容包括舞蹈美学的学科建
设与基本现状、舞蹈美学研究的准备阶段、东
西方舞蹈美学理论、舞蹈美的欣赏等。

1396

中图法分类：（索书号）J709/21
题　　　名：舞蹈名人录
书　　　号：ISBN 986-7542-90-8
责　任　者：欧建平著
出　版　者：洪叶文化事业公司
出版时间：1997
出　版　地：台北市
页　　　数：399 页
尺　　　寸：21cm
价　　　格：121.60，TWD320.0
馆藏地址：北京舞蹈学院图书馆
内容提要：本书收录了世界舞史上的二十九
位舞蹈名家的生平事迹、舞蹈作品和舞蹈
生涯。

中图法分类：（索书号）J70-02/6
题　　　名：舞蹈与族群：赫章民族舞蹈考察
书　　　号：ISBN 7-221-04087-7
责　任　者：黄泽桂著
出　版　者：贵州人民出版社
出版时间：1997
出　版　地：贵阳
页　　　数：211页
尺　　　寸：20cm
价　　　格：10.10
馆藏地址：北京舞蹈学院图书馆
内容提要：本书对黔西北偏远县赫章的民间舞蹈极其与种群文化之间的关系做了考察和研究。内容包括"族群舞蹈概述"、"赫章县人文生境和族群生活概况"、"大花苗族舞蹈"、"小花苗族舞蹈"、"赫章彝族舞蹈"等。

1397

中图法分类：（索书号）J717.3/1
题　　　名：舞台舞蹈头饰造型艺术（影印本）
书　　　号：ISBN 7-80587-431-X
责　任　者：李晓兰著
出　版　者：敦煌文艺出版社
出版时间：1997
出　版　地：兰州
页　　　数：131页
尺　　　寸：26cm
价　　　格：28.00
馆藏地址：北京舞蹈学院图书馆
内容提要：本书收集整理了一百多幅舞蹈头饰的作品图片，内容涉及"古典舞蹈头饰"、"民族舞蹈头饰"、"民间舞蹈头饰"、"少儿舞蹈头饰"等。

1398

1399

中图法分类：（索书号）J705/75
题　　名：香港舞蹈评论集：1976~1996
书　　号：ISBN 962-8321-01-8
责 任 者：杨裕平等编
出 版 者：国际演艺评论家协会（香港分
　　　　　会）
出版时间：1997
出 版 地：香港
页　　数：151 页
尺　　寸：21cm
价　　格：81.90　HK65.00
馆藏地址：北京舞蹈学院图书馆
内容提要：近二十年来香港的舞蹈发展可算
是多元性，而舞蹈评论正好扮演着中介角色，
把多样化的作品阐释给观众，协助他们欣赏及
了解演出的精妙处，同时亦鞭策创作者创作更
高水准的舞蹈。此书集十七位作者共三十篇的
舞评，让读者能概括回顾香港舞蹈的发展。

1400

中图法分类：J70/19
题　　名：寻觅舞蹈：吴露生舞蹈艺术文集
书　　号：ISBN 962-450-609-4
责 任 者：吴露生
出 版 者：天马图书公司
出版时间：1997
出 版 地：香港
页　　数：387 页，[10] 页图版
尺　　寸：2，1cm
价　　格：22.00 HK22.00
馆藏地址：北京舞蹈学院图书馆
内容提要：吴露生是在全国舞蹈界一位很有
影响的著名的舞蹈理论家，本书是他的舞蹈艺
术文集。本书不以年代为序，而以涉及的内容
与写作形式为据大致分为六个部分。在觅舞者
生花妙笔阐释下的片语只言，传递了深刻的舞
蕴含义。同时，也让人联想到，他在学海艺涯
中翱翔的景象：舞论的美学品味，创作的哲理
含义，舞评的创造力提升，无不是研究方法正确、艺术思维清晰，乃至充满着逻辑学、
民俗学、艺术学等跨学科跋涉，以广博的知识来做精深的学问。

中图法分类：（索书号）J709.2/11
题　　　名：中国古代舞蹈
书　　　号：ISBN 7-100-02169-3
责　任　者：刘芹著
出　版　者：商务印书馆
出版时间：1997
出版地：北京
页　　　数：233页
尺　　　寸：19cm
价　　　格：14.00
馆藏地址：北京舞蹈学院图书馆
内容提要：本书梳理了中国古代舞蹈发展的脉络，介绍了历代的舞蹈现象、代表性舞种、舞蹈艺术特点、舞蹈和民俗与其他艺术之关系等。

1401

中图法分类：（索书号）J709/13
题　　　名：中国古代舞蹈
书　　　号：ISBN 7-100-02169-3
责　任　者：刘芹著
出　版　者：商务印书馆
出版时间：1997
出版地：北京
页　　　数：233页，[8]页图版
尺　　　寸：19cm
价　　　格：14.00
馆藏地址：北京舞蹈学院图书馆
内容提要：本书介绍了我国从远古时代到清代的舞蹈历史，包括舞蹈起源、舞种演变、各舞种特征、舞蹈风俗等。

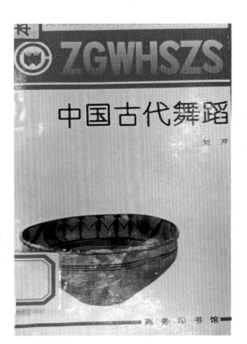

1402

1403

中图法分类：（索书号）J709.2/4821
题　　　名：中国舞蹈史话 第一辑
书　　　号：ISBN 7-80630-174-7
责　任　者：蔡上思主编；黄坚、朱榕编
出　版　者：黄山书社
出版时间：1997
出　版　地：合肥
丛　　　书：中华文化宝库丛书
页　　　数：128 页
尺　　　寸：19cm
价　　　格：5.00（套价 150.00）
馆藏地址：上海图书馆
内容提要：本书是中华文化宝库丛书中第一
辑。中国舞蹈具有悠久的历史渊源和深厚的艺
术积累，在五千年以前，中国就已经出现了舞
蹈。经过从原始的舞蹈到中华人民共和国建立
后，中国舞蹈空前繁盛，显示出了强大的生命
力。此书是了解中国舞蹈历史的通俗读本。

1404

中图法分类：（索书号）J709.2/8
题　　　名：中国舞蹈艺术史图鉴
书　　　号：ISBN 7-5355-2570-9
责　任　者：董锡玖、刘峻骧主编
出　版　者：湖南教育出版社
出版时间：1997
出　版　地：长沙
页　　　数：15，561 页
尺　　　寸：29cm
价　　　格：278.00
馆藏地址：北京舞蹈学院图书馆
内容提要：本书是一部全景图说中国舞蹈及
相关人体文化的舞蹈通史。它以近千幅文物图
片、照片和拓片，形象地展示了绚丽多姿的中
国传统舞蹈艺术，以及今天在剧场表演和民俗
生活中依然起着重要作用的当代舞蹈艺术与民
族民间舞蹈。本书是在中国艺术研究院舞蹈研究所多年积累的基础上，又经多年的集体
攻关编辑完成的。其中对当代舞蹈家及其作用的分析，坚持从动作艺术的特性出发，力
戒空论。古代舞蹈同样如此。因此，本书实用性和学术性并重，既可为专业创作者借鉴
研究，又可为一般学者提供一部融考古、艺术、史学、风情于一体的精美可赏的艺术史
著作。

中图法分类：（索书号）J732.8/57
题　　　名：中国最新流行交谊舞速成
书　　　号：ISBN 7-5011-3646-7
责　任　者：胡乃耀著
出　版　者：新华出版社
出版时间：1997
出　版　地：北京
页　　　数：188 页
尺　　　寸：19cm
价　　　格：8.50
馆藏地址：北京舞蹈学院图书馆
内容提要：本书主要对北京平四步、伦巴步、吉特巴舞、华尔兹舞、探戈舞基本知识以及每一个动作都进行了讲解。此书是当时比较全面的了解交谊舞的教科书式的舞蹈专业书籍。

中图法分类：（索书号）J732.8/42
题　　　名：最新现代交际舞教程
书　　　号：ISBN 7-5048-2785-1
责　任　者：崔熙芳、王怀玉著
出　版　者：农村读物出版社
出版时间：1997
出　版　地：北京
页　　　数：223 页
尺　　　寸：19cm
价　　　格：10.00
馆藏地址：北京舞蹈学院图书馆
内容提要：本书主要包括 5 章，内容为："现代舞概述"、"现代交际舞的基本知识"、"现代交际舞的技术与教法"、"现代交际舞的身体训练"、"竞赛与裁判工作简介"。

1407

中图法分类：（索书号）J705-53/2
题　　　名：中国古典舞教育本科毕业论文集
　　　　　　（内部资料）
责　任　者：北京舞蹈学院古典舞系编
出　版　者：北京舞蹈学院古典舞系
出版时间：1998.1
出　版　地：北京
页　　　数：323 页
尺　　　寸：20cm
价　　　格：58.00
馆藏地址：北京舞蹈学院图书馆
内容提要：本书是北京舞蹈学院中国民族舞剧系两届教育专业的毕业论文汇集，选题涉及古典舞史、古典舞实体论、古典舞教育论、古典舞身韵、古典舞基础训练、古典舞教学法、古典舞创作、古典舞表演、古典舞教改建议等。

1408

中图法分类：（索书号）J722.2（31）/1
题　　　名：中国民族民间舞蹈集成，辽宁卷
书　　　号：ISBN 7-5076-0128-5
责　任　者：《中国民族民间舞蹈集成》编辑部编
出　版　者：中国 ISBN 中心
出版时间：1998.3
出　版　地：北京
页　　　数：891 页
尺　　　寸：26cm
价　　　格：146.00
馆藏地址：北京舞蹈学院图书馆
内容提要：本书介绍了辽宁省民族民间舞蹈的概况和各县民族民间舞蹈分布情况，并用图文并茂、音舞结合的方式记录了辽宁省各地区民间舞蹈的技术说明，包括当地代表性舞蹈节目的舞曲、基本动作、场记说明、服饰和道具等，并配有乐谱和插图。

中图法分类：（索书号）J722.2（52）/1
题　　　名：中国民族民间舞蹈集成，山东卷
书　　　号：ISBN 7-5076-0139-0
责 任 者：《中国民族民间舞蹈集成》编辑
　　　　　　部编
出 版 者：中国 ISBN 中心
出 版 时 间：1998.5
出 版 地：北京
页　　　数：1040 页
尺　　　寸：26cm
价　　　格：168.00
馆 藏 地 址：北京舞蹈学院图书馆
内 容 提 要：本书介绍了山东省民间舞蹈的概
况和各县民族民间舞蹈分布情况，并用图文并
茂、音舞结合的方式记录了山东省各地区民间
舞蹈的技术说明，包括当地代表性舞蹈节目的
舞曲、基本动作、场记说明、服饰和道具等，
并配有乐谱和插图。

1409

中图法分类：（索书号）J722.2（45）/1
题　　　名：中国民族民间舞蹈集成，新疆卷
书　　　号：ISBN 7-5076-0138-2
责 任 者：《中国民族民间舞蹈集成》编辑
　　　　　　部编
出 版 者：中国 ISBN 中心
出 版 时 间：1998.5
出 版 地：北京
页　　　数：566 页
尺　　　寸：26cm
价　　　格：97.00
馆 藏 地 址：北京舞蹈学院图书馆
内 容 提 要：本书介绍了新疆维吾尔自治区民
间舞蹈的概况和各县民族民间舞蹈分布情况，
并用图文并茂、音舞结合的方式记录了"维吾
尔族舞蹈"、"哈萨克族舞蹈"、"回族舞蹈"、
"柯尔克孜族舞蹈"、"蒙古族舞蹈"、"锡伯族舞蹈"、"俄罗斯族舞蹈"、"塔吉克族舞
蹈"、"乌孜别克族舞蹈"、"塔塔尔族舞蹈"、"达斡尔族舞蹈的技术说明"，包括"代表
性舞蹈节目的舞曲"、"基本动作"、"场记说明"、"服饰和道具"等，并配有乐谱和
插图。

1410

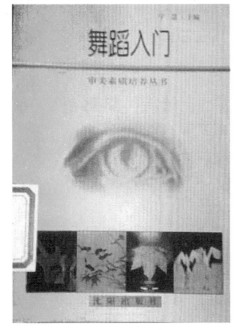

1411

中图法分类：（索书号）J705/5
题　　名：舞蹈入门（影印本）
书　　号：ISBN 7-5441-0987-9
责 任 者：宇慧主编
出 版 者：沈阳出版社
出版时间：1998.6
出 版 地：沈阳
丛　　书：审美素质培养丛书
页　　数：126页
尺　　寸：19cm
价　　格：98.00（全套）
馆藏地址：北京舞蹈学院图书馆
内容提要：本书主要包括了"长青的艺术之母——舞蹈"、感觉舞蹈、展示魅力、舞蹈艺术特性、舞蹈的审美、风格各异的舞蹈、芭蕾经典赏析等内容。

1412

中图法分类：（索书号）J712-67/1
题　　名：舞蹈表演教学参考资料（内部资料）
责 任 者：于平选编
出 版 者：北京舞蹈学院
出版时间：1998.7
出 版 地：北京
页　　数：343页
尺　　寸：20cm
价　　格：38.00（精装48.00）
馆藏地址：北京舞蹈学院图书馆
内容提要：本书分为"舞蹈表演理论"、"舞蹈表演教学"、"舞蹈表演实践"和"戏曲舞蹈表演四编"。

中图法分类：（索书号）J709.552/4243
题　　　名：舞蹈史—葡萄牙
书　　　号：ISBN 7-50593-105-9
丛　　　书：葡萄牙文化丛书
责　任　者：[葡] 若泽·莎斯波尔特斯·安
　　　　　　东尼奥·平托·里贝罗著；陈用
　　　　　　仪译
出　版　者：中国文联出版公司
出版时间：1998.9.1
出　版　地：北京
页　　　数：203 页
尺　　　寸：20cm
价　　　格：11.60
馆藏地址：上海图书馆
内容提要：本书详细介绍了葡萄牙的舞蹈历
史。责任者原题：若泽·萨斯波尔特斯，安东
尼奥·平托·里贝罗。一个自认为多少有点文

化修养的人，对于各门艺术的发展过程都可能略有所知，但对舞蹈的演化经过却往往茫
然。本书是"葡萄牙文化丛书"之一，本书所要介绍的正是葡萄牙舞蹈史，其主要包
括：葡萄牙舞蹈的历程，古本江芭蕾的二十年以及葡萄牙新舞蹈等两部分内容。

1413

中图法分类：（索书号）J719.3/8/：1
题　　　名：0 岁方案，2-3 岁："0 岁方案"
　　　　　　婴幼儿实验教材
书　　　号：ISBN 7-53940-762-X
责　任　者：谢鸿辉等编辑
出　版　者：湖北美术出版社
出版时间：1998.8
出　版　地：武汉
页　　　数：44 页
尺　　　寸：18cm
价　　　格：3.30
馆藏地址：北京舞蹈学院图书馆

1414

内容提要：本册音乐舞蹈教材，供教育者教 2-3 岁孩子参考，大致的目标是：1. 在游
戏中诱导孩子愉快发声，喜欢唱歌，爱做各种律动；2. 培养唱歌姿势正确；3. 爱听琴
声和播放的音乐作品，能感受音乐的节拍，能伴随老师和同学的歌声或琴声学习唱歌；
4. 开始学习五线谱，能听琴声看乐谱知音的高低；5. 认识鼓、锣、号、风琴等数种
乐器。

1415

中图法分类：（索书号）J719.3/8/：2
题　　　名：0岁方案，3-4岁"0岁方案"
　　　　　　婴幼儿实验教材
书　　　号：ISBN 7-5394-0762-X
责　任　者：谢鸿辉等编辑
出　版　者：湖北美术出版社
出版时间：1998.8
出　版　地：武汉
页　　　数：44页
尺　　　寸：18cm
价　　　格：3.30

馆藏地址：北京舞蹈学院图书馆
内容提要：本册音乐舞蹈教材，供教育者教3-4岁孩子参考，大致目标是：1.能使孩子大胆地随老师歌声或琴声唱歌，集体唱歌时能同时开始和结束；2.能随音乐节拍学习生活律动和模仿动物动作律动，学习3-5种舞蹈基本步伐和4-6格舞蹈；3.会大胆地和小朋友一起进行表演游戏，还可以自由地创造性地表演一些动作；4.会安静地听音乐，初步欣赏雄壮、欢快、轻松、温馨的不同作品；5.会敲击物品，打出简单的音乐节奏。

1416

中图法分类：（索书号）J719.3/8/（1）
题　　　名：0岁方案，4-5岁 上学期"0岁
　　　　　　方案"婴幼儿实验教材
书　　　号：ISBN 7-5394-0762-X
责　任　者：谢鸿辉等编辑
出　版　者：湖北美术出版社
出版时间：1998.8
出　版　地：武汉
页　　　数：44页
尺　　　寸：18cm
价　　　格：3.30

馆藏地址：北京舞蹈学院图书馆
内容提要：本册音乐舞蹈教材，供教育者教4-5岁孩子参考，大致目标是：1.能有表情地用自然发声唱歌、曲调准确、歌词清楚；2.学习听前奏、间奏唱歌，会独唱、合唱和分组唱，还会学习增编一些歌词，自演自乐；3.学习5-6种基本舞步，几种民族舞蹈，并能结合自己对音乐的感受自编简单舞蹈动作；4.兴趣越来越浓，习惯欣赏音乐和舞蹈，感受不同作品的思想感情；5.会用常用的打击乐器给二拍子的乐曲伴奏。本书为上学期课。

中图法分类：（索书号）J719.3/8/（2）
题　　　名：0岁方案，4-5岁 下学期"0岁方案"婴幼儿实验教材
书　　　号：ISBN 7-5394-0762-X
责　任　者：谢鸿辉等编辑
出　版　者：湖北美术出版社
出版时间：1998.8
出　版　地：武汉
页　　　数：44页
尺　　　寸：18cm
价　　　格：3.30
馆藏地址：北京舞蹈学院图书馆

1417

内容提要：本册音乐舞蹈教材，供教育者教4-5岁孩子参考，大致目标是：1. 能有表情地用自然发声唱歌、曲调准确，歌词清楚；2. 学习听前奏、间奏唱歌，会独唱、合唱和分组唱，还会学习增编一些歌词，自演自乐；3. 学习5-6种基本舞步，几种民族舞蹈，并能结合自己对音乐的感受自编简单舞蹈动作；4. 兴趣越来越浓，习惯欣赏音乐和舞蹈，感受不同作品的思想感情；5. 会用常用的打击乐器给二拍子的乐曲伴奏。本书为下学期课程。

中图法分类：（索书号）J719.3/8/4（1）
题　　　名：0岁方案，5-6岁 上学期"0岁方案"婴幼儿实验教材
书　　　号：ISBN 7-5394-0762-X
责　任　者：谢鸿辉等编辑
出　版　者：湖北美术出版社
出版时间：1998.8
出　版　地：武汉
页　　　数：44页
尺　　　寸：18cm
价　　　格：3.30
馆藏地址：北京舞蹈学院图书馆

1418

内容提要：本册音乐舞蹈教材，供教育者教5-6岁孩子参考，大致目标是：1. 孩子对音乐舞蹈的兴趣更浓了，能根据歌曲高低、强弱、快慢表达，能独唱独舞，对唱双舞，领唱领舞，合唱合舞，能较自如地用舞蹈动作表现对某个音乐作品的感受；2. 在音乐舞蹈中学习各种知识，熏陶良好的道德品质；3. 会欣赏不同风格的儿童歌曲，辨别进行曲、摇篮曲、舞曲、抒情曲，能说出乐曲表现的内容和自己的感受；4. 会用几种打击乐器看指挥，听琴声进行演奏，部分小朋友学其他乐器。本书为上学期课程。

1419

中图法分类：（索书号）J719.3/8/4（2）
题　　　名：0 岁方案，5-6 岁 下学期 "0 岁方案" 婴幼儿实验教材
书　　　号：ISBN 7-5394-0762-X
责　任　者：谢鸿辉等编辑
出　版　者：湖北美术出版社
出版时间：1998.8
出　版　地：武汉
页　　　数：44 页
尺　　　寸：18cm
价　　　格：3.30

馆 藏 地 址：北京舞蹈学院图书馆
内 容 提 要：本册音乐舞蹈教材，供教育者教 5-6 岁孩子参考，大致目标是：1. 孩子对音乐舞蹈的兴趣更浓了，能根据歌曲高低、强弱、快慢表达，能独唱独舞，对唱双舞，领唱领舞，合唱合舞，能较自如地用舞蹈动作表现对某个音乐作品的感受；2. 在音乐舞蹈中学习各种知识，熏陶良好的道德品质；3. 会欣赏不同风格的儿童歌曲，辨别进行曲、摇篮曲、舞曲、抒情曲，能说出乐曲表现的内容和自己的感受；4. 会用几种打击乐器看指挥，听琴声进行演奏，部分小朋友学其他乐器。本书为下学期课程。

1420

中图法分类：（索书号）J705/19
题　　　名：舞蹈——流动的旋律
书　　　号：ISBN 7-5041-1792-7
责　任　者：尤建伟、袁立书编著
出　版　者：教育科学出版社
出版时间：1998.10
出　版　地：北京
丛　　　书：美育丛书
页　　　数：96 页
尺　　　寸：19cm
价　　　格：7.00
馆 藏 地 址：北京舞蹈学院图书馆
内 容 提 要：本书内容包括什么是舞蹈美，古典舞、民间舞蹈、现代舞蹈的特征，舞会舞、交际舞的基本动作和规范，《龙舞》等六出舞剧的赏析评介，舞蹈家的艺术之路，舞蹈的形体美等。

中图法分类：（索书号）J709.2/57
题　　　名：中国舞蹈史
书　　　号：ISBN 957-30848-0-5
责　任　者：李天民等著
出　版　者：大卷文化有限公司
出版时间：1998.11
出　版　地：台北市
页　　　数：943 页
尺　　　寸：20cm
价　　　格：75.00　TWD300.00
馆藏地址：北京舞蹈学院图书馆
内容提要：本书介绍了从原始发源到1948年间中国舞蹈文化的发源、形成、分化和演变的历史进程。李天民先生是台湾研究中国舞蹈史的专家。

中图法分类：（索书号）J709.2/410
题　　　名：舞蹈艺术史料．风云集
书　　　号：ISBN 962-77114-97-1
责　任　者：查烈编
出　版　者：上海文艺出版社
出版时间：1998.12
出　版　地：上海
页　　　数：328 页
尺　　　寸：26cm
价　　　格：50.00
馆藏地址：浙江图书馆
内容提要：本书内容包括："母亲在呼唤"，"五朵红云"，"菊花传"，"椰林怒火"，"刚果河在怒吼"，"思念，项羽"。

1423

中图法分类：（索书号）J719.4/8
题　　　名：中国舞蹈技巧课教材
书　　　号：ISBN（ISRC CN-Q06-98-0010-O/N.G4）
责　任　者：王晓琴编写
出　版　者：吉林音像出版社
出版时间：1998.12
出　版　地：长春
页　　　数：130页（录像带配书）
尺　　　寸：26cm
价　　　格：18.00
馆藏地址：北京舞蹈学院图书馆
内容提要：本书内容包括基本素质训练（软度、力度等项）、地面技巧、上下桌技巧、翻腾技巧、弹板、双人借体等训练内容。并附有身体素质训练对舞蹈学习的影响作用、青少年女子解剖生理特点及教学手段、五年制中专技巧课教学大纲。

1424

中图法分类：（索书号）J705/71
题　　　名：芭蕾舞剧欣赏
书　　　号：ISBN 957-672-292-6
责　任　者：何恭上编著
出　版　者：艺术图书公司
出版时间：1998修订一版
出　版　地：台北市
页　　　数：187页
尺　　　寸：21cm
价　　　格：133.00 TWD380.00
馆藏地址：北京舞蹈学院图书馆
内容提要：本书介绍三十个世界不朽的芭蕾舞剧，不但介绍舞剧故事内容，舞蹈编作家、乐曲编作，以及世界杰出舞星是如何跳该舞剧心得。每个舞都附精美芭蕾舞剧彩色或黑白图片，不但是编舞者参考书，亦可导引欣赏各名舞剧。

中图法分类：（索书号）J709.712/13
题　　　名：悲歌与狂舞：叶赛宁与邓肯
书　　　号：ISBN 7-80050-975-3
责 任 者：郭洪体著
出 版 者：社会科学文献出版社
出 版 时 间：1998
出 版 地：北京
页　　　数：298 页
尺　　　寸：20cm
价　　　格：12.80
馆 藏 地 址：北京舞蹈学院图书馆
内 容 提 要：本书记录了俄罗斯伟大诗人叶塞宁和美国著名舞蹈家邓肯之间的爱情故事。是了解叶赛宁与邓肯的舞蹈传记类作品。

1425

中图法分类：（索书号）J709.2/66
题　　　名：飙舞：林怀民与云门传奇
书　　　号：ISBN 978-986-216-192-0
责 任 者：杨孟瑜著
出 版 者：天下远见出版股份有限公司
出 版 时 间：1998
出 版 地：台北市
页　　　数：313 页
尺　　　寸：22cm
价　　　格：103.00　TWD360.00
馆 藏 地 址：北京舞蹈学院图书馆
内 容 提 要：二十五年来，林怀民与云门舞集，飙遍台湾大城、小镇。舞上欧、美、亚、海岸，两百多个舞台，把台湾成功地放在世界舞蹈地图上。云门是世界一流现代舞团，是台湾几代人的记忆，共同的骄傲。

1426

1427

中图法分类：（索书号）J712.23/2
题　　　名：儿童歌舞及舞蹈基础训练
书　　　号：ISBN 7-80553-665-1
责　任　者：中等师范音乐教材编委会编
出　版　者：上海音乐出版社
出版时间：1998
出　版　地：上海
页　　　数：131 页
尺　　　寸：26cm
价　　　格：7.30
馆藏地址：北京舞蹈学院图书馆
内容提要：本书共分三个部分：第一部分为舞蹈理论，选录了全国舞蹈理论权威专家们对舞蹈的论述。第二部分为儿童歌舞，主要介绍了有关儿童舞蹈的基训，集体舞创作的经验，儿童舞蹈的教学经验。第三部分为中国古典舞、民族民间舞、芭蕾舞的常用动作。

1428

中图法分类：（索书号）J712.23/4
题　　　名：儿童舞蹈基训20课
书　　　号：ISBN 7-80553-238-9
责　任　者：李振文著
出　版　者：上海音乐出版社
出版时间：1998
出　版　地：上海
页　　　数：13，241 页
尺　　　寸：20cm
价　　　格：10.50
馆藏地址：北京舞蹈学院图书馆
内容提要：本书共有20课，每课都有系统的训练课。第1至7课主要是地面训练，让学生通过活动，注意自己的基本体态，学习一些简单的舞蹈步伐，培养对舞蹈的兴趣爱好；第8至12课，让学员接触一些舞蹈基本训练的内容，了解进行舞蹈表演所必备的软度、开度，以及训练方法；第13至20课，是介绍舞蹈基训应该掌握的一般动作及其要领。

中图法分类：（索书号）J705/76
题　　　名：回到身体的家：林秀伟的舞蹈花园
书　　　号：ISBN 957-13-2549-X
责　任　者：林秀伟著
出　版　者：时报文化出版企业股份有限公司
出版时间：1998
出　版　地：台北市
页　　　数：187 页
尺　　　寸：21cm
价　　　格：148.79 TWD350.00
馆藏地址：北京舞蹈学院图书馆

1429

内容提要：本书主要包括了回到身体的家、重新做个柔软的人、让身体说真心话、聆听心跳的声音、超右脑革命、寻找浪漫生活新起点、心花朵朵开、撒出心灵的种子、在身体内养一只老虎等内容。

中图法分类：（索书号）J709.2/109
题　　　名：刘凤学访谈
书　　　号：ISBN 957-13-2688-7
责　任　者：李小华著
出　版　者：时报文化出版企业股份有限公司
出版时间：1998
出　版　地：台北市
页　　　数：230 页
尺　　　寸：21cm
价　　　格：95.00　TWD250.00
馆藏地址：北京舞蹈学院图书馆

1430

内容提要：本书介绍了刘凤学的舞蹈文化知识、艺术经验以及学术思想研究和创造教学生涯。此书作者系台湾著名舞蹈学者舞蹈编导家，黑龙江省嫩江市人。1949 年长白师范学院毕业，英国伦敦大学拉班舞蹈学院博士。1987年获英国国家哲学博士。

1431

中图法分类：（索书号）J709.313/1
题　　　名：日本歌舞伎艺术
书　　　号：ISBN 7-80094-604-5
责　任　者：李颖著
出　版　者：大众文艺出版社
出版时间：1998
出　版　地：北京
页　　　数：316页
尺　　　寸：20cm
价　　　格：23.80
馆藏地址：北京舞蹈学院图书馆
内容提要：本书介绍了歌舞伎诞生的历史时代思潮，探索了日本歌舞伎创作民族戏剧舞台的衍变，剖析了日本歌舞伎的民族戏剧艺术创作的再生过程，探讨了日本歌舞伎民族戏剧的舞台艺术特征。

1432

中图法分类：（索书号）J703/9
题　　　名：特别纪念册：习作结集（内部资料）
责　任　者：耿云编
出　版　者：北京舞蹈学院附属舞蹈中学九三级古典舞班、芭蕾班
出版时间：1998
出　版　地：北京
页　　　数：104页
尺　　　寸：18cm
价　　　格：28.00
馆藏地址：北京舞蹈学院图书馆
内容提要：本书是作者所教学生的作文集，主要内容是几次习作的汇编，分为"舞蹈习得篇"、"家乡赞美篇"、"激动人心篇"、"随笔尝试篇"等四部分。

中图法分类：（索书号）J709.512/6
题　　　名：天生舞者：纽瑞耶夫
书　　　号：ISBN 978-95767-953-9-8
责　任　者：［英］斯图尔特（Otis Stuart）著
出　版　者：方智出版社
出版时间：1998
出　版　地：台北市
页　　　数：364 页
尺　　　寸：21cm
价　　　格：127.53　TWD300.00
馆藏地址：北京舞蹈学院图书馆
内容提要：他的肢体充满了力与美，他的舞
姿展现了所有的不可能，看过他表演的人莫不
为他那狂放细腻的舞姿而撼动不已！他在火车
上诞生，童年时的他贫穷匮乏、居无定所，但
七岁的一场芭蕾表演，却彻底地改变了他的人
生……此书详细介绍了舞者：纽瑞耶夫的生平。

1433

中图法分类：（索书号）J722.225.3 \ 1shu 书
刊保存本库 \ 书刊保存本
题　　　名：傣族舞蹈艺术
书　　　号：ISBN 7-80586-446-2
责　任　者：汤耶碧著
出　版　者：云南美术出版社
出版时间：1991.2
出　版　地：昆明
页　　　数：196 页
尺　　　寸：20cm：照片及图
价　　　格：16.80
馆藏地址：国家图书馆
内容提要：傣族是一个有着古老文化的少数
民族，又是一个能歌善舞的民族，傣族舞蹈形
式多样，种类繁多。舞蹈艺术特点鲜明，本书
着重介绍了傣族舞蹈的艺术特色和鲜明的民族
特点，照片结合文字，图文并茂。

1434

1435

中图法分类：（索书号）J732.8/85

题　　　名：舞蹈与健康美

书　　　号：ISBN 957-97256-7-5

责　任　者：陈淑芳著

出　版　者：师大书苑出版社

出版时间：1998

出　版　地：台北县

页　　　数：100 页

尺　　　寸：21cm

价　　　格：70.00　TWD200.00

馆藏地址：北京舞蹈学院图书馆

内容提要：本书从认识舞蹈篇、舞蹈运动功篇、流行篇运动功篇、各年龄层的舞蹈运动功篇、健美舞蹈篇、健康与健美运动实用篇、详细的分门别类，给予分析，可以给我们获得更多的有关舞蹈的常识。

1436

中图法分类：（索书号）J703/8

题　　　名：舞艺·舞理

书　　　号：ISBN 7-5313-1906-3

责　任　者：资华筠著

出　版　者：春风文艺出版社

出版时间：1998

出　版　地：沈阳

页　　　数：383 页

尺　　　寸：20cm

价　　　格：28.00

馆藏地址：北京舞蹈学院图书馆

内容提要：本书是作者关于舞论、舞艺的选集，共分三辑：第一辑论文集收录了关于舞蹈生态学方法论的阐述和应用，现状分析和国际会议上宣读过论文摘要；第二、三辑选编了舞蹈短评和分析舞蹈现象的随笔、散文等。

中图法分类：（索书号）J731/4
题　　　名：西洋古典舞蹈应用语法
书　　　号：ISBN 957-8424-36-1
责　任　者：谢宗益著
出　版　者：洪叶文化事业有限公司
出版时间：1998
出　版　地：台北市
页　　　数：394 页
尺　　　寸：23cm
价　　　格：157.50 TWD450.00
馆藏地址：北京舞蹈学院图书馆
内容提要：本书是以法文直接教学的有声带，主要内容包括：身体各部分的名称、方向与姿势、动作与舞步、发音对照表等。

1437

中图法分类：（索书号）J722.3/2
题　　　名：幼儿舞蹈
书　　　号：ISBN 7-5041-1808-7
责　任　者：舒维工编著
出　版　者：教育科学出版社
出版时间：1998
出　版　地：北京
页　　　数：280 页
尺　　　寸：26cm
价　　　格：18.00
馆藏地址：北京舞蹈学院图书馆
内容提要：本书分别介绍了大、中、小三个班舞蹈教育活动内容和设计，包括节奏训练、律动、歌表演、集体舞、舞蹈游戏、舞蹈创编、舞蹈欣赏和识图学舞等，并选编了 11 个幼儿表演舞，对幼儿园舞蹈教材创编和幼儿表演舞创编给出了指导意见。

1438

1439

中图法分类：（索书号）J709.2/55

题　　　名：原舞者：一个原住民舞团的成长
　　　　　　记录

书　　　号：ISBN 957-583-337-6

责　任　者：吴锦发编

出　版　者：晨星出版社

出版时间：1998

出版地：台中市

页　　　数：231 页

尺　　　寸：21cm

价　　　格：45.00　TWD180.0

馆藏地址：北京舞蹈学院图书馆

内容提要：本书内容主要包括了"原舞者的
战斗"、"我的爱"、"我的恨"、"我的挣扎"、
"原舞季节始末"、"这群傻瓜还要跳下去"、
"山林篝火再燃起"、"台湾原舞者"、"行走大
地之上的野生舞者"、"希望共舞"、"原舞者
的二次征战"等内容。

1440

中图法分类：（索书号）J709.2/26

题　　　名：中国少数民族舞蹈史

书　　　号：ISBN 7-81056-158-8

责　任　者：纪兰慰、邱久荣主编

出　版　者：中央民族大学出版社

出版时间：1998

出版地：北京

页　　　数：13，497 页

尺　　　寸：19cm

价　　　格：32.00

馆藏地址：北京舞蹈学院图书馆

内容提要：本书介绍了从先秦到新中国成立
之间，中国各地区少数民族舞蹈起源、发展、
基本特征、资料收集、理论研究等。

中图法分类：（索书号）J709.2/25
题　　名：中国舞蹈
书　　号：ISBN 7-5325-2409-4
责 任 者：吴露生著
出 版 者：上海古籍出版社
出版时间：1998
出 版 地：上海
页　　数：125 页
尺　　寸：19cm
价　　格：8.90
馆藏地址：北京舞蹈学院图书馆
内容提要：本书介绍了中国舞蹈的嬗变，总结了中国民间舞、古典舞、芭蕾舞、现代舞的形式特征，分析了中国舞蹈文化的发展规律。

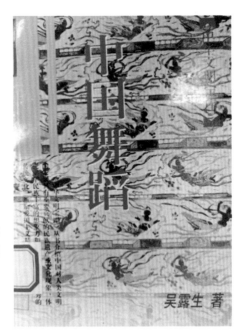

中图法分类：（索书号）J70-42/1
题　　名：中国舞蹈教学参考资料（内部资料）
责 任 者：于平选编
出 版 者：北京舞蹈学院
出版时间：1998
出 版 地：北京
页　　数：626 页
尺　　寸：20cm
价　　格：28.00
馆藏地址：北京舞蹈学院图书馆
内容提要：本书是中国舞蹈学科建设资料选编，内容涉及“中国古典舞基础教学”、“中国民间舞基础教学”、“中国舞文化理论教学”、“外国舞文化理论研究”。

1443

中图法分类：（索书号）J709.2/3
题　　名：中国舞蹈史
书　　号：ISBN 7-5039-1613-3
责 任 者：王宁宁等著
出 版 者：文化艺术出版社
出版时间：1998
出 版 地：北京
丛　　书：中国艺术简史丛书
页　　数：164 页
尺　　寸：20cm
价　　格：11.80
馆藏地址：北京舞蹈学院图书馆
内容提要：本书介绍了中国古代舞蹈的历史
及新中国舞蹈的发展。沿着中国社会发展的历
史轨迹，阐述中国舞蹈发展的历史。书中，中
国舞蹈史分为三个阶段，即古代舞蹈发展阶
段，近、现代舞蹈发展阶段，以及当代舞蹈发
展阶段，每一阶段皆引用具有典型的意义的历史资料加以论证。《中国舞蹈史》既有中
国舞蹈史清晰的纵向发展脉络，又有充分的横向史料展开。

1444

中图法分类：（索书号）J719.3/1/：7（2）
题　　名：中国舞分级考试教材伴奏曲（第
　　　　　七级 青年课）
书　　号：ISBN 7-5072-0843-5
责 任 者：孙光言主编
出 版 者：今日中国出版社
出版时间：1998
出 版 地：北京
页　　数：36 页
尺　　寸：26cm
价　　格：20.00
馆藏地址：北京舞蹈学院图书馆
内容提要：本书是由北京舞蹈学院多年从事
舞蹈音乐教育工作的教师长期努力的结果。在
取材中充分地注意到了各阶段学生年龄的特点
和中国舞蹈的特色，包括了反弹琵琶舞（软开
训练）、花鼓（大踢腿）、紫气东南（控制）
等内容。

中图法分类：(索书号) J709.2/32
题　　　名：中华文化通志：第八典：乐舞志
　　　　　　（艺文）
书　　　号：ISBN 7-208-02329-8
责　任　者：中华文化通志编委会编；董锡玖
　　　　　　等撰
出　版　者：上海人民出版社
出版时间：1998
出　版　地：上海
页　　　数：442 页
尺　　　寸：21cm
价　　　格：49.90
馆藏地址：北京舞蹈学院图书馆

内容提要：本书以大量历史资料，全面、系
统、多角度地展示了中华乐舞产生的历史和演
变发展过程及其多姿多彩的内容。

1445

中图法分类：(索书号) J70-05/13
题　　　名：宗教与舞蹈
书　　　号：ISBN 7-105-03133-6
责　任　者：刘建、孙龙奎著
出　版　社：民族出版社
出版时间：1998
出　版　地：北京
页　　　数：482 页
尺　　　寸：20cm
价　　　格：40.00
馆藏地址：北京舞蹈学院图书馆

内容提要：本书从发生学角度阐述舞蹈与宗
教的关系，说明了宗教对舞蹈动机及其表现的
影响力，说明舞蹈除其他属性之外也是宗教的
外化形式之一。全文共分原始宗教、后世宗教
和现代宗教三篇，上篇叙述了宗教与舞蹈在起
源上的渊源关系，中篇介绍了后世宗教对舞蹈
的辐射以及舞蹈所显现的宗教意识，下篇分析了现代宗教与现代舞的关系。

1446

1447

中图法分类：（索书号）J732.8/41
题　　　名：最新国际社交舞，舞厅舞
书　　　号：ISBN 7-5388-3199-1
责　任　者：柳长发，刘国范编著
出　版　者：黑龙江科学技术出版社
出版时间：1998
出　版　地：哈尔滨
页　　　数：210页
尺　　　寸：26cm
价　　　格：26.00
馆藏地址：北京舞蹈学院图书馆
内容提要：本书收集整理了大量的交谊舞素材，以优美的舞姿图片，准确记录了舞蹈的特性和规范舞步，书中还配有习舞的轨迹图。

1448

中图法分类：（索书号）J709.2/56
题　　　名：中国古代的乐舞
书　　　号：ISBN 978-753-792317-0
责　任　者：张援著
出　版　者：希望出版社
出版时间：1999.1.1
出　版　地：太原
丛　　　书：中国传统文化青少年文库
页　　　数：182页
尺　　　寸：21cm
价　　　格：11.50
馆藏地址：北京舞蹈学院图书馆
内容提要：本书介绍了古代劳动人民如何在劳动中创造了歌舞，而这些歌舞又经历若干朝代的演变，充分表现了劳动人民热爱生活，征服自然的决心，同时也体现华夏精神文明的灿烂之花。还叙述了原始社会的音乐舞蹈、劳动创造了乐舞、远古乐舞的记载、丰富多彩的乐舞篇章、《云门》、《成池》敬祖先、尽善尽美《韶》乐舞、原始的狩猎歌《弹歌》等。

中图法分类：（索书号）J723/6
题　　　名：台湾后来好所在：中美断交及
　　　　　　《薪传》首演 20 周年纪
书　　　号：ISBN 957-05-1570-8
责　任　者：古碧玲著
出　版　者：商务印书馆
出 版 时 间：1999.2.1
出　版　地：台北市
页　　　数：205 页
尺　　　寸：20cm
价　　　格：119.03 TWD280.00
馆 藏 地 址：北京舞蹈学院图书馆
内 容 提 要：1978 年 12 月 16 日，正是云门舞集《薪传》首演的日子。这一天因而成为分水岭。台湾的社会与民心，从此走向一个与过去大有不同的路途，进而爆发新的能量；《薪传》，则成为云门舞集最轰动的一个舞剧，历二十年不衰，也成为台湾文化作品的代表之一。

1449

中图法分类：（索书号）J709.712/10
题　　　名：我的一生
书　　　号：ISBN 7-80130-265-6
责　任　者：伊莎多拉·邓肯［I. Duncan］
　　　　　　著；李洪顺等译
出　版　者：团结出版社
出 版 时 间：1999.2
出　版　地：北京
页　　　数：487 页
尺　　　寸：20cm
价　　　格：25.80
馆 藏 地 址：北京舞蹈学院图书馆
内 容 提 要：本书记录了作者从少女时代直至意外死亡，不同时期的生活经历和舞蹈创作、内心世界的变化等。

1450

1451

中图法分类：（索书号）J712.25/26
题　　　名：古典芭蕾基本训练（内部教材）
责　任　者：曲皓、尹佩芳编著
出　版　者：北京舞蹈学院芭蕾舞系
出版时间：1999.3
出　版　地：北京
页　　　数：293 页
尺　　　寸：20cm
价　　　格：30.00
馆藏地址：北京舞蹈学院图书馆
内容提要：芭蕾艺术发展至今已有 500 多年的历史，而芭蕾基训的最初形成是在 1661 年，比芭蕾艺术的出现晚了大约 200 年，此后经过几代舞蹈艺术家和舞蹈教育工作者的不懈努力，如今已发展成为一门科学的、合理的、全面的芭蕾舞基础训练体系。古典芭蕾的基本训练是古典芭蕾舞蹈技术的基础，目的在于解决
位置概念、身体的协调性、灵活性和肢体能力等。在基训的过程中，正确的、科学的教学方法，能够帮助芭蕾舞学习者顺利通过难关，得到科学的、合理的、全面的进步，使芭蕾舞学习者以后能够适应舞蹈演员或舞蹈教育工作的职业。本书着重论述了古典芭蕾舞在教学中必须学习的基础课程。

1452

中图法分类：（索书号）J731/5
题　　　名：动作分析与记录之研究
书　　　号：ISBN 957-03404-7-9
责　任　者：江映碧
出　版　者：中国文化大学出版部（华岗）
出版时间：1999.3.1
出　版　地：台北市
页　　　数：139 页
尺　　　寸：30cm
价　　　格：255.06
馆藏地址：北京舞蹈学院图书馆
内容提要：本书主要内容："动作"学习理论与"动作分析"学习模式；拉邦的动作分析与舞谱；记录与分析动作的工具；分析与记录动作的基本原则与记录实例。

中图法分类：（索书号）J705/58
题　　　名：舞蹈艺术欣赏：舞蹈·气质与形体的塑造
书　　　号：ISBN 7-5064-1584-4
责　任　者：金千秋编著
出　版　者：中国纺织出版社
出版时间：1999.5
出　版　地：北京
页　　　数：204 页
尺　　　寸：21cm
价　　　格：17.00
馆藏地址：北京舞蹈学院图书馆
内容提要：本书从舞蹈的历史及发展入手，阐明了舞蹈与人类的关系，强调了舞蹈对于人类强身健体及美化形体，从而达到外形健美、气质优雅的作用。同时，对如何用舞蹈锻炼人体各部分肌肉、美化形体给予了指导，并对"减肥"、"增胖"等问题进行了探讨。

1453

中图法分类：（索书号）J791.7/1
题　　　名：国际青年舞蹈节
责　任　者：曾炽明
出　版　者：澳门教育暨青年司
出版时间：1999.6
出　版　地：澳门
页　　　数：144 页
尺　　　寸：32cm
价　　　格：
馆藏地址：北京舞蹈学院图书馆
内容提要：本画册记录了由澳门教育暨青年司主办的第一届至六届国际青年舞蹈节。图文并茂地展示了亚洲、欧洲、拉丁美洲、美洲等国家和地区的青年舞蹈家的表演盛况。时间跨度从 1987 年—1997 年。其中有中国的舞蹈家的精湛表演。此书还记录了中国-北京舞蹈学院中国传统舞蹈系的演出。

1454

1455

中图法分类：（索书号）J705/98
题　　　名：舞道：刘绍炉的舞蹈路径与方法
书　　　号：ISBN 957-13-2986-X
责　任　者：钟明德著
出　版　者：时报文化出版企业
出版时间：1999.9
出　版　地：台北市
页　　　数：210 页
尺　　　寸：21cm
价　　　格：77.00　TWD250.00
馆藏地址：北京舞蹈学院图书馆
内容提要：本书由光环舞集的艺术顾问锺明德撰写。书中从波兰戏剧家葛罗托斯基的创作理念出发，清楚交代了来自台湾乡下的刘绍炉，其数十年来的创作历程和入手方法。刘绍炉的愚公精神尽管十分辛苦，却是艺术家体悟生命的唯一真实方法，也只有这样的精神，才能不断往"真正的艺术创作"路途上迈进。刘绍炉的舞蹈来自风声、土地和阳光，小时候喜欢在田埂上翻筋斗，从不断的动作里寻找到自己的快乐。大学时期"发现"现代舞，一头栽进，无可自拔，唯有跳舞让他真实地感觉自己的存在。他一跳三十余年，从"云门"到"光环"跳出身、心、气合一的境界，他怡然自得地走在舞道上。

1456

中图法分类：（索书号）J722.2（74）/1：1
题　　　名：湖南民族民间舞蹈集成，云南卷（上）
书　　　号：ISBN 7-5076-0155-2
责　任　者：《中国民族民间舞蹈集成》编辑部编
出　版　者：中国 ISBN 中心
出版时间：1999.12
出　版　地：北京
页　　　数：2 册（1954 页）
尺　　　寸：26cm
价　　　格：316.00（两册）
馆藏地址：北京舞蹈学院图书馆
内容提要：本书介绍了云南省民族民间舞蹈的概况及民族民间舞蹈的分布情况，并用图文并茂、音舞结合的方式记录了云南省汉族舞蹈、彝族舞蹈、白族舞蹈、哈尼族舞蹈、壮族舞蹈、傣族舞蹈、苗族舞蹈、拉祜族族舞蹈、佤族舞蹈、纳西族舞蹈、瑶族舞蹈、藏族舞蹈、景颇族舞蹈、布朗族舞蹈、普米族舞蹈、怒放族舞蹈、阿昌族舞蹈、德昂族舞蹈、基诺族舞蹈、水族舞蹈、蒙古族舞蹈、布依族舞蹈、独龙族舞蹈、民主革命时期群众歌舞的技术说明，包括代表性舞剧的舞曲、基本动作、场记说明、服饰和道具等，并配有乐谱和插图。

中图法分类：（索书号）J722.2（74）/1：2
题　　　名：湖南民族民间舞蹈集成，云南卷（下）
书　　　号：ISBN 7-5076-0155-2
责　任　者：《中国民族民间舞蹈集成》编辑部编
出　版　者：中国 ISBN 中心
出 版 时 间：1999.12
出　版　地：北京
页　　　数：2 册（1954 页）
尺　　　寸：26cm
价　　　格：316.00（两册）
馆 藏 地 址：北京舞蹈学院图书馆
内 容 提 要：本书介绍了云南省民族民间舞蹈的概况及民族民间舞蹈的分布情况，并用图文并茂、音舞结合的方式记录了云南省汉族舞蹈、彝族舞蹈、白族舞蹈、哈尼族舞蹈、壮族舞蹈、傣族舞蹈、苗族舞蹈、拉祜族族舞蹈、佤族舞蹈、纳西族舞蹈、瑶族舞蹈、藏族舞蹈、景颇族舞蹈、布朗族舞蹈、普米族舞蹈、怒放族舞蹈、阿昌族舞蹈、德昂族舞蹈、基诺族舞蹈、水族舞蹈、蒙古族舞蹈、布依族舞蹈、独龙族舞蹈、民主革命时期群众歌舞的技术说明，包括代表性舞剧的舞曲、基本动作、场记说明、服饰和道具等，并配有乐谱和插图。

中图法分类：（索书号）J792.3/5
题　　　名：北京舞蹈学院附属中等舞蹈学校：国家级重点中专介绍资料
责　任　者：北京舞蹈学院附属中等舞蹈学校
出　版　者：北京舞蹈学院附属中等舞蹈学校
出 版 时 间：1999
出　版　地：北京
页　　　数：72 页
尺　　　寸：25cm
价　　　格：
馆 藏 地 址：北京舞蹈学院图书馆
内 容 提 要：本书主要介绍了北京舞蹈学院附属中等舞蹈学校各教学学科建设和一些比赛剧照以及学生校园文化生活照。

1459

中图法分类：（索书号）J705/53

题　　名：北京舞蹈学院舞蹈赏析（内部资料）

责　任　者：慕羽编

出　版　者：北京舞蹈学院演视中心

出版时间：1999

出　版　地：北京

页　　数：88页

尺　　寸：20cm

价　　格：

馆藏地址：北京舞蹈学院图书馆

内容提要：本书介绍了《关不住的女儿》、《堂·吉诃德》、《奥涅金》等18出芭蕾舞剧的赏析，包括作品描述、背景介绍、音乐介绍、版本介绍、赏析评论、编导、演员生平等。

1460

中图法分类：（索书号）J722.211/15

题　　名：灯彩与秧歌

书　　号：ISBN 7-80629-409-0

责　任　者：台中兴主编；祁本隆，孙丽编著

出　版　者：济南出版社

时　　间：1999

出　版　地：济南

丛　　书：农村文化娱乐丛书

页　　数：338页

尺　　寸：19cm

价　　格：9.80

馆藏地址：北京舞蹈学院图书馆

内容提要：本书介绍了民间广泛流传的舞龙、竹马灯、蝴蝶灯、王皮跑灯、手龙绣球、腰鼓舞、羊皮鼓、花鼓锣子、打花棍、抬花扛、大秧歌等16个民间舞蹈。

中图法分类：（索书号）J711.33/1
题　　　名：儿童歌舞创编与实例
书　　　号：ISBN 978-7-54041-996-7
责　任　者：李嘉评等编著
出　版　者：湖南文艺出版社
出版时间：1999
出　版　地：长沙
页　　　数：170 页
尺　　　寸：26cm
价　　　格：16.50
馆藏地址：北京舞蹈学院图书馆
内容提要：本书内容包括"儿童舞蹈的基本舞步及手位"、"律动与歌表演"、儿童"即兴舞"、"集体舞与小歌舞"、"儿童音乐游戏"等。

1461

中图法分类：（索书号）J701/5
题　　　名：风姿流韵：舞蹈文化与舞蹈审美
书　　　号：ISBN 7-300-03060-2
责　任　者：于 平著
出　版　者：中国人民大学出版社
出版时间：1999
出　版　地：北京
丛　　　书：21 世纪素质教育系列教材，高等学校美育教材系列
页　　　数：325 页
尺　　　寸：23cm
价　　　格：26.00
馆藏地址：北京舞蹈学院图书馆
内容提要：本书是为了提高舞蹈审美能力而编写的舞蹈文化知识，内容包括舞蹈如何从功利走向审美、舞蹈如何从世俗走向典雅、舞蹈如何创造时代艺术形象、如何识别舞蹈形态构成特征、如何理解舞蹈审美感知氛围的知识等内容。

1462

1463

中图法分类：（索书号）J722.8/4801
题　　　名：跟我学拉丁舞
书　　　号：ISBN 7-5404-2100-2
责　任　者：赵庭武，宋菁，曾玉章
出　版　者：湖南文艺出版社
出版时间：1999
出版地：长沙
页　　　数：127 页
尺　　　寸：29cm
价　　　格：15.50
馆藏地址：上海图书馆
内容提要：《跟我学拉丁舞》这本书，主要
介绍拉丁舞五种舞蹈初级动作的国际技法规
范。本书以简洁明了的说明文字，配以直观形
象的图片示范，使得第一舞步要领突出、简单
易学。本书可供初学者自学之用，也可作不国
标舞、交谊舞学校及拉丁舞初级培训班的试用教材。

1464

中图法分类：（索书号）J722.225.4/2
题　　　名：哈尼族布朗族基诺族舞蹈
书　　　号：ISBN 7-5367-1786-5
责　任　者：李金印，刘金吾编著
出　版　者：云南民族出版社
出版时间：1999
出版地：昆明
丛　　　书：云南民族民间舞蹈丛书
页　　　数：323 页
尺　　　寸：20cm
价　　　格：12.80
馆藏地址：北京舞蹈学院图书馆
内容提要：本书介绍了"哈尼族舞蹈"、"布
朗族"、"基诺族舞蹈的概况"、"具有代表性
的"、"流传较广的民间舞蹈"、"一些地区特
有的舞蹈"、"舞蹈的风格特征及其形成与变
异"、"舞蹈发展简况"等。

中图法分类：（索书号）J709.2/30
题　　　名：乐舞情韵：音乐舞蹈艺术文粹
书　　　号：ISBN 7-80627-386-7
责　任　者：主编邓牛顿，钱钢、吴惠娟编著
出　版　者：东方出版中心
出版时间：1999
出　版　地：上海
丛　　　书：中国历代艺术文萃丛书
页　　　数：235 页
尺　　　寸：19cm
价　　　格：9.00
馆藏地址：北京舞蹈学院图书馆
内容提要：本书选介中国历代有关音乐舞蹈
艺术的代表性作品 60 余篇，介绍了音乐舞蹈
的缘起、社会功用、形态风格及其本质，阐述
了音乐舞蹈作为艺术的特殊形式所具有的审美
功能，描绘了部分音乐舞蹈的表演场面及
过程。

1465

中图法分类：（索书号）J705/54
题　　　名：美国现代舞介绍（内部资料）
　　　　　　（油印本）
责　任　者：王兆鳞整理
出　版　者：北京舞蹈学院编导系
出版时间：1999
出　版　地：北京
页　　　数：50 页
尺　　　寸：26cm
价　　　格：
馆藏地址：北京舞蹈学院图书馆
内容提要：本书介绍了洛伊·富勒、丹尼
尔·奈格利、海伦·塔米丽丝、阿尔文·尼科
莱、汉雅·霍尔姆、莱斯特·霍顿、安娜·哈
普林、尤斯·李蒙等美国现代舞舞蹈艺术家。

1466

1467

中图法分类：J70-02/10
题　　　名：蒙古族舞蹈艺术
责　任　者：哈斯乌拉主编
出　版　者：中国文联出版社
出版时间：1999
出　版　地：北京
页　　　数：586页，[4]页图版
尺　　　寸：21cm
价　　　格：28.00
馆藏地址：北京舞蹈学院图书馆
内容提要：本论文集在1996年全国蒙古族舞蹈研讨会宣读论文的基础上，收编了内蒙古自治区成立以来，区内外专家学者有关蒙古族舞蹈的论述。论文集力图给读者从历史、学术角度全方位展示蒙古族舞蹈艺术的宏观和微观场景。

1468

中图法分类：（索书号）J722.6/1249
题　　　名：青少年体育活动大全—体育舞蹈
书　　　号：ISBN 7-80015-466-1
责　任　者：张桦、熊畅、杨宇菁
出　版　者：长征出版社
出版时间：1999.1
出　版　地：北京
页　　　数：159页
尺　　　寸：19cm
价　　　格：6.00
馆藏地址：上海图书馆
内容提要：本书针对青少年身心发育特点，结合体育舞蹈项目特征，从基础素质和专项素质两个方面探讨了青少年体育舞蹈训练的方法，以期为我国青少年体育舞蹈的培训提供参考依据。

中图法分类：（索书号）J722.8
　　　　　　（G883/6837）
题　　　名：体育舞蹈的理论与实践
书　　　号：ISBN 7-309-02361-7
责　任　者：吴谋、张海莉
出　版　者：复旦大学出版社
出版时间：1999
出　版　地：上海
页　　　数：366页
尺　　　寸：21cm
价　　　格：24.00
馆藏地址：上海图书馆
主题标目：体育—舞蹈—研究
内容提要：本书运用马克思主义美学理论，探索了美育与体育结合的有效途径，以辩证唯物主义的观点提出了在创造客观世界美的形体中，创造主观世界美的自我形体体育舞蹈美学

理论，并运用现代科学的系统论方法，将体育与舞蹈有机地结合起来，从理论上阐明了体育舞蹈的定性概念，精辟地阐述了体育舞蹈的本质、规律和学跳体育舞蹈的十大原则，全面地介绍了体育舞蹈十个舞种的步型和逻辑技法、技术原理、教学训练、组织竞赛和裁判法则。

1469

中图法分类：（索书号）J70-43/1
题　　　名：舞蹈（上册）
书　　　号：ISBN 7-5045-2785-8
责　任　者：金秋编著
出　版　者：中国劳动出版社
出版时间：1999
出　版　地：北京
页　　　数：2册（423）页
尺　　　寸：26cm
价　　　格：19.00
馆藏地址：北京舞蹈学院图书馆
内容提要：本书是一本面向各级师范学校的教材，包括舞蹈知识、舞蹈教育、舞蹈欣赏三部分等内容。

1470

1471

中图法分类：（索书号）J70-43/1：2
题　　　名：舞蹈（下册）
书　　　号：ISBN 7-5045-2785-8
责　任　者：金秋编著
出　版　者：中国劳动出版社
出 版 时 间：1999
出　版　地：北京
页　　　数：2册（423）页
尺　　　寸：26cm
价　　　格：19.00
馆 藏 地 址：北京舞蹈学院图书馆
内 容 提 要：本书是一本面向各级师范学校的教材，包括舞蹈知识、舞蹈教育、舞蹈欣赏三部分等内容。

1472

中图法分类：（索书号）J719/5
题　　　名：舞蹈基本技术训练课教学法
书　　　号：ISBN 7-80120-310-0
责　任　者：宋兆昆编著
出　版　者：中国华侨出版社
出 版 时 间：1999
出　版　地：北京
页　　　数：202页
尺　　　寸：20cm
价　　　格：15.00
馆 藏 地 址：北京舞蹈学院图书馆
内 容 提 要：本书介绍了舞蹈的基本概念和基本动作练习，融汇了以瓦岗诺娃为主的诸多教学大师的观点和论点，渗入了作者教学中对动作的分析和解释，介绍了关于教学方法的简要提示，叙述了作者多年教学实践中的经验和体会。

中图法分类：（索书号）J719/3
题　　　名：舞蹈基础：师范院校舞蹈教材
书　　　号：ISBN 7-80131-324-0
责　任　者：张琳仙、张娇编著
出　版　者：中国妇女出版社
出 版 时 间：1999
出　版　地：北京
页　　　数：212 页
尺　　　寸：26cm
价　　　格：25.80（含光盘）
馆 藏 地 址：北京舞蹈学院图书馆
内 容 提 要：本书阐述了舞蹈的产生发展、舞蹈的功能和作用以及舞蹈艺术与其他文化艺术的关系，讲解了舞蹈基础训练方面的知识以及身体韵律的主要元素和组合训练，介绍了民族民间舞和现代舞的有关理论和实践内容。

1473

中图法分类：（索书号）J706/4
题　　　名：舞蹈选材与训练科学
书　　　号：ISBN 7-81068-102-8
责　任　者：于景春著
出　版　者：云南大学出版社
出 版 时 间：1999
出　版　地：昆明
页　　　数：331 页
尺　　　寸：20cm
价　　　格：22.00
馆 藏 地 址：北京舞蹈学院图书馆
内 容 提 要：本书以解剖学为基础，研究了少年儿童生长发育特点以及舞蹈教学规律和舞蹈演员成才规律，阐述了优秀舞蹈演员应具备的身体形态、艺术素质、身体素质，指出了舞蹈招生中要克服的问题等。

1474

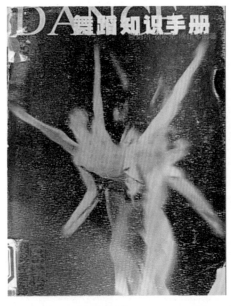

1475

中图法分类：（索书号）J70-62/1
题　　　名：舞蹈知识手册
书　　　号：ISBN 7-80553-751-8
责　任　者：隆荫培、徐尔充、欧建平编著
出　版　者：上海音乐出版社
出版时间：1999
出　版　地：上海
页　　　数：16,606 页
尺　　　寸：20cm
价　　　格：40.00
馆藏地址：北京舞蹈学院图书馆
内容提要：本书是国内汉语出版物中第一部
言简意赅、深入浅出、问答形式、中等规模，
囊括古今中外各大舞种，融知识性、科学性、
可读性、实用性、鉴赏性和趣味性于一体的舞
蹈工具书；它是写给所有中等文化程度以上的
读者看的。希望它能够以作者多年的研究成果为资料基础，在史论结合和融会贯通等多
方面，出现新的提升和新的面貌；更希望它能够成为广大舞蹈爱好者开卷受益、方便实
用、爱不释手、人手一册的知识伴侣。

1476

中图法分类：J70/16
题　　　名：舞论
书　　　号：ISBN 7-5059-3427-9
责　任　者：刘海茹著
出　版　者：中国文联出版社
出版时间：1999
出　版　地：北京
页　　　数：324 页
尺　　　寸：20cm
价　　　格：15.60
馆藏地址：北京舞蹈学院图书馆
内容提要：本书是刘海茹的舞蹈理论集，其
中包括论文、评论、议论和儿童舞蹈等，对当
前舞蹈创作、实际情况提出了一些值得重视的
问题。

中图法分类：（索书号）J711.3/4483
题　　　名：校园舞蹈—创编与实例
书　　　号：ISBN 7-5404-2192-4
责　任　者：李美安编著；杨泓绘图
出　版　者：湖南文艺出版社
出版时间：1999
出　版　地：长沙
页　　　数：180：图片
尺　　　寸：26cm
价　　　格：19.00
馆藏地址：上海图书馆
内容提要：《校园舞蹈（创编与实例）》的
主要内容包括：古典舞的基本手位及常用手
位、芭蕾舞阿拉贝斯克舞姿及脚的五个位置、
维吾尔族舞蹈的基本手位、朝鲜族舞蹈的基本
手位及脚位、蒙古族舞蹈的基本手位及脚位、
舞蹈组合的创编、舞蹈组合的含义及种类等。

1477

中图法分类：（索书号）J732.9/42
题　　　名：新潮有氧舞蹈入门
书　　　号：ISBN 957-53824-8-X
责　任　者：江幸子译
出　版　者：信宏出版社
出版时间：1999
出　版　地：台北市
页　　　数：155 页
尺　　　寸：21cm
价　　　格：63.00　TWD180.00
馆藏地址：北京舞蹈学院图书馆
内容提要：有氧运动由于现代的简单事物都
可以利用许许多多工具解决，所以原来靠传统
人力而忙得不可开交的人们总算轻松多了，于
是无形中人出现了许多的闲暇。由于运动量的
减少，结果损害了身体的健康。人们发现可以
通过舞蹈运动来消耗身体多余的脂肪，因而可
以消耗不必要的卡路里。锻炼出健美的身体、人们借着舞蹈来进行有氧运动。

1478

1479

中图法分类：（索书号）J709.2/29：1
题　　　名：新世纪百科知识金典：神州舞
　　　　　　韵.1
书　　　号：ISBN 7-5366-4197-4
责　任　者：巫允明著；刘占军制图
出　版　者：重庆出版社
出　版时间：1999
出　版　地：重庆
页　　　数：202 页
尺　　　寸：20cm
价　　　格：9.60
馆藏地址：北京舞蹈学院图书馆
内容提要：本书主要介绍了分布在我国西
南、中南和东南地区 34 个少数民族具有代表
性的民间舞蹈形式，和与之有着密切关系的民
族习俗、生态环境及简要的民族形成过程。

1480

中图法分类：（索书号）J709.2/29：2
题　　　名：新世纪百科知识金典：神州舞
　　　　　　韵.2
书　　　号：ISBN 7-5366-4198-2
责　任　者：巫允明著；刘占军制图
出　版　者：重庆出版社
出　版时间：1999
出　版　地：重庆
页　　　数：153 页
尺　　　寸：20cm
价　　　格：9.60
馆藏地址：北京舞蹈学院图书馆
内容提要：本书主要介绍了分布在我国西
南、中南和东南地区 34 个少数民族具有代表
性的民间舞蹈形式，和与之有着密切关系的民
族习俗、生态环境及简要的民族形成过程。

中图法分类：（索书号）J705/23
题　　　名：艺术瑰宝—芭蕾
书　　　号：ISBN 7-5633-2930-7
责　任　者：［俄］3.鲍恰尔尼科娃等著
出　版　者：广西师范大学出版社
出版时间：1999
出　版　地：南宁
页　　　数：357页
尺　　　寸：20cm
价　　　格：17.00
馆藏地址：北京舞蹈学院图书馆
内容提要：本书内容包括"芭蕾舞在苏联"、"俄罗斯的诞生"、"发展的细节和历史"，"二百五十年来所取得的成就"，以及"俄罗斯舞蹈的发展及趋势"。

中图法分类：（索书号）J705/52
题　　　名：音乐舞蹈戏剧艺术鉴赏
书　　　号：ISBN 7-81064-077-1
责　任　者：佴荣本、高楠、任公伟主编
出　版　者：首都师范大学出版社
出版时间：1999
出　版　地：北京
页　　　数：375页
尺　　　寸：20cm
价　　　格：24.60
馆藏地址：北京舞蹈学院图书馆
内容提要：本书内容包括音乐、舞蹈、戏剧、戏曲等表演艺术的史论和鉴赏，是一部综合性的艺术鉴赏教材。还对中国戏曲的艺术品格和文化背景做了专章叙述。

1481

1482

1483

中图法分类：（索书号）J722.4
　　　　　　　（J120.2/4121）
题　　　名：中国100种民间戏曲歌舞
书　　　号：ISBN 7-219-03921-2
责　任　者：董伟建、钟建波
出　版　者：广西人民出版社
出版时间：1999.1
出　版　地：南宁
丛　　　书：中国民俗民情100系列丛书
页　　　数：425页
尺　　　寸：21cm
价　　　格：20.00
主题标目：戏曲—艺术—中国 民间歌舞—中
　　　　　国 民歌—中国
馆藏地址：上海图书馆
内容提要：本书是中国民俗民情100种系列
丛书之一。详细介绍了100种中国民间戏曲歌
舞的发生、发展以及来历。

1484

中图法分类：（索书号）J709.2/31
题　　　名：中国近现代当代舞蹈发展史：
　　　　　　　1840～1996
书　　　号：ISBN 7-103-01807-3
责　任　者：王克芬、隆荫培主编
出　版　者：人民音乐出版社
出版时间：1999
出　版　地：北京
页　　　数：11,853页
尺　　　寸：20cm
价　　　格：49.90
馆藏地址：北京舞蹈学院图书馆
内容提要：本书记述了1840年至1996年间
中国舞蹈艺术发展的历程，是一部弥补舞蹈历
史学科空白的重要学术著作。

中图法分类：（索书号）J709.2/28
题　　　名：中国社会生活丛书：舞低杨柳楼
　　　　　　心月，舞蹈篇
书　　　号：ISBN 7-80628-265-3
责　任　者：费秉勋著
出　版　者：三秦出版社
出版时间：1999
出　版　地：西安
丛　　　书：中国社会生活丛书
页　　　数：249 页
尺　　　寸：20cm
价　　　格：9.50
馆藏地址：北京舞蹈学院图书馆
内容提要：本书以时代为顺序，对史前到宋
代我国舞蹈的发展流变及具体节目予以描述，
勾勒了中国舞蹈史，并分析了舞蹈在古代对文
化和社会生活各领域的渗透和影响。

1485

中图法分类：（索书号）J709.2（55）1
题　　　名：中华舞蹈志，浙江卷
书　　　号：ISBN 978-7-80616-736-6
责　任　者：《中华舞蹈志》编辑委员会编
出　版　者：学林出版社
出版时间：1999
出　版　地：上海
页　　　数：238 页，[6] 页图版
尺　　　寸：23cm
价　　　格：40.00
馆藏地址：北京舞蹈学院图书馆
内容提要：本志分为文物史迹、图表、人物
传记等几个部分，系统记述了浙江省民族民间
舞蹈的历史、现状、内容形式、风俗流派以及
有关的风俗、信仰礼仪等内容。

1486

1487

中图法分类：（索书号）J705/56
题　　　名：中国文联晚霞文库：舞论集
书　　　号：ISBN 7-104-00934-5
责　任　者：叶宁著
出　版　者：中国戏剧出版社
出版时间：1999
出　版　地：北京
页　　　数：10, 329 页
尺　　　寸：20cm
价　　　格：20. 20
馆藏地址：北京舞蹈学院图书馆
内容提要：本书主要包括了十八世纪欧洲舞剧革新家诺维尔、中国舞剧《丝路花雨》的艺术成就、谈舞蹈形象、谈舞蹈特征与欣赏、舞蹈美学札记两则、谈舞的意境、敦煌舞和敦煌学等内容。

1488

中图法分类：（索书号）J709.2/23
题　　　名：中国舞蹈
书　　　号：ISBN 7-81046-643-7
责　任　者：袁禾著
出　版　者：上海外语教育出版社
出版时间：1999
出　版　地：上海
丛　　　书：中华文明书库
页　　　数：370 页
尺　　　寸：20cm
价　　　格：25. 00
馆藏地址：北京舞蹈学院图书馆
内容提要：本书介绍了中国舞蹈发展的历史进程、中国民间舞蹈的源流和性质、中国舞蹈的艺术特征等。

中图法分类：（索书号）J709.2/27
题　　　名：中国舞蹈
书　　　号：ISBN 7-5039-1829-2
责　任　者：资华筠主编
出　版　者：文化艺术出版社
出版时间：1999
出　版　地：北京
丛　　　书：中国文化艺术丛书
页　　　数：179页
尺　　　寸：21cm
价　　　格：28.00
馆藏地址：北京舞蹈学院图书馆
内容提要：本书以图文并茂的形式介绍了中国古代舞蹈、各民族自然传衍的舞蹈，以及近代优秀舞蹈巡演资料等。

1489

中图法分类：（索书号）J719.4/11
题　　　名：中国舞蹈武功教学
书　　　号：ISBN 7-104-01040-8
责　任　者：郑维忠主编
出　版　者：北京舞蹈学院附属中等舞蹈学校编
出版时间：1999
出　版　地：北京
页　　　数：525页
尺　　　寸：28cm
价　　　格：38.00
馆藏地址：北京舞蹈学院图书馆
内容提要：本书内容包括两部分，第一部分介绍了武功教材，包括武功技巧动作形体姿态培养，身体素质练习内容、方法及要求，基础动作，小技巧，大技巧，弹板技巧和高台技巧；第二部分介绍了武功教学基本知识，包括武功技巧在舞蹈艺术中的作用，身体素质对促进武功教学成绩的提高，人体运动力学基本知识及应用，武功技巧动作形成的阶段特征及其在教学中应注意的问题，训练安全等。

1490

1491

中图法分类：（索书号）J709.27/11
题　　　名：中国现当代舞蹈史纲
书　　　号：ISBN 7-5039-1910-8
责　任　者：中国舞蹈家协会编
出　版　者：文化艺术出版社
出版时间：1999
出　版　地：北京
丛　　　书：20 世纪艺术文库·史论编
页　　　数：347 页
尺　　　寸：20cm
价　　　格：19.80
馆藏地址：北京舞蹈学院图书馆
内容提要：本书是一本纲要式的舞蹈史专
著，它以中国几千年的舞蹈发展脉络为背景，
对现当代舞蹈史做总体性的反思，从大量史实
中寻找近百年来中国舞蹈发展的基本规律。书
中鲜明地提出了中国现当代舞蹈正在经历一场
重大历史转变的观点，叙述条理简明同时贯串
了一定的理性思考。

1492

中图法分类：（索书号）J732.8·6 \ 中文基藏
　　　　　　　\ 闭架库房
题　　　名：现代交际舞教程
书　　　号：ISBN 7-5048-3013-5
责　任　者：易娟，冬梅编著 易玲，潘芽绘
出　版　者：农村读物出版社
出版时间：1999
出　版　地：北京
页　　　数：254 页：图
尺　　　寸：26cm
价　　　格：21.80
馆藏地址：国家图书馆
内容提要：交谊舞是一种流行的自娱性舞
蹈。当前，随着改革开放的深化，为了满足广
大交际舞爱好者的需要，我们特编此书，旨在
提供当代国际流行的各种交际舞的规范标准，
推动现代交际舞的发展。此书与单纯文字书不
一样，每个舞蹈都配有具体舞步图和两人的舞姿共计 600 多幅，希望它成为您学习交际
舞的良师益友。